HOPE

Ein neuer Ursprung

Es ist Zeit, ALLES aus einem neuen Licht zu sehen!

Steffi Meißen

Step 1

„Wir müssen bereit sein,
uns von dem Leben zu lösen,
das wir geplant haben,
damit wir das Leben finden,
das auf uns wartet."

-Joseph Campbell-

Inhaltsverzeichnis

Hast du Fragen oder möchtest in Kontakt kommen?
hope.steffi.meissen@gmail.com

Facebook:
Steffi Meißen Autorin

Instagramm:
Steffi Meißen Evoluzzerin

Vorwort

„If your dreams don`t scare you, they are too small. “ Dieser Satz von Richard Branson hat mich in den letzten Monaten durchgehend begleitet. Immer dann, wenn mich mein Kopf übermannte und ich an der Umsetzbarkeit meiner Aufgabe zu zweifeln begann, gab er mir wieder Zuversicht. Schon als Kind fühlte ich, dass es noch eine andere Wahrheit gibt. Eine Wahrheit, fernab von allen Büchern und allem, was uns je erzählt worden ist.

Vor einigen Monaten hatte ich ein Erlebnis mit dem Großen BewusstSein. Manche von euch würden es Erleuchtungserfahrung oder Gotteserfahrung nennen.
Was ich dort erlebt habe, hat weder mit der bisherigen Bedeutung des Wortes „Gott“ zu tun noch mit meinen Vorstellungen an ihn. Es geht weit darüber hinaus.
Ich habe eine Kraft getroffen, die nichts mit dem gemein hatte, was wir je über Gott gelernt haben.
Ja, ich würde sagen, ich erhielt eine Erleuchtung.

Erleuchtung, da ich seit diesem Erlebnis die Welt und alles, was ich je gelernt habe, mit anderen Augen betrachte. Seit diesem Augenblick ist in mir nichts mehr, wie es vorher war. Ich habe verstanden, wer wir wirklich sind.
In den Monaten danach war ich nie wieder allein!
Und ich war nicht mehr dieselbe.

Ich erhielt von der geistigen Welt den Auftrag, ein Buch zu schreiben. Am Anfang dachte ich, es sollte die Lebensgeschichte von Ella, der Farmerin, werden, die ich auf einer Reise ins Jenseits getroffen hatte. Bald verstand ich allerdings, dass es etwas ganz anderes werden würde. Etwas viel Wichtigeres. Etwas Elementares.

Ein Buch für das Diesseits, das Jenseits und all das, was außerhalb dessen liegt. Ella war da und unterstützte mich dabei.
Meine Welt, meine Erfahrungen und meine Erkenntnisse möchte ich nun mit den Welten teilen und euch zeigen, was auf euch wartet und wer ihr wirklich seid.
Mein Wandel kann auch euer Wandel sein.

Was ich gefunden habe und was als Essenz aus diesem Buch übrig bleibt, ist die klare Erkenntnis:
Wir sind nicht die, für die wir uns halten.
Dennoch wir können wieder zu unserer ursprünglichen Essenz zurückfinden, um diese in einem – unserem – menschlichen Körper zu leben.

Schon zuvor hatte ich Kontakt zu Verstorbenen, aber erst jetzt war ich bereit, ihre Welt wirklich zu sehen.

Ich bin ein fast normaler Mensch mit einem ganz normalen Alltag. Ich durfte nur ein wenig Einsicht bekommen in die Welten und Dimensionen um uns herum.

Ich hatte in den letzten Monaten viele verrückt klingende Erlebnisse und tiefe Erkenntnisse. Versucht deshalb nicht alles mit dem Verstand zu begreifen, denn das hier wird ihn wohl ab und zu übersteigen.

Ich beschreibe euch alles in genau der Reihenfolge, wie ich es erlebt habe. All das, was ihr lest, war auch für mich meist das erste Mal. Ihr geht also lesend gemeinsam mit mir jeden Schritt. Ich habe euch alles offenbart, was ich gesehen und durchlebt habe. Ich habe nichts geschönt oder gestrichen. Es sind meine Erfahrungen, die ich euch darlege.

LIEBE

Liebe ist nicht nur ein Gefühl.
Liebe ist wahre Existenz.
Liebe IST in allem, was uns umgibt.
Liebe IST der Anfang und das Ende.
Liebe endet nie.
In der Liebe IST alles enthalten.
Liebe IST gefüllt mit allem.
Liebe IST Fülle und grenzenlose Kreativität.
Liebe IST Freude.
Bedingungslos ist die Liebe.
Liebe IST Substanz.
Liebe IST Freiheit und Bewegung.
Liebe IST unendlich um uns.
Liebe IST in uns.
Liebe IST.

Teil 1

Wie alles begann

Die große Frage nach dem Warum

Viele Jahre lang war ich mit einer Menge unbeantworteter Fragen unterwegs. Ich fühlte unentwegt, wie mich das Warten auf Antworten, die ausblieben, ruhelos und unzufrieden machte.
Da war dieser riesige innere Drang, ALLES zu verstehen, all das, was ich schon so lange spürte.
Die andere Wahrheit jenseits dessen, was uns gelehrt wurde, tief in mir zu begreifen, wahrzunehmen und in Worte zu fassen.
Wie groß mein innerer Drang war, zu verstehen und Antworten zu finden, zeigt sich darin, dass ich als Elfjährige unbedingt in die Kirche aufgenommen werden wollte. Das Verrückte dabei ist, dass ich aus einer atheistischen Familie komme.
Bei uns spielte Gott oder Spiritualität nie eine Rolle. Da wurde nie gebetet. Nur zu Weihnachten gingen wir in die Kirche, das war festlich.

Ich suchte weiter Antworten. Ich konnte doch spüren, dass da noch etwas anderes war. Immer wieder bat ich darum, getauft zu werden, und das zu einer Zeit, in der die Kirche durch das sozialistische System, in dem ich aufwuchs, bei vielen Menschen nicht sehr angesehen war. Dennoch war mir das egal.

Ich wendete alle möglichen Tricks an, um meine Eltern zu überzeugen. Ich bat und flehte so lange, bis sie schließlich zermürbt waren und mir die Erlaubnis gaben.

Allerdings musste ich bald erkennen: Was ich dort zu hören bekam, war nicht das, was ich gesucht hatte oder was ich tief in mir verstehen konnte und was meiner eigenen inneren Wahrheit entsprach.

Ich konnte von Anfang an nicht begreifen, warum ein Gott, der uns doch so liebt, wollen kann, dass wir sühnen oder uns klein fühlen. Warum wir eine solch große Schuld tragen. Ich konnte nicht verstehen, dass wir uns schlecht fühlen sollten, weil wir einen bestimmten Gedanken hatten. Und warum sollte Eva ewig leiden, nur weil sie in einen Apfel gebissen hatte? Während der Christenlehre schaltete ich daher öfter ab. Ich hatte früh gelernt, mir selbst zu helfen, und nun war ich von dem Gutdünken eines Gottes abhängig? Ich sollte um alles bitten, auch um Vergebung für mich und andere?

Jeder sagte: „So Gott will." Sein Segen war gut, und für andere Menschen zu beten war auch gut, obwohl man nicht wusste, ob sie dies überhaupt benötigten oder wollten. Oder es hieß aufzupassen, damit man bloß nicht den Zorn Gottes auf sich zog. Nur er konnte Sünden vergeben, was auch immer „Sünde" war.

Das wir nur ein einziges Leben haben sollten, verstand ich erst recht nicht. Schließlich konnte ich doch schon als Kind jenseitige Seelen sehen und lebte schon als Fünfjährige in einer Welt, die nicht eindimensional war.

Schon damals sah ich vergangene Leben in meinen Träumen. Über viele Jahre stand ich regelmäßig im Traum an den Klippen von Irland oder träumte davon, mit meiner Familie weggebracht zu werden. All diese Bilder und Träume erkannte ich später auf meinen schamanischen Reisen wieder.
Die Bilder, die mich bereits mein ganzes Leben begleitet hatten, ergaben für mich fast zwanzig Jahre später endlich einen Sinn.
Aber nicht nur das. Als Kind konnte ich die Leiden der Menschen wahrnehmen und die Energien von Orten erfassen.
Ich fühlte sie in mir und wusste sofort, was der oder die andere brauchte.

Es war von jeher in mir. Während viele Leute im Außen lediglich einen Mann sahen, der zu tief ins Glas geschaut hatte, sah ich einen in sich schwer verletzten, trauernden Menschen, der immer noch in einem tiefen Lebensschmerz festhing. Der Alkohol machte das Ganze lediglich irgendwie erträglich.
Als ich älter wurde, merkte ich natürlich, dass ich irgendwie anders war. Das Schwierige daran war, dass ich niemanden hatte, an dem ich mich orientieren oder den ich um Rat fragen konnte.

Deshalb verschloss ich mit der Zeit viele Kanäle in mir. Da ich das, was ich sah, träumte und spürte, nicht einordnen konnte, dachte ich während meiner Pubertät fast zehn Jahre lang, ich sei damit unnormal. Außerdem sagte mir der Pfarrer, dass es all das gar nicht gebe.

Ein Schlüsselerlebnis für mich war der Moment, in dem ich erkannte, dass das, was wir in den Predigten hörten, keinerlei Auswirkungen darauf hatte, wie die Menschen nach Hause gingen. Alles ging genauso weiter wie zuvor.
Ich hatte wohl eine zu hohe Erwartung.

Bis ich die Zusammenhänge verstand, dauerte es natürlich ein paar Jahre. Als ich eine junge Frau war, verließ ich diese Gemeinschaft wieder und trat offiziell aus der Kirche aus. Nun wusste ich wenigstens, was ich nicht mehr wollte.
In der Zwischenzeit hatte ich dank eines guten Freundes erkannt, dass ich tatsächlich nicht psychisch krank war, sondern dass das, was ich sah, spürte und erlebte, meine Stärke und Gabe war, die ich in mein Leben mitgebracht hatte.
Diese Erkenntnis war für mich eine absolute innere Befreiung, aber die Suche nach der Wahrheit ging weiter.
Danach suchte ich „ES" in spirituellen Ausbildungen und Methoden. Meine Lehrer haben mir sehr geholfen, zu mir zu finden, meine Kanäle wiederzuentdecken und zu öffnen. Darüber konnte ich viele Dinge für mich klären, die mich lange beschäftigt und beunruhigt hatten.

Mein eigenes tiefes Wissen und die Antworten auf meine inneren Fragen und Sehnsüchte musste ich schlussendlich trotzdem selbst finden.
Das war auch gut so.
Dass es eine große geistige Welt um uns herum gibt, ist für mich eine unumstößliche Tatsache.
Schon immer!

Da waren aber noch offene Fragen, wie zum Beispiel:

Gibt es einen Gott? Wie ist ER wirklich? Wie kann ich das Ganze verstehen? Wie ist das Leben nach dem Tod? Warum leben wir nicht nur einmal? Haben wir Lebensaufgaben?
Ich habe meine geistigen Begleiter so oft darum gebeten, mir doch all meine Fragen zu beantworten.
So lange habe ich gewartet, Tag für Tag.

Heute weiß ich, ich musste erst so weit sein, dass ich die Antworten überhaupt verstehen konnte. Ich musste erst allen inneren Schmerz loslassen und auf allen Ebenen meines Seins akzeptieren, wer ich wirklich bin.

Ich hatte mich jahrelang hinter einem interessanten, angesehenen Job versteckt. Irgendwann spürte ich, dass diese Arbeit mich nicht mehr erfüllte. Da war der Zeitpunkt endlich gekommen, eine große innere Entscheidung zu treffen.
Welche Wahrheit wollte ich wirklich leben?

Zu dieser Zeit ahnte ich noch nicht, dass diese Entscheidung die tiefgreifendste und beste meines Lebens sein würde.
Schließlich erkannte ich, dass ich mich nicht mehr verstecken oder verbiegen konnte. Nach einem Gespräch mit meinem Mann war die Entscheidung für mich klar.
Ich war bereit für meinen eigenen ursprünglichen Weg!
Ich nahm noch einmal all meine Facetten an, die ich bereits seit meiner Geburt in mir hatte, und war nun endlich bereit für Neues.

Ich bin ein ganz normaler Mensch und stehe mit beiden Beinen fest auf dem Boden. Wenn ich über meine Erfahrungen und mein Erleben spreche, sagen viele: „Das sieht man dir gar

nicht an.“ Meine Welt ist nicht nur eindimensional, sie ist viel mehr.
Ich habe verschiedene Kanäle, die es mir ermöglichen, in viele Dimensionen zu sehen.
Aber dies habe ich letztendlich nur in mir gefunden.

Ich habe über viele Jahre regelmäßig meditiert, was mir sehr geholfen hat, mich zu stärken und zu finden. Bis heute ist dies ein wichtiger Teil in meinem Leben. „Sitting in the Power“ ist für mich inzwischen eine gute Meditationsmethode geworden (dazu später mehr).

Das Warten und die Geduld haben sich letzten Endes gelohnt. Viele meiner Fragen sind während der letzten Monate des Schreibens beantwortet worden, haben aber natürlich auch weitere, neue Fragen aufgeworfen. Teilweise empfing ich Informationen vom Großen BewusstSein, teilweise halfen mir Reisen in andere Welten, oder es wurden mir tiefe Erfahrungen aus der geistigen Welt zuteil.

Es gab Reisen ins Jenseits, und manchmal war die Erkenntnis auch plötzlich einfach da bzw. in mir, oder mir wurde etwas für euch erklärt. Auf den unterschiedlichsten Wegen kam es zu mir.

Ich danke euch, Wesen der Welten, dass ihr mich an eurer Weisheit habt teilnehmen lassen.
Was ich gefunden habe, ist allumfassend und tief, sodass ich endlich in ein inneres Verstehen und eine innere Ruhe gefunden habe. Meine innere Kraft ist gefunden. Etwas Neues ist in mir gewachsen.

Vielleicht sucht auch ihr nach der Wahrheit?
Und fragt euch die gleichen Fragen?
Vielleicht kann ich euch helfen, durch meine Erfahrungen diese Fragen ein Stück weit zu beantworten.

✧

Auf einmal war ALLES anders

✧

Es war wieder Kurszeit. Wir waren alle aufgeregt und freuten uns sehr auf das Zusammensein und die neuen Erfahrungen, die auf uns warteten.
Während der Kurse ist Meditation eine konstante Übung, die wir täglich praktizieren. Das hilft dabei, sich loszulassen und das eigene System kontinuierlich zu stärken.
Was ich allerdings an diesem Tag erleben durfte, war jenseits all meiner bisherigen Vorstellungen.

✧

Dazu muss ich kurz ausholen. Vor ca. drei Jahren hatte ich eine Erfahrung, die erahnen ließ, was mich jetzt erwarten würde. Damals praktizierte ich nach dem Yoga eine kurze Abschlussmeditation. Ich hatte mich kaum hingelegt, da veränderte sich mein Körper, alles an mir begann leichter zu werden und loszulassen. In dem Moment, in dem ich meinen Körper nicht mehr wahrnahm, wurde ich aus ihm heraus gezogen. Immer höher und höher. Ich konnte den Sog deutlich spüren. Da war nur noch Geist.

Mein Körper lag dort unten am Boden, und ich spürte ihn nicht mehr. Um mich herum sah ich das Universum mit all seinen Sternen, es war unendlich weit, und es ging unaufhörlich weiter.

Die ganze Zeit war ich wie eingebettet in diesen weichen Sog. Irgendwann sah ich ein großes Licht. Eine gigantische Fläche. Ich löste mich auf in viele kleine Lichtteilchen und verschwand in der Lichtfläche. Das war für mich in diesem Moment absolut selbstverständlich. Alles war gut, so wie es war. Ich verstand in mir, dass es das „Große Ganze“ war, in das wir irgendwann zurückkehren. Es war friedlich, und ich hatte in keinem Augenblick das Gefühl, irgendetwas festhalten zu müssen oder etwas zu vermissen.
Da war nichts mehr, was festzuhalten war.
Es war einfach, wie es war, und das war genau richtig.
Irgendwann wurde ich sanft zurück in meinen Körper getragen, und nach einer Weile konnte ich mich wieder deutlich körperlich wahrnehmen. Diese Erfahrung hat in mir eine Klarheit hinterlassen, die seitdem in mir verankert ist.

✧

An diesem Tag nun hatten wir unsere geführte Meditation. Wir saßen alle im Kreis und ließen uns in neue Gefilde leiten.

Nachdem wir entspannt bei uns angekommen waren, stiegen wir mithilfe innerer Bilder langsam stetig höher, so weit, bis wir in der Ebene der geistigen Welt angekommen waren.

Doch anstatt nun meine Informationen auf dieser Ebene zu erhalten, zog es mich plötzlich weiter hinaus.

Der Sog war so vehement, dass ich keine Möglichkeit hatte, ihn zu unterbrechen. Es zog mich einfach vorwärts, vorbei an vielen unterschiedlichen Ebenen.

Wenn ich nach unten blickte, wurde alles kleiner.
Mir wurde klar, was hier gerade geschah, konnte mit Nichts unterbrochen werden.

Eins hatte ich über die Jahre bereits gelernt: Was „dran" war, war dran, und das bestimmte nicht ich.
Mich überkam ein tiefes inneres Vertrauen und dieses Gefühl half mir, mich dem was hier geschehen wollte, völlig hinzugeben.

„ES" zog mich unbeirrt in die Unendlichkeit hinaus.
Durch das ganze Universum mit seiner unendlichen Weite.

Bis ich „ES" sah!

Das Licht!

Das unendliche, warme, unbeschreibliche Licht!

„ES" ist klar und weich. „ES" ist gleißend hell und zugleich enthält es doch alle anderen Farben.
„ES" hat keine Nuance, die ich bis dahin jemals zuvor irgendwo gesehen hatte.
Dieses Licht ist Alles! Und Alles IST in IHM!
„ES" ist unbeschreiblich! „ES" beinhaltet eine unermessliche Tiefe.

Ich weiß nicht, ob es jemals Worte geben wird, welche diese Dimension und Kraft beschreiben können. Worte, die auszudrücken vermögen, wie allumfänglich diese Kraft ist, die in diesem Licht wohnt.

Unendliches wundervolles, ganz und gar gefülltes Licht.
Getragen zu werden durch dieses Licht.

Dieses Licht und die IHM innewohnende Kraft und allumfänglichen Qualitäten sind ALLES!!

„ES" ist die Existenz von Allem.
„ES" ist der Ursprung von Allem.
„ES" IST uneingeschränktes BewusstSein.
„ES" IST bedingungslose Liebe.

Diese Liebe ist überdimensional groß.
Diese Kraft IST in seiner Liebe Vater und Mutter zugleich.
Vollkommende Wahrheit, allumfassendes Wissen.
„ES" IST eine grenzenlose kreative Kraft.
Gleichzeitig ist „ES" höchste Intelligenz.

Das Licht selbst IST ein Wesen, das kommuniziert.
Hier ist Vollkommenheit.
„ES" ist in der Lage Entscheidungen zu treffen und zu handeln.

„ES" IST in uns und außerhalb von uns.
Dabei gibt es keinerlei Trennung.

Seine Essenz IST allgegenwärtig.

Doch was noch unbeschreiblicher ist, ist seine Größe in sich, diese innere Größe, die nur erfassbar ist, aber nicht mit Worten erklärbar.

All das, was SIE war, war ICH auch und konnte es mit jeder Phase meines Seins spüren!
ALLES, was diese Kraft war, waren auch WIR!

Plötzlich war alles für mich klar.
Ich hatte das Gefühl, tief in mir alles verstanden zu haben. Als würde ich jetzt verstehen, wie die Welt und alles andere funktionierte.
Es war vielleicht nur eine Stunde, und trotzdem fühlte es sich an wie alles, was jemals geschehen war. Wie die tiefe, unumstößliche Gewissheit, dass man ALLES versteht.

„ES“ war nicht leer oder luftleerer Raum!
„ES“ war gefüllt.

Diese Kraft WAR die Fülle.
„ES“ existiert durch die Fülle, in der Fülle ebenso als die Fülle.

Da war beinahe eine Idee von Materie.
Aber nur eine Idee.
Auf andere Art kann ich es nicht beschreiben.

Wie, die Ahnung von Materie, als würde eine Feder zu dir herunterfliegen und du bekommst kurz vorher eine Idee davon bekommst, wie sie sich gleich auf deiner Haut anfühlen wird. Aber ehe sie dich berührt, bleibt die Zeit stehen.

Und nun steht zwischen dir und ihr einzig der Moment.

Der Moment einer vagen Idee davon, welche Felder diese Feder umgeben und durchdringen.

Ist zog mich immer näher zu sich. Bis ich ganz und gar damit verschmolz.
Ich genoss es, darin zu schwimmen.
In dieser Energie dieses wundervollen Wesens, fühlte sich alles ganz leicht an.

Wir wurden EINS.
HIER bin ich zu Hause!
Ich WAR einfach und genoss diesen Augenblick.

Das war etwas, was ich in all den Jahren noch nie erlebt hatte.
Das hier war etwas ganz anderes!
Es war kein schöner, entspannter Moment in einer Meditation.

Dies war eine Begegnung mit meiner und unserer aller Urquelle. Der Urquelle von ALLEM, was IST.

Das Licht ist eine Existenz.
Die Existenz ist die Essenz des Seins!
Und „ES" hatte mit mir Kontakt aufgenommen.

Ab heute nenne ich es das Große BewusstSein.

Nun änderte sich die Energie.
Eine bewusste Kraft begann zu fließen.

Ich erfasste, dass ich diese Kraft aus meinem Inneren kannte.

Vor einiger Zeit hatte ich bereits einen Weg für mich gefunden, in meinem BewusstSein zu sein.

Nur dass diese Kraft jetzt, viel stärker und außergewöhnlicher war als alles, was ich jemals erlebt und gespürt hatte. Dieses Wesen war unendlich viel Liebe, Weisheit und BewusstSein.
Und damit nicht genug, die Liebe war nicht nur ein Gefühl. Im Gegenteil, die Liebe war ein pulsierendes, wissendes Wesen. Dabei war die Liebe gleichzeitig Fülle.
Eine Fülle an Informationen.
Diese Informationen beinhalteten alles was war und sein wird und darüber hinaus unendlich viel mehr.
Die Fülle war mit Allem gefüllt.

Zuerst floss „ES" durch mein Kronen-Chakra am Kopf in mein Herz hinein. Mein Herz quoll förmlich über vor Liebe. Es schlug heftig, und ich hatte das Gefühl, zu zerbersten.
Ich spürte, wie meine Zellen anfingen zu vibrieren und schließlich zu beben. Es war eine Flut an Energie, die da floss! Eine Flut an Emotionen!

Eine Flut an Informationen, die noch dazu allesamt unendlich vielfältig waren.
Ich war so überwältigt von all der Kraft und Schönheit, dass ich einfach weinen musste.
Weinen aus Freude! Weinen aus Erlösung! Weinen aus Liebe!

Diese Liebe, die ich empfing, war so überdimensional groß, dass ich fühlen konnte, wie mein ganzer Körper dadurch in Vibration versetzt wurde. Ich konnte diese Schwingungen deutlich spüren. Jede einzelne meiner Zellen vibrierte.

Mit der Liebe nahm auch die Frequenz stetig zu. Als die Vibration bis aufs Äußerste angestiegen war, konnte ich das Summen meiner Zellen hören. Sie fingen tatsächlich an zu summen in einem feinen hohen Klang.
Nun vibrierte und summte alles in mir.

Ich sah nur noch Licht was mich komplett eingenommen hatte und nun aus mir heraus strahlte.
Ich konnte nur immer weiter loslassen. Ich gab mich nur noch hin und ließ es geschehen.

Die Tränen rannen mir in Bächen über meine Wangen.
Es waren Freudentränen, Tränen der Überwältigung durch das, was hier geschah, was ich in diesem schier unendlichen Moment erleben durfte.
Tränen der unendlichen Liebe.

Alles floss aus mir heraus. Tränen der Dankbarkeit, weil ich jetzt, in diesem Augenblick, all das erfuhr, auf das ich so lange gewartet hatte.
Mein Durst wurde gestillt, und mehr als das.

Dann wurde die Kraft erneut stärker.
„ES“ floss nun durch mich hindurch und aus meinem Herzen wieder heraus. „ES“ floss in den Raum, durch den Raum, anschließend bildete „ES“ eine Kuppel über allen Meditierenden.

Nun war ich nur noch Kanal. Ich hatte das Gefühl, ganz und gar zu leuchten. Es war, als würde ich mich auflösen, als würde kein Körper mehr existieren. Wie ein einziges großes

Licht, das so stark aus einem herausstrahlt, dass man den Körper nicht mehr erkennen kann.
Nur noch Licht!

Da war das Große BewusstSein!
Unendliche Liebe und höchste Heilenergie!
Da war für JEDEN Einzelnen von uns eine unendliche Liebe.
JEDER IST ein Teil von „IHM".

„ES" floss noch eine ganze Weile weiter.
Diese Begegnung kam mir unendlich lang vor.
Ich hatte Zeit in der Unendlichkeit verbracht.
Ich war einem Prozess unterzogen worden, der mich für den Rest meines Lebens begleiten würde.

Wir sind verbunden!
WIR SIND EINS!
Was das bedeutet würde ich in den kommenden Monaten tiefer verstehen.

Bei allen Anwesenden im Raum hatte sich viel gelöst. Manche weinten. Nach dieser Meditation wirkten sie wie erlöst und neu aufgestellt. Langsam kamen die Teilnehmer wieder aus ihrer Meditation zurück.
In mir vibrierte es weiterhin. Ich war nicht in der Lage zu reden, da die Tränen unaufhörlich liefen.

Die ganze Suche meines Lebens hatte für mich in diesem Moment ein Ende gefunden.
Endlich war ich dem Großen BewusstSein begegnet.
Für mich hatte sich ein Kreis geschlossen.
Ich war heimgekehrt.

Nun war das Große BewusstSein eine unumstößliche Wahrheit in mir.
Eingebrannt in jede meiner Zellen, auch wenn ich noch nicht alles in Worte und Gedanken fassen konnte.

Was ich wusste:
Ich bin ein Teil von ALLEM, was IST.
ICH BIN ALLES und ALLES, was DU, Großes BewusstSein, auch bist!
Ich weiß, woher ich komme, und endlich weiß ich, wohin ich gehe!
Ich habe endlich meine immerwährende Sehnsucht nach Erkenntnis befriedigt.
Ich diene nichts und niemandem.
Im Gegenteil, ich lebe als Teil des Großen BewusstSeins.

Ich BIN!

Ich werde in den nächsten Monaten viele neue Erkenntnisse haben und viele Dinge völlig neu überdenken. Außerdem werde ich den Großteil alter Informationen aus meinem System verwerfen, weil sie für mich nicht mehr der reinen Wahrheit entsprechen.

Was ich zu diesem Zeitpunkt noch nicht wusste, war, dass ich diese Kraft noch sehr oft treffen würde.

Wir haben über viele Jahrtausende alten Informationen und Vorstellungen geglaubt. Wir haben sie als gegeben angenommen und übernommen.
Wir taten dies, ohne zu prüfen, ob sie stimmig sind oder nicht.

Und ohne zu fragen:
Entspricht diese Information meiner eigenen inneren Wahrheit?

Mich hatte ein Wesen gefunden, das so ganz anders war als alles, was ich über einen Gott, einen Schöpfer je gehört hatte.

Ich möchte diese Energie loslösen von all den alten Gedanken, Vorstellungen und Anhaftungen. Deshalb nenne ich es nicht Gott, die Quelle oder das Universum.

Ich nenne dieses unendliche Wesen von nun an „das Große BewusstSein", da dieser Name für mich am besten passt.
Dieser Name ist am wenigsten mit irgendwelchen Vorstellungen und Erwartungen behaftet.

Mein Wunsch ist es, diesem Wesen so frei wie nur möglich zu begegnen.

Nach dieser Erfahrung nahm ich mir drei Stunden Zeit, um erst einmal meinen Zellen die Chance zu geben, zu tun, was auch immer sie tun wollten.

Die Vibrationen waren bis in den späten Abend spürbar.
Ich lief wie auf Wolken und war nicht wirklich anwesend.
In den zehn folgenden Tagen fastete ich freiwillig, denn ich konnte keine Nahrung zu mir nehmen.
Ab da änderte sich alles in mir.
Ich sah das ganze Spektrum unseres Lebens aus einem völlig neuen Blickwinkel.

✧

Das Große BewusstSein

✧

Wie konnte ich mir überhaupt erklären, was ich schließlich erfahren und verstanden hatte?

Ich versuchte noch einmal, diese Erfahrung für mich in Worte oder Metaphern zu fassen, damit mein Kopf sie irgendwie verstehen konnte.
Dabei hatte ich das Gefühl, meine Hirnkapazität wäre anhand der überwältigenden Größe meines wahren SEINS eindeutig zu rudimentär.
Mein Gehirn glich eher einer Walnuss und war überhaupt nicht dafür ausgelegt, auch nur annähernd zu verstehen, was ich dort gesehen und gefühlt hatte.

Ja, wie hatte ich das Ganze eigentlich erlebt?
Es war eine Mischung aus allem.
Das Große BewusstSein hatte sich mir gezeigt!
Zum einen hatte ich erkannt, zum anderen gefühlt und zwischendurch jederzeit absolut klar gewusst.
Ein tiefes, unumstößliches Wissen, was einfach da war.
Als wäre es nie anders gewesen.

Es wurde mit der Zeit langsam klarer für mich.
Wir sind gleich eines Wassertropfens, der einst aus dem

Urocean in die Welten entsandt worden ist und nun die Möglichkeit erhält, dahin zurückzukehren.

Nichts und niemand kann uns davon abhalten!

Kein Glaube, dass jemand anders außer uns das Sagen hat.
Kein Glaube an Karma und Wiedergeburt.
Noch der Glaube, nicht genug zu sein.
Kein Glaube, nicht vollkommen geliebt zu sein.
Keiner kann uns davon abhalten.

Nur wir selbst!

Es gibt keine höhere Macht, der wir uns beugen müssen!

Ich habe weder ein machtvolles Wesen noch ein urteilendes gefunden, in keinem Moment.

Dieses Wesen braucht keinerlei Macht auszuüben.

Das Wesen, das ich getroffen habe, ist ein kraftvolles, liebendes, intelligentes, bewusstes, allgegenwärtiges Wesen und absolute Fülle.

Das Große BewusstSein kennt weder Zorn, noch richtet „ES".
Das Große BewusstSein wird niemals Katastrophen über uns hereinbrechen lassen oder uns bestrafen für etwas, was wir nicht „richtig" gemacht haben.

Sein pures Sein ist klare, allumfassende Präsenz.
Das Große BewusstSein ist die kreative Kraft, die sich durch uns und alle anderen Mitgeschöpfe und Erscheinungsformen

des Universums in einem vielgestaltigen Facettenreichtum ausdrückt.

Ich durfte spüren, wie wir ALLE von diesem Wesen unendlich geliebt werden.
Egal, wer wir sind oder was wir getan haben.

Ich habe verstanden, dass wir ALLE Schöpfer und Schöpferinnen unseres Lebens sind.
Wir allein sind für unser Denken und Handeln verantwortlich – mit allen Konsequenzen!

Dieses liebevolle Wesen ist bei uns, mit „geöffneten Armen" und möchte uns wieder freudvoll empfangen.

Ganz egal, wie viel wir gelernt oder nicht gelernt haben.
Das ist für das Große BewusstSein nicht von Belang!

Wir sind hier, um uns kreativ zu entfalten und in Form zu bringen, um zu erfahren und zu fühlen.

Dabei IST das Erfahren einfach. Es ist nicht gut und nicht schlecht. Es folgt keinem Zweck. Es IST einfach.

In dem „Lernen" ist lediglich die Möglichkeit enthalten, der Erkenntnis näher zu kommen, wer wir wirklich sind.
Nämlich reines BewusstSein.
Ein Teil des Großen BewusstSeins.

Dieses Wesen hat mir gezeigt: All dies, was das Große BewusstSein ist, sind auch wir.

✧

Genauso, wie in einem Urozean in jedem Tropfen Wasser ALLES enthalten ist.
Da sind Licht, unendliche, bedingungslose Liebe, unendliche Fülle, Kraft, Intelligenz, absolutes Wissen, absolute Weisheit, BewusstSein, die vielfältigsten Möglichkeiten, Dinge zu erschaffen, Kreativität und Heilung.

Dieser Tropfen aus dem gigantischen Urozean geht auf die Reise, um sich kreativ in Form zu bringen, zu erfahren und all die unendlichen Facetten im Sein zu erleben.

Zum Beispiel zu sehen, wie es ist, eine Schneeflocke zu sein.
Vielleicht bist du zuerst eine Schneeflocke, dann Wasser in einer Körperzelle, du bist Fluss, und irgendwann kehrst du heim in den großen Urozean.

In jeglichem Zustand warst du in ununterbrochen ein Teil des Ozeans, aus dem du einst in diese Welt gekommen bist.

Und wenn du mit ALLEM gefüllt bist, mit ALLEM Wissen, ALLER Weisheit, und unendlicher Liebe, warum solltest du dich dann als Menschlein hier auf der Erde immer wieder inkarnieren müssen?

Um zu lernen?

So lange zu lernen und zu leiden, durch Leiden zu lernen, bis du es verstanden hast?
Oder bis Gott dich erlöst?

Wenn ich alles habe und alles weiß, was soll ich dann noch lernen?

Nehmen wir an, ein Gefäß wäre komplett gefüllt bis zum Rand. Wo sollte da noch etwas hineinpassen?

Aber wenn ich BewusstSein bin, dann ist es schön, eine Haut zu fühlen. Zu erfahren, wie es ist, Luft zu atmen, in einem menschlichen Körper zu leben, Trampolin zu springen, Ideen umzusetzen, ein Baby zu riechen und in einer Familie zu leben.

Das alles ist in dem Zustand reiner Energie so nicht möglich. Allerdings bekommt das BewusstSein durch einen Körper, eine völlig neue Ebene der zu unendlich erfahrenen Möglichkeiten.

✧

Ich sah, wie sich unser BewusstSein einst auf den Weg gemacht hatte, um zu erfahren, zu erleben und sich kreativ auszugestalten.
Ich kann es leider nur in diese Worte fassen, da es kein anderes Wort so genau trifft wie diese.

✧

An diesem Punkt bekam ich während eines Sittings ein Bild.
Ich sah ein BewusstSein (quasi den Wassertropfen).
Es war einfach da.
Ich konnte es spüren, diese feine, klare Präsenz, fast nur eine Idee von Materie, und doch war sie da, und im nächsten Au-

genblick ließ mich das BewusstSein spüren, wie es einem Impuls nachging.

Dieser Impuls kam aus sich heraus, nicht von etwas im Außen.
In diesem Moment war da nur der reine Impuls, der noch gar kein Ergebnis zuließ.
In keinster Weise, war da eine Idee irgendeines Ziels.
Da gab es nur den Impuls etwas Bestimmtes zu tun.

Im nächsten Schritt begann es, durch diesen Impuls Atome vor sich zu bündeln und zu bewegen.
Danach veränderte das BewusstSein die Atome zu Materie.
Genau in diesem Augenblick begann es zu erschaffen.

Wir alle erschaffen also – Materie, Welten, Formen, Körper, Möglichkeiten –, nicht ein uns scheinbar übergeordnetes Wesen.

Für mich gab es bis heute keinen Augenblick, in dem ich dieses wunderbare Wesen als übergeordnet, höhergestellt oder machtvoll erlebt hätte.
Im Gegenteil – es war im Gleichklang mit seinen Teilen, wie liebende Eltern, die einfach nur SIND, ohne Macht auszuüben oder sich höherstellen zu müssen.

Es gibt unendliche Kreationen dort draußen, auf mannigfaltigen Seins Ebenen und in zahllosen Dimensionen.
So viele, dass wir sie mit unserem menschlichen Verstand gar nicht erfassen können.

Da hat unsere kleine Walnuss von Verstand noch einiges zu tun, um dieses Ausmaß überhaupt begreifen zu können.

Es ist also allein deine Entscheidung als BewusstSein, was du als Nächstes machen möchtest.
Viellcicht möchtest du dich in einer anderen Form, auf einem anderen Planeten kreativ verwirklichen?
All das ist deine Entscheidung!

Es ist weder die Entscheidung eines höheren Gerichts oder einer Chronik noch die Entscheidung von Gelehrten oder Helfern und nicht die des Großen BewusstSeins.

Es ist alleine deine Entscheidung!

WAS WILLST DU?

Seitdem ich erkannt habe, wer ich wirklich bin, und in Kontakt mit dem Großen BewusstSein stehe, ist in meinem Innern alles zur Ruhe gekommen.
Die ewige Suche hat ein Ende. Es ist Frieden in mir.

Ich weiß, das Große BewusstSein ist jederzeit da!
Ich mache mir keine Sorgen mehr um das Morgen, um das Wie oder Wo oder um das Warum.
Die Existenzangst von früher ist einer Ruhe gewichen, die mir unumstößlich sagt: Es gibt keinen Mangel!
Ich habe mich dieser Erfahrung hingegeben, und das tut gut.
Es ist jetzt leichter.
Danke!

Graham Greene hat einst gesagt:

„Keiner kommt von einer Reise so zurück, wie er weggefahren ist.“

Guido und das Jenseits

Die heutige Reise ins Jenseits ist meine erste in diese einzigartige Dimension. Mit jenseitigen Seelen Kontakt aufzunehmen ist das eine, im Jenseits zu wandeln etwas ganz anderes. Hier ist viel Übung notwendig, um das mannigfaltige Spektrum überhaupt erfassen zu können.
Reisen ins Jenseits bestimme nicht ich, sondern sie werden bestimmt von meinen geistigen Begleitern. Für mich bedeuten sie eine Hilfe, um Erkenntnis für mich und euch zu erlangen.
Diese erste Reise ist in Bezug auf das, was ich sehen oder wahrnehmen konnte, eher rudimentär im Vergleich zu späteren Erlebnissen. Und trotzdem ist sie besonders wichtig und ein Wegweiser für meine Entwicklung.

Im Jenseits gibt es solch eine breite Vielfalt an Kreationen und Dimensionen, dass ich sie unmöglich alle erfassen kann.
Während dieser Reisen habe ich gelernt, dass es für mich dabei nicht um das Drumherum geht, sondern um die Erkenntnis daraus. Ich kann euch hier nur beschreiben, was ich wie erlebt habe und warum.

Ihr werdet merken, dass sich diese außergewöhnlichen Erfahrungen immer mehr intensivieren.

Dies geschah, weil ich mich in den Monaten nach dem Erleuchtungserlebnis mit Hilfe des Großen BewusstSeins energetisch nach und nach weiterentwickelte.

Vielleicht werdet ihr auch merken, dass sich die Energien in den Kapiteln ab und zu verändern. Das ist auch gut so. Erkenntnis ist auf vielen Ebenen zu erlangen, und so werden ebenso die Schwingungen dafür wechseln.

Außerdem werdet ihr oft das Wort „Sitting" lesen, deshalb möchte ich euch noch erklären, was es bedeutet.
In medialen Ausbildungen spielt das Sitting, eine spezielle Meditationstechnik, eine große Rolle.
Während eines Sittings sitzt man mit der geistigen Welt.
Es bedeutet ein in Kontakt kommen mit der geistigen Welt im Allgemeinen, seinen geistigen Begleitern, und somit auch mit Geistführern oder Helfern.
Während dieser Zeit lernen wir, zur Ruhe zu kommen und unseren Fokus zu öffnen. Zusätzlich befinden wir uns in dieser Meditation konstant in einer speziellen Heilenergie der geistigen Welt. Diese Energie und unsere Begleiter helfen uns dadurch, neue Kanäle zu erschließen oder Erkenntnisse zu erhalten. Das Sitting bietet uns auch die Möglichkeit, intensiver mit unseren geistigen Begleitern zu kommunizieren.

Ihrer aller Anwesenheit zu spüren ist etwas sehr Schönes. Denn es hilft uns, wenn wir uns vielleicht einmal nicht so gut fühlen, erneut zentrierter und aufgestellter in den Tag zu gehen. Auch wenn wir sie nicht sehen: Ihre Unterstützung ist uneingeschränkt da.

✧

Erlebnis meiner Meditation:
Heute bin ich so unendlich dankbar. In mir ist gerade unbeschreiblich viel Liebe. Eine Liebe, die sich, wie mir scheint, gar nicht in Worte fassen lässt.

Denn immer wieder gelingt es mir, mich mit dem Großen BewusstSein zu verbinden. In diesen Momenten fließen eine immense Liebe und Kraft durch mich hindurch. Sie nähren, inspirieren und führen mich.

Seitdem fühle und sehe ich: In jedem Augenblick, in jeder Situation, in jedem Schritt, in jedem Wort und in jedem Blick ist die wahre Liebe des Großen BewusstSeins.
Sie ist allgegenwärtig.

Ich bin neugierig und froh, all dies erfahren zu dürfen. Außerdem erlebe ich, wie sich meine Sittings kontinuierlich verändern, wodurch diese tiefer und bedeutender werden.
So wie an diesem Tag.

✧

Sitting Juni 2019
Nachdem ich mich – wie so oft in letzter Zeit – hingesetzt und einmal durchgeatmet hatte, ging es direkt los in eine mir vertrauter werdende Welt, dem Jenseits.

Innerhalb dieses einen Atemzugs fand ich mich auf der großen weiten Wiese wieder, die mich ins Jenseits führt. Ich war schon einige Male hier, und ich werde diese einzigartige Wiese noch öfter besuchen.

Dieser wunderschöne Platz hier schafft wohl für mich einen ganz individuellen Eintritt ins Jenseits (dies wird jeder für sich anders erfahren).

Zu meiner großen Überraschung wartete dort bereits Guido auf mich, um mich freudig zu empfangen.

Guido war ein sehr guter und langjähriger Bekannter von mir, der schon früh die Erde wieder verlassen hatte.
Er hatte einen langen, beschwerlichen Weg hinter sich, der durch eine schwere Krankheit gezeichnet war.
Als er damals ging, hatte es mich tief berührt.
Ich hatte mich oft gefragt, wie es ihm wohl geht, umso größer war natürlich meine Freude, ihn endlich wiedersehen zu können.

Wir trafen uns auf dieser wunderschönen riesigen Wiese, zu der ich schon einige Male geführt worden war.
Sie war ein Meer, an bunten wunderschönen Blumen, und grüne, saftige Ähren bewegten sich sanft im Wind.
Im Hintergrund sah ich majestätische schneebedeckte Berge, und alles wirkte hier absolut friedvoll.

Ich stand dort, und mich erfüllte ein tiefer innerer Frieden.
Meine Bewegungen waren sehr leicht und fühlten sich an, als ob ich schweben würde, denn keine Ähre oder Blume wurde umgeknickt oder zertreten. Nachdem wir uns über diese Wiese bewegt hatten, war alles genauso perfekt und unberührt wie zuvor.

Nach unserer herzlichen Begrüßung machte mir Guido klar, dass er zu mir gekommen war, um mir die jenseitige Welt zu zeigen, denn „viele wollen dich kennenlernen“!

Ich fühlte mich ergriffen und fasziniert zugleich, ich spürte eine große Neugierde auf all das, was mich hier erwarten würde. Ich hatte unendlich viele Fragen.

Die Kommunikation läuft in dieser Dimension nicht so ab, wie wir es in unserer Welt kennen. Vieles geschieht telepathisch, wie ein inneres Wissen, das einfach da ist, ohne jeden Zweifel.

Guido sprach mich mit einem Lächeln an: „Wir laufen und fahren auch Fahrrad hier im Jenseits!“ Das kam mit einem Schauer bei mir an, da ich mich noch daran erinnern konnte, dass dies Guido ebenso in seinem irdischen Leben sehr wichtig gewesen war.

Im nächsten Schritt nahm mich Guido mit in seine Welt des Jenseits. Es war einfach beispiellos, alles fühlte sich unendlich leicht an.
Er führte mich durch Straßen und Städte, die unseren sehr ähnelten, nur dass sie viel leichter waren als unsere feste Materie, genauso wie die Wiese im Eingang. Die Gebäude wirkten ebenso fein und leicht, waren aber dabei klar sichtbar und nicht durchsichtig. Alles war wie selbstverständlich einfach da.

Was interessant war, die Materie der Feinstofflichkeit in dieser Ebene konnte sich jederzeit verändern.

Ich war sehr überrascht und überwältigt, das konnte Guido sofort spüren, und all meine vielen Fragen natürlich auch.

Er antwortete direkt. „Du musst wissen, hier entsteht alles so, wie es sich jeder wünscht und vorstellt, alles manifestiert sich in dieser Welt sofort. An diesem Ort gibt es noch vieles mehr, nur wären diese Informationen heute noch zu viel für dich. Doch du wirst es bald sehen können."

In diesem Augenblick war mir noch nicht klar, was dies in seiner ganzen Dimension bedeuten würde. Und was mich noch alles in den folgenden Monaten erwarten sollte.

Ich war so überwältigt von dieser Reise und dem Zusammensein mit Guido, das ich einfach vergaß, mich umzusehen oder andere Kanäle zu schärfen. Mir ging es in dieser besonderen Zeit nicht darum, wie alles aussah.
Ich wollte erfassen, warum es geschah!

Guido führte mich zu einem unbeschreiblich großen Gebäude. Es war eine riesige Bibliothek.
Wir traten ein. In ihrem Inneren nahm ich einen scheinbar endlosen Raum um mich herum wahr, der in seiner Größe kaum in Worte zu fassen ist.
Irgendwie ist hier alles erheblich größer.

Zu diesem Zeitpunkt konnte ich die ganze Herrlichkeit dieser Bibliothek noch gar nicht erfassen, erst später, während anderen Reisen, wurde es mir offenbart.
An diesem Tag bekam ich erst einmal nur Ausschnitte zu Gesicht. Aber auch das war für mich schon sehr faszinierend und eindrucksvoll.

Als ich mich wieder gefangen hatte, lag meine Aufmerksamkeit wieder voll und ganz bei Guido und dem, was er mir zu sagen hatte.

„Alle Bücher, die du hier siehst, sind EINS." sagte er. „Alle Bücher müssen ins Regal zurück, dann fließt es."
Dabei zeigte er mir eine freie Stelle in einem Regal.
Es schien, als würde ein Buch fehlen.

Im nächsten Augenblick veränderte sich das Bild und ich sah wie das Buch in die dafür vorgesehene Lücke gestellt wurde. Zeitgleich hörte ich Guido sagen: „Dieses Buch wird die Bibliothek komplett machen. Wenn dieses Buch geschrieben ist, wird es alles zum Fließen bringen. Bitte hilf uns dabei!"

In diesem Moment erhielt ich eine bloße Ahnung davon, was er mir damit sagen wollte. Es schien mich zu betreffen, und gleichzeitig spürte ich, dass ich dafür so gar nicht bereit war. Das, um was er mich gerade bitten wollte, war auf jeden Fall eine Nummer zu groß für mich. Es fühlte sich absolut unerreichbar an.

Das war es für mich! Das alles hier war dann doch zu viel für mich. Aus irgendeinem Grund verlor ich die Besinnung.
Es war, als wäre ich für kurze Zeit nicht mehr da.
Weg von diesem Ort, weg von allem, wie nicht anwesend. Als wäre etwas in mir weggenickt und ausgeschaltet.
Filmriss.

Als ich wieder zu mir kam, standen wir beide in einer großen Halle, die voller Licht war.

Scheinbar war die Reise auch ohne meine wache Anwesenheit weitergegangen. Als ich mich umblickte, sah ich, dass meine Umgebung wie ein riesiger Saal erschaffen war, mit großen Türen und auch so etwas wie weiten Fenstern.

Es waren so viele Jenseitige gekommen. Ich spürte Neugierde, Freude und Frieden auf ihrer und meiner Seite.
In den ersten Sekunden sah ich nur ihre verschiedenen Gestalten. Ich konnte sie sehen, wie sie früher einmal ausgesehen haben mussten. Sie zeigten sich mir wie ganz normale Menschen, nur eben feiner und leichter.
Ich konnte nicht jeden Einzelnen klar und deutlich sehen, dazu waren es zu viele, deshalb konnte ich einige nur schemenhaft erfassen.

Aber dann sah ich deutlich mitten in der Menge eine Frau mit langen, silbergrauen Haaren, die sie zu einem Zopf geflochten hatte. Sie war mit ihrem Mann hier, der neben ihr saß. Sie war eine derjenigen, die mit anderen zusammen wartend in der Halle stehen, trotzdem sticht sie für mich sehr hervor.
Sie übermittelte mir ihre Freude und ihren Dank, dass ich gekommen war.

„Du wirst uns alle wiedersehen, wenn du mit unseren Angehörigen Kontakt hast. Alle warten schon darauf", erklärte mir Guido. Ich sollte quasi als Übersetzerin fungieren und die Botschaften der Jenseitigen an die Diesseitigen übermitteln, genauso wie jetzt für euch.
Jedoch war ich für diesen Moment sprachlos.

Guido führte mich unbeirrt weiter in eine andere große Halle, offen und gleißend hell, als würde das Sonnenlicht ungehindert durch den Raum fluten.
Dies ist einer der Plätze, an die viele Seelen von ihrem Erdenleben zurückkehren und empfangen werden. Hier bekommen sie die Hilfe, die sie benötigen. Sie werden aufgebaut und haben erst einmal Zeit, sich zu finden in dieser Sphäre.
Niemand ist hier allein.
Jeder bekommt die Hilfe, die er in diesem Moment benötigt. Bedingungslos.
Egal, wer und wie diese Person ihre Inkarnation auf der Erde gelebt hat.
Hier sind die Arme offen, und die Hilfe ist liebevoll.

Die Schwingung in dieser Halle ist sehr hoch. Alles ist in Frieden und bedingungslose Liebe getaucht.
Hier trifft man auf Engel und Lichtgestalten, die den ankommenden Seelen helfen.

Ich fragte Guido, ob er seine Familie vermisse.
„Ein Gefühl, das ihr auf der Erde ‚vermissen' nennt, kennen wir hier nicht. Es ist Liebe."

Ich bekam von ihm ein Gefühl der Leichtigkeit und Zuneigung gesendet. Er zeigte mir, dass er wusste, dass es seiner Familie gut ging, und das erleichterte ihn sehr.
Aus diesem Grund ist es den Jenseitigen auch so wichtig, zu helfen.

„Wir möchten, dass ihr Folgendes wisst: Wir sind nicht tot und einfach weg! Wir sind immer noch hier. Gleich nebenan! Es geht weiter, nachdem wir unsere Körper verlassen haben."

Guido übermittelte mir ein Gefühl von Zeit, die hier anders abläuft.
Tage oder Wochen sind für sie hier nur ein Wimpernschlag. Es fühlt sich für die Jenseitigen völlig anders an. Es ist wie ein Moment, der sich unendlich ausbreitet, ein Augenblick, der einfach nur ein wunderschönes, erfüllendes Gefühl hinterlässt. Dieses Gefühl endet nie.

Es gibt einiges, was ihnen sehr wichtig ist, und sie möchten es euch mitteilen: „Uns geht es gut! Wir möchten nicht, dass unsere Familien auf der Erde traurig sind oder leiden. Wir sind hier glücklich, leicht und unbeschwert. Wir haben hier unendliche Möglichkeiten. Das wünschen wir uns für euch auch."

Es war für mich spürbar, wie wichtig ihnen diese Informationen sind.
Guido ließ mich teilhaben an seiner Energie. Er war hier gut aufgehoben, und er war geheilt. Er tat hier viel für andere und half ihnen, wie er mir erklärte. Er könne jetzt seine Gefühle klarer und besser ausdrücken.

„Das ist hier Oben ganz leicht, es fließt ungehindert. Jedes Gefühl ist einfach da. Es ist für alle normal, darüber zu kommunizieren. Hier gibt es keine Lügen. Es ist, als wäre alles bereits, wie auf dem Tisch, bevor es fassbar ist."

Damit half Guido auch mir. Er erklärte mir, dass ich mich ganz öffnen solle für die Kontakte mit dem Jenseits. Der Gedanke „Ich sage etwas Falsches" unterbricht die Kontakte, so als hätte man plötzlich kein WLAN mehr. „Sag einfach, was kommt." Zur Bestätigung gab ich ihm mein Okay.

Ich fragte Guido, wie es in ihrer Dimension mit anderen Planeten oder anderen Lebensformen sei. Wie wird das gehandhabt?

„Ich weiß es nicht genau. Meine Welt war in dieser Dimension, in der wir hier wandeln. Ich habe aber schon gehört, dass es andere Welten gibt. Weißt du, diese hier ist erdnah und deshalb so aufgebaut. Woanders gibt es wohl das, was diese Form benötigt", antwortete Guido.

„Und wie ist das mit den Lebensaufgaben?", wollte ich noch wissen.
„Diese Frage ist nicht so pauschal zu beantworten – später!", ließ er mich wissen.
Da musste ich mich wohl noch etwas gedulden.

„Viele Erkenntnisse bekommen die Seelen hier schon durch die Hilfe der Geisthelfer und Engel."
„Sag mal, Guido, gibt es in eurer Welt nur eine Ebene?"

Ich fragte das, weil in vielen spirituellen Schriften von verschiedenen Ebenen im Jenseits die Rede ist, je nachdem, wie weit man ist in seiner spirituellen Entwicklung.
„Nein, es gibt viele weitere Ebenen. Sie sind ganz verschieden", beantwortete Guido meine Frage.
In diesem Moment zeigte er mir sehr viel Licht. Alles hüllte sich in dieses wundervolle Licht. „Von da kommst du her!", sagte er.

Langsam spürte ich, dass ich nicht mehr in der Lage war, alles zu erfassen und zu verstehen. Mein alter Freund hatte das

natürlich bereits wahrgenommen, und wir traten gemeinsam den Rückweg an.
Ich dankte Guido sehr für diese interessante Begegnung. Als wir wieder auf der Wiese ankamen erklärte er mir noch:
„Wir alle – ob du oder ich – bekommen nur die Informationen, die wir auch verstehen und verarbeiten können. Wir werden uns wiedersehen!" Mit diesen Worten verabschiedete er sich.

Ich freute mich auf ein Wiedersehen.

Danke Guido.

✧

Begegnung mit Ella

Sitting

An diesem Morgen viel es mir besonders schwer mich zu konzentrieren. Schon während ich mich auf meine Meditation vorbereitete, war da eine Unruhe in mir, die meine Gedanken immer wieder abschweifen ließ. Ich atmete ein wenig, um innerlich zur Ruhe zu finden.

Damit schaffte ich einen Übergang in einen tiefen, meditativen Zustand. Ich öffnete mich, um emporzuschweben, immer höher und höher zum Großen BewusstSein.
Es war nicht meine Entscheidung, es war vielmehr ein Impuls, mich zu öffnen, und das Schweben wurde von einem starken Sog in eine klare Richtung unterstützt.

Dort angekommen, nahmen wir miteinander Kontakt auf.
Ich war nun BewusstSein im Großen BewusstSein.

Kurze Zeit später konnte ich spüren, wie die große Kraft durch mich zu fließen begann und mein Herz mit unendlicher Liebe berührte. In mir wurde es ganz ruhig und friedlich.
Alles ließ immer mehr los.

Im nächsten Moment konnte ich auf der Ebene der jenseitigen Welt wieder die große Wiese sehen.
Es war, als würde es keine Grenzen mehr geben zwischen den Ebenen. Ich konnte scheinbar in ein und demselben Moment überall sein.

Langsam veränderten sich die Energien sowie meine Perspektive. Ich fand mich auf der Wiese wieder.

Dort stand sie, Ella, die Frau mit den langen grauen Haaren, die ich am Tag zuvor gesehen hatte. Sie sah mich an und begann mit mir zu kommunizieren.

Da bekam ich wieder dieses überwältigende Gefühl wie am Vortag dieser bestimmten Ahnung in mir, durch die sich etwas in mir erneut ausschalten wollte.
Aber an diesem Tag war in mir so viel Frieden und Kraft, dass ich mich nicht gleich davon mitreißen ließ. Außerdem strahlte auch Ella so viel Liebe aus, dass ich dieses Mal bereit war, ihr zuzuhören.

Sie erklärte mir: „Es ist dein Buch, das noch fehlt! Es ist wichtig, dass du es schreibst! Ich werde dir helfen! Ich leite dich. Dafür bin ich hier!"

In diesem Augenblick fragte ich mich, ob das alles echt war. Oder war es mein Verstand, der mein Ego triggerte?
Ist das hier alles Einbildung? Spinne ich jetzt komplett?
Meine Gedanken rasten, mein Verstand fing an zu rebellieren.
Ich war doch im völlig falschen Film!
Wie und über was sollte ich denn bitte schön ein Buch schreiben? Ich konnte doch überhaupt nicht schreiben.

Nachdem Ella all dies anscheinend innerhalb einer Millisekunde erfasst hatte, antwortete sie:
„Es gibt Menschen mit großem Ego und wenig Wissen.
Und Menschen mit viel Wissen, die sich kleinhalten und sich ständig fragen: ist das nur mein Ego?"

Okay, das hatte gesessen!

Irgendwoher kannte ich dieses Muster. Sie schien mich sehr gut zu kennen. Darüber war ich in diesem Moment doch sehr überrascht.
Ich war jedoch weiterhin skeptisch, deshalb bat ich sie um ein eindeutiges Zeichen. Dies sollte mir beweisen, dass es tatsächlich sie war, die mir all dies erzählte, und nicht meine Fantasie.
Im nächsten Moment floss von außerhalb meines Systems so viel Liebe in mich und mein Herz, dass es förmlich überquoll. Da wusste ich tief in meinem Inneren: Sie ist jetzt für mich da!

Es war ganz klar: Ihr Name ist Ella, sie hat früher selbst geschrieben, und deshalb wird sie mir auch helfen, dieses Buch zu schreiben.

Ein Buch schreiben? Ich? Worüber denn überhaupt?
Nun war es Zeit, diese Reise erst einmal zu verdauen.
Danach saß ich noch eine ganze Weile einfach da, gemeinsam mit meinen Begleitern aus der geistigen Welt.
Nach einiger Zeit stupste mich jemand von der Seite an, obwohl eigentlich niemand außer mir in dem Zimmer war. Die Zeit war zwar noch nicht um, aber es war genau der richtige Moment, um alles Erlebte aufzuschreiben.

✧

Hommage an Ella

Ella ist hinreißend. Sie hat lange Haare, die bereits ergraut sind. Sie trägt sie zu einem Zopf geflochten, der ihr über die Schulter hängt. Ihr Gesicht ist eher schmal und sehr klar. Ella hat Tiefe.

Sie hat immer gut funktioniert an der Seite ihres Mannes und sich um ihre drei Kinder gekümmert.
Die ganze Familie lebte auf einer Farm.
In der wenigen Freizeit, die ihr blieb, schrieb Ella Gedichte und malte Bilder von den wunderschönen Landschaften, die sie umgaben. Darin konnte sie sich leben und ihre ganze Tiefe ausdrücken.

Während ihrer Kindheit hatte Ella eine große, fantastische Welt, in der sie gerne träumte. Emotionen hielt sie eher in ihrem Innern verschlossen.
Sie war kein Mensch großer Worte, aber ein Mensch großer Gedanken. Und auch im hohen Alter noch, war ihre Gedankenwelt so kreativ und reichhaltig, dass sie gerne in ihrem Ohrensessel saß und in Tagträumen versank. Ella verließ ihren Körper mit 92 Jahren.

Ellas Farm Haus besaß eine große Veranda. Von dort ging der Blick in die wundervolle Natur, die dieses Fleckchen Erde ausmachte: Wiesen, uralte Bäume und Wasser ganz in der Nähe. Für Ella war es das Paradies. Sie träumte oft davon, ganz klein zu sein, um die Welt der Elfen kennenzulernen, die seit Urzeiten in diesen Bäumen wohnten.
Ella hatte oft das Gefühl, von ihnen beobachtet zu werden. Sie waren wohl genauso neugierig auf sie wie umgekehrt. Alles war hier friedlich, so als wäre die Zeit hier einfach stehen geblieben.

Ellas geliebter Mann, mit dem sie fast ihr gesamtes Leben geteilt hatte, verließ seinen Körper einige Zeit vor ihr. Es dauerte nicht lange, bis auch sie ihm folgte.

Ella zeigt sich mir in diesem mittleren Alter, weil sie sich damals sehr wohl gefühlt hat. Sie hatte eine gute Zeit. Die Kinder waren erwachsen und besuchten sie gerne.
Sie freute sich, wenn sie alle in der Küche um den großen Küchenblock herumstanden.
Sie hörte ihnen gerne zu, wenn sie dann von ihrem Leben erzählten und sich angeregt austauschten. Sie liebte sie so sehr.

Nachdem mir Ella so viel von sich erzählt hatte, ging ich davon aus, dass ich ein Buch über sie und ihr Leben schreiben würde.
Wie ich später erkannte, lag ich da wohl komplett daneben.
Rückblickend müssen wir beide darüber schmunzeln.

Danke, Ella, für deine Unterstützung und Geduld mit mir.

✧

Die Krise

✧

Nach meiner Begegnung mit dem Großen BewusstSein veränderte sich meine gesamte Welt. Ich bin mein Leben lang ein sehr spiritueller Mensch gewesen.
Durch meine schamanische Arbeit hatte ich meine weisen geistigen Begleiter. Von Beginn an halfen sie mir in erster Linie dabei, mich selbst zu finden. Sie unterstützen mich mit Hilfe von Impulsen und Lösungen in den Sitzungen für Klienten.
Durch unsere Zusammenarbeit war ich sehr stark angebunden an die Kräfte der Liebe. Außerdem musste ich lernen, zu vertrauen und mich führen zu lassen. So erhielt ich das Geschenk, viele neue Erkenntnisse in mir zu finden.
Sagen wir, ich habe einen guten Draht zur geistigen Welt.

Durch meinen Wandel intensivierte sich diese Fähigkeit noch einmal, als wären auch noch die letzten Schleier gelüftet worden. Hatte ich mich früher klar in Richtung Liebe ausgerichtet (das heißt: weg von Manipulation, hin zu Freiheit, Ergebnisoffenheit, das Beste in den Menschen zu sehen und das Beste geschehen lassen), war ich nun ein Teil der Liebe, ein Teil des Großen BewusstSeins.

Während ich früher kleine Bruchstücke sehen durfte oder erahnen konnte, war ich nun in der Lage die gesamte Bandbreite dessen zu sehen, was uns umgibt, was wir sind und warum die Dinge so funktionieren, wie sie funktionieren.

Es war, als hätte ich vorher eine große schwarze Brille getragen, durch die ich alles nur schemenhaft erahnen konnte. Jetzt hatte ich sie abgenommen, und das große Ganze wurde offenbart. Alle Liebesfilme, Kinderfilme, Fantasyfilme, Krimis der Vergangenheit und Gegenwart und deren Zusammenhänge. Das gesamte Genre und ALLES, was dahinterstand, war klar sichtbar.

Es war, als wenn ich mir ein Buch angesehen hätte, das verschiedene Geschichten erzählt. Da war ein Bild mit Bäumen und einem Garten mit Menschen und Tieren. Ich hatte die Seite umgeblättert. Und mit einem Mal waren nur Lichtsäulen zu sehen. Reines BewusstSein.

Eine völlig neue Welt, von der mein inneres Gefühl stets gesagt hatte: Sie ist hier, gleich nebenan und in uns.
Inzwischen hatte sich mein inneres Gefühl in Klarheit verwandelt: Es ist so! Jetzt ist alles klar!

In dem Moment der Begegnung, des Verschmelzens, des Ankommens bei meiner/unserer aller Urquelle, im Zuhause, war ich eins mit der Quelle.
Ich fühlte, was SIE fühlt, und wusste, was SIE weiß. Es war ALLES einfach da.
Alles Wissen und alle Erkenntnisse über die Welten, die Schöpfung – alle Antworten auf all meine Fragen.
Ich konnte förmlich danach greifen!

Als ich wieder zurück war, war ich von alledem noch so überwältigt, dass ich erst einmal Zeit brauchte, das Erlebte zu verarbeiten.

Es war ein gigantischer Pool an Wissen und Erkenntnis, an Wahrheit, gefüllt mit unendlicher Liebe. Das musste erst mal verdaut werden.

Ich wusste, es ist ALLES da, ich konnte es aber am Anfang nicht abrufen. Ich hatte zunächst vollauf damit zu tun, mich wieder in dieser Welt zurechtzufinden.
Mir offenbarte sich alles, was wir hier lebten, als eine große Illusion. Wir hatten uns alles erschaffen, um zu erleben, zu erfahren und uns kreativ zu entfalten.

Über die Jahre hatte ich häufig gefragt:
Warum sind wir hier?
Und die spirituellen alten Lehren hatten geantwortet:
Du bist hier, geistiges Wesen, um zu lernen, ein Mensch zu sein.

Diese Antwort hatte mich in meinem Innern nie zufriedenstellen können. Ich hatte sie nicht fühlen können.
Nun hatte ich alles gesehen, die ganze Wahrheit in mir gefunden und damit die quälende Frage nach dem Warum endlich beantwortet.

Wir sind riesengroße, geistige, intelligente Wesen.
Wir sind hier, um zu erfahren, wie es ist, als geistiges Wesen in einem menschlichen Körper zu wohnen.

Wir haben uns die Form eines menschlichen Körpers geschaffen. Und dadurch sind wir hier zu viel mehr fähig, als wir je geahnt haben.

Jedoch musste ich mich in mir, in der erschaffenen Illusion dieses Lebens, im Alltag, in der Familie, in dieser Welt wieder völlig neu finden.
Es war wie eine Neugeburt. Bis in die letzte Zelle meines Körpers. Dieser Prozess hält bis heute an.
Es war wichtig, einen Weg für mich zu entdecken, in dem ich mit all dem Erlebten, mit meinen neuen Erkenntnissen und dem direkten Draht zum Großen BewusstSein dieses Leben hier weiterführen konnte.

Das eine ist, die Augen zu öffnen, das andere, aus dem Gesehenen das Beste zu machen.
Die erste Zeit war für mich schwierig. Ich hatte das Gefühl, dazwischen zu hängen. Nicht wirklich bei mir zu sein.
Mein Kopf fühlte sich leer an, und ich fragte mich, ob ich jemals wieder ich sein können würde.

In dieser Zeit half mir sehr das Vertrauen, das ich über die letzten Jahre zur geistigen Welt aufgebaut hatte. Ich kannte diese Phasen bereits. Immer, wenn ein geistiger Umbruch für mich anstand, fühlte ich mich eine Zeit lang so: im Nebel, wie mit Watte im Kopf. Oft fragte ich mich, wo ein Teil von mir gerade war. Und die Antwort wurde mir in einem Gefühl des Friedens und der unendlichen Liebe direkt in mein Herz geschickt.

Nach ca. zwei Wochen war diese Phase vorbei. Ich konnte während eines Sittings spüren, wie der Teil wieder zu mir zurückkehrte. Gefühlt hatte ich einen riesigen Sprung in meiner Energie gemacht.

Vorher war „ES“ nur ein gigantisches Erlebnis gewesen.
Nun war und blieb „ES“ ein Teil von mir. Jetzt waren wir verbunden, und das Große BewusstSein begann mit mir zu kommunizieren, sei es über das Fühlen oder über Informationen.

Ich hatte das Gefühl, dass ich meine Energie nicht mehr „anheben“ musste, dass ich nicht mehr quasi hochsteigen, eine tiefe Meditation machen musste oder Ähnliches.
„ES“ war direkt da, gleich in mir oder neben mir.

Ebenso das Jenseits war in meinen Sittings nicht mehr „oben“. Diese Ebene war nun gleich hier, nur noch einen Gedanken weit weg. Die jenseitigen Wesen konnten mich nun rufen und mir in Windeseile Informationen geben oder Fragen stellen. Ja, es gibt tatsächlich viele Fragen, welche die jenseitigen Seelen stellen. Sie wollen ebenso verstehen.

Ein Schamane zum Beispiel reist in die Anderswelt. Dies ist die geistige Welt, die direkt neben unserer existiert. Alles, was es hier gibt, gibt es auch dort in geistiger Form. In die Anderswelt konnte ich in den letzten Jahren durch nur einen Gedanken „reisen“. Sie war ebenfalls gleich nebenan, nur durch einen Schleier von unserer getrennt.

Mit dieser Energieumstellung war es mir nun auch möglich, ALLE Welten mit einem Gedanken zu erreichen. Auch diese Schleier waren gelüftet.

Meine inneren Welten wurden gewissermaßen von einem Buch mit 100 Seiten in einen ganzen 1000-Seiten-Roman katapultiert.

Und ich hatte meine Antwort, warum dies mir geschehen war und was ich nun daraus machen sollte, gefunden. Ich hatte eine Vision. Wenn ich jetzt gehen sollte, würde ich all das mitnehmen, nur für mich. Wenn ich all das allerdings mit der Welt teile und ihr alle im Jenseits und im Diesseits erkennt, wer ihr wirklich seid, dann kann sich etwas Grundlegendes und Großes verändern.

✧

An diesem Punkt fing ich an, all meine Gedanken, Sittings und Erfahrungen in Ringbücher zu schreiben. Ich war plötzlich ein Quell der Gedanken, und diese wollte ich nicht wegfließen lassen.
Wo ich ging und stand, hatte ich Stift und Papier dabei. Ich schrieb von morgens früh bis mittags, nachmittags hatte ich Sitzungen. Jeden Tag bauten sich andere Themen auf und meine Erkenntnisse dazu schrieb ich nieder.

Vieles von dem, was ich schon wusste und über die Jahre erkannt hatte, wurde bestätigt oder noch mal bekräftigt. Neues kam hinzu. Und irgendwann kam der Moment, an dem ich beginnen musste, all das in einer guten Form in den Computer zu bringen, was für mich die größte Herausforderung darstellte. Außerdem musste ich für diese heiße Phase meine Alltagsorganisation völlig umstellen.

An Tagen, an denen ich am Computer saß und zusätzlich Behandlungen durchführte, konnte ich mehr und mehr fühlen, wie meine Energie weniger wurde.

Zum einen stand ich unter Druck, um alles in der zur Verfügung stehenden Zeit schaffen zu können. Zum anderen hatte ich „im Nacken“, dass ich meine Energie vom Schreiben des Buches auf ein Energiefeld für Behandlungen herunterbringen musste, und dies oft innerhalb von zehn Minuten.

Nach einer Weile hatte ich erkannt, dass es nicht funktionierte, an ein und demselben Tag zu schreiben und Sitzungen zu geben. Wenn ich im Flow war, wollte ich diese Zeit nutzen. Also baute ich alles um. Ich nahm mir an vier Tagen Zeit zu schreiben, und am fünften behandelte ich die Notfälle. Alles andere musste warten.

Einmal hatte ich einen guten Schreibtag. Ich schrieb 13 Stunden, aber irgendwie war ich damit nicht zufrieden. Das, was ich geschrieben hatte, las sich erschlagend und kompliziert. Außerdem fühlte ich mich völlig ausgelaugt und verausgabt. Wie nach einem Marathon. War das Sinn und Zweck der Sache? Was tat ich hier? Daraufhin machte erst einmal alles in mir zu, und ich fiel in eine Krise.

Mir war plötzlich alles zu viel, und ich wusste nicht mehr weiter. Mein Verstand lieferte mir den Rest: Siehst du, du kannst es nicht! Du schaffst das nicht! Vielleicht bist du doch nicht die Richtige dafür. Bist du dir sicher, dass du dir das nicht alles zurechtgesponnen hast? Du wirst Kritik ernten, und Kritik ist der Tod!

Dass der Verstand nach alledem durchdrehen würde, war mir schon klar gewesen. Er konnte das Erlebte wohl am wenigsten erfassen und das war ja auch okay.
Ich konnte diese Gedanken einordnen, schließlich hatte er viel zu verdauen. Es hatte schon damals eine Weile gedauert, bis er sich an die Anderswelt gewöhnt und Vertrauen gefasst hatte, in all das für ihn Unfassbare und Unerklärliche.

Also hieß es auch jetzt, Geduld zu haben und mich nicht zu tief in endlose Gedankenströme und Unsicherheiten hineinziehen zu lassen. Schließlich bin ich nicht mein Verstand. Er ist ein guter alter Freund. Dieser Freund will nur das Beste für mich. Er will mich beschützen. All seine Ratschläge sind durch Erfahrungen aus diesem und anderen Leben aufgebaut. Daraus schöpft er.

Unser Verstand möchte, dass es uns gut geht an Leib und Leben. Je kürzer er uns hält, umso weniger kann passieren.
Alles, was neu ist, ist für ihn eine potenzielle Gefahr:
„Sei vorsichtig, schau erst mal, wirf dich da nicht so spontan rein, das dicke Ende kommt noch."
Und: „Meinst du wirklich, dass das richtig ist? Und wenn dabei etwas passiert?"

In solchen Fällen danke ich meinem guten alten Freund, biete ihm einen schönen großen Sessel an und lasse ihn darin zur Ruhe kommen.
Ich erkläre ihm dann, dass ich ein Stück alleine laufen möchte. Ich sichere ihm zu, ihn um Hilfe zu bitten, wenn ich diese brauche. Zum Beispiel zum Rechnen oder zum Autofahren oder zum Organisieren.

In diesen Momenten schaffe ich mir Raum zum Durchatmen. Dadurch öffnet sich ein neues Feld, in dem ich erst mal zu mir kommen kann.
Würde ich weiter im alten Gedankenfeld bleiben, das mich herunterziehen will, bliebe ich irgendwann stehen. In der Komfortzone.

Nun, wo ich erst einmal raus war aus all den Gedankenspiralen, beschloss ich, mir einen schönen Tag zu machen und nicht mehr darüber nachzudenken. Die Lösung würde kommen, das wusste ich ganz sicher.
Ich rief meinen Hund, und wir gönnten uns einen ausgedehnten Spaziergang. Kaum waren wir im Wald, konnte ich völlig abschalten.

Ich spürte wieder diese Liebe in meinem Herzen, die jedes Mal da war, wenn das Große BewusstSein mit mir Kontakt aufnahm. Ich war auch jetzt nicht allein!
„ES" war stets bei mir. Ich brauchte meine Probleme nicht mehr alleine zu lösen. Ich war behütet und begleitet. Das wurde mir jetzt noch einmal sehr klar.

„ES" floss durch mich hindurch, und Frieden kam über mich. Plötzlich war da ein Gefühl von Klarheit: Natürlich würde ich es schaffen, dieses Buch zu schreiben. Es war viel zu wichtig, um jetzt aufzugeben, und ich wusste, ich würde die Lösung von ganz alleine finden.

Der erste und wichtigste Schritt war, wieder in einen besseren Kontakt zu meinem inneren BewusstSein und damit zu mir selbst zu kommen.

Im Anschluss daran hatte ich etwas in mir zu klären, und dann würde es weiterfließen, dessen war ich mir nun ganz sicher.
Im Gefühl dieser Klarheit genoss ich den Rest meines Spaziergangs.

✧

Wieder zu Hause angekommen, setzte ich mich zu einer Meditation an einen ruhigen Ort. Dort wurde mir noch einmal klarer, dass ich etwas zu bearbeiten hatte.

Ich versuchte es mit meiner neuen Methode, die sich während der letzten Monate entwickelte. Ich wünschte mir für die Menschen eine Möglichkeit, auf kurzem Weg, effizient und vor allen Dingen selbstständig zu sich zu finden, ohne eine jahrelange Meditationspraxis.

Jetzt war es da: Kritik war für mich gleich Tod!
Warum war das so? Ich schaute mir alles an, das Thema, all die Ebenen. Was machte es mit mir? Was hatte ich erlebt und beschlossen?

Auf der reinen Bewusstseins Ebene erkannte ich schließlich Folgendes: In dem Moment der Kritik oder auch des Todes lag für mich die größte Chance zur Heilung. Kritik und der Tod brachten die Möglichkeit, neue Entscheidungen zu treffen und damit neue Wege zu gehen. Wir haben diese Augenblicke, in denen wir erkennen und neu entscheiden können, an jedem Tag.

Und jetzt, in dieser Krise, erkannte ich die größte Chance. Alles wurde hell, mit Licht durchflutet.
Angst und innere Anspannung wichen einem leichten Körpergefühl. Es begann wieder in mir zu fließen. Ich fühlte mich freier und weicher.

Ich beschloss, die letzten beiden Kapitel noch einmal neu zu schreiben. Endlich verstand ich, wie ich die Menschen und die Jenseitigen dort abholen konnte, wo sie waren.

Ich konnte nicht alle Erkenntnisse in einem 50-Seiten-Buch zusammenfassen. Es sollte anders verpackt und so erzählt werden, dass ihr es verstehen könnt.
Also bat ich jenseitige Seelen, mich zum Schreiben zu besuchen. Wir begannen gemeinsam zu arbeiten. Ich fing an, ihnen die Dinge so zu erklären, dass auch sie es verstehen konnten.

Schwere Kost leicht zu verpacken war eine Herausforderung, die es zu nehmen galt.
Zu Beginn hatte ich möglichst schnell alles erzählen wollen, damit viele Wesen die Möglichkeit bekamen, mehr zu verstehen und damit in ihre ureigene wahre Präsenz finden zu können.
Nachdem ich das verstanden hatte, veränderte ich meine Intention zum Schreiben noch einmal. All das musste ich von der Pike auf lernen. Jeden noch so kleinen Schritt. Schließlich hatte ich noch nie ein Buch geschrieben.

Ich weiß, alles hat seine Zeit, und was ich mitzuteilen habe, wird einst diejenigen erreichen, die es zu genau diesem Zeitpunkt benötigen.

Also trat ich mit meiner Wollensenergie zurück in mein BewusstSein und begann aus diesem Ort heraus meine Erfahrungen genauso zu erzählen, wie ich sie erlebt hatte. In den Geschichten, die uns das Leben schreibt.

✧

Tagebuch der Sittings

✧

Sitting am 21.6.2019

Heute werde ich von vielen Jenseitigen empfangen. Sie warten bereits auf mich. Schon während des „Hochgehens“[1] kann ich ihre Silhouetten sehen und spüren. Je höher ich steige mit meiner Energie, umso klarer werden SIE.

Angekommen auf der Wiese, sind sie alle da. Ich bin freudig überrascht, als ich sehe, dass meine ganze Familie hier mit den anderen auf mich wartet. Ich kann sie direkt beim Ankommen sehen.

Wir freuen uns und begrüßen uns herzlich. Die Kommunikation geht in diesen Sphären stark über Gefühle. Ich kann also ihre Freude klar und deutlich fühlen. Als ich mich umdrehe, kann ich meinen Geistführer und meine Geistführerin sehen. Außerdem „Adriano, den Lustigen“. Ich nenne ihn so, weil er

---

[1] „Hochgehen“ bedeutet, seinen Geist frei zu machen, sich zu öffnen und die eigene Energie möglichst weit anzuheben. Vielleicht hilft dir dabei die Vorstellung, wie du emporschwebst oder eine Treppe nach oben gehst oder einen Berg besteigst. Je höher man kommt, umso leichter und offener wird man.

jedes Mal Späße macht und mich daran erinnert, dass ich auch solch Frohsinn und Schabernack in mir trage.
Da sind noch viele andere, die mich von dieser Seite aus begleiten. Sie helfen mir, ziehen Strippen oder lenken bei meiner „Aufgabe" hier. Auch Ella ist gekommen. Helfer, Lehrer und Unterstützer.
Hier kann ich unendlich viel Liebe spüren.
Ich danke EUCH!
Ich verbinde mich mit ihnen und sitze einfach da.

Kolosseum und große Erkenntnis

Sitting 1 am 22.6.2019
Während ich heute Morgen wach werde, steigt mir der Geruch von süßem, frischem Popcorn in die Nase, obwohl meine Fenster geschlossen sind. Zuerst kann ich den Geruch nicht einordnen, da ist nur Süße. Später weiß ich, was es war.

Mir bleibt keine Zeit zum Aufstehen. Noch im Bett liegend zieht es mich „hoch“ und ich finde mich direkt in einem riesigen runden Stadion wieder.
Es ist ein gigantisches Kolosseum von unvorstellbarem Ausmaß! Hunderte von Etagen, unendlich weit.

Wenn ich den Kopf in den Nacken lege, kann ich das Ende nur erahnen. Es ist halbkreisförmig angelegt. An der offenen Seite strahlt reines, gleißend helles Licht herein.

Solch ein Licht habe ich bis jetzt nur einmal gesehen. Es strahlt Klarheit und Wärme aus. Es ist dabei so feinstofflich, als würde man durch einen Schleier schauen. Dieses Licht strahlt zu allen Seiten und taucht den gesamten Ort in eine wundervolle, weiche Stimmung.

Das Besondere an diesem Ort ist für mich, dass er sich kraftvoll und sicher anfühlt.
Die Etagen sind in regelmäßigen Abständen durch weiße Säulen unterteilt. Dazwischen sitzen und stehen jenseitige Seelen, die ich schemenhaft wahrnehmen kann.

Meine Positionen wechseln schnell. Innerhalb einer Millisekunde finde ich mich in der Menge wieder oder ich sitze mittendrin.

Viele Etagen sind unter mir und über mir.
Das Gebäude ist so überdimensional groß, dass ich kaum bis zum Grund sehen kann. Ich bin von dieser Größe und Schönheit überwältigt, alles strömt auf mich ein. Ich bin gleichzeitig aufgeregt und neugierig. Alles kribbelt in mir.
Ich möchte auf keinen Fall auch nur eine Sekunde verpassen. Deshalb sitze ich einfach nur staunend da und warte.

Hier versammeln sich alle bei wichtigen Spielen und Verkündungen. Ich sehe helle, lichtvolle Energien nach oben und unten schweben. Wir würden sie Engel nennen, doch hier haben sie keine Flügel. Sie sind große, lichtvolle Wesen in ganz verschiedenen Farben.

Alles, was ich spüre, alles, was ist, was war und was kommen wird, scheint im selben Moment schon da zu sein. Alles läuft miteinander und gleichzeitig ab. Es werden Spiele in der Luft gespielt, die wir so nicht kennen.
Es gibt auch so etwas wie Baseball und frisches Popcorn!
Es gibt all das, was wir uns hier kreieren.
Ich fasse es nicht! Popcorn! Und wie das riecht!

Plötzlich verändert sich etwas. Der Boden beginnt sich zu bewegen. Als sich der Grund erhebt, sehe ich eine riesige Kanzel nach oben schweben. Es wirkt als solle etwas verkündet werden.

Erst jetzt werde ich mir der Jenseitigen bewusst, die neben mir sitzen. Zuvor war ich wohl zu gebannt von dem Geschehen vor mir.

Direkt neben mir erkenne ich einen Mann aus meiner Kindheit. Johann sieht genauso aus, wie ich ihn in Erinnerung habe. Er war einmal unser Nachbar. Seine Kinder und ich sind zusammen aufgewachsen, wir lebten alle gemeinsam in derselben Straße.
Ich kann mich an eine schöne Zeit mit ihnen erinnern.

Er lässt mich meine Erinnerungen an diese Zeit sehen und spüren. Dies macht er mithilfe von Energie. Dazu berührt er mein Erinnerungsfeld, in dem diese Zeit gespeichert ist.

Genau dieses Phänomen ist es, was uns in Jenseitskontakten möglich macht gemeinsame Erinnerungen auszutauschen.
Ich nehme Johann nur schemenhaft wahr, wohl, weil er schon länger im Jenseits ist.

Er erklärt mir noch andere wichtige Dinge: „Wenn die jenseitigen Seelen hier bereits lange „Zeit“ verweilen, vergessen sie irgendwann das Menschsein.
Es ist immer weniger präsent oder von Bedeutung für uns, wer oder was man einmal verkörpert hat.

Das Leben auf der Erde ist eine andere Welt, die dann kaum mehr bedeutsam für uns ist. Diese Welt existiert dann nur noch in einem vagen Erinnerungsfeld."

Johann war in seinem letzten Erdenleben ein Vater von vier erwachsenen Kindern. Er zeigt auf seine Brust, er kann leicht atmen. Da ich seine Geschichte kenne, weiß ich was dies zu bedeuten hat.
Die ganze Kommunikation läuft wieder telepathisch ab. Er weiß, es geht seinen Kindern gut. Das Leben auf der Erde spielt keine Rolle mehr für ihn, er hat sich komplett davon gelöst.
„Das ist bei jedem anders", erklärt er mir.

Ich danke ihm, und schon komme ich zurück in meinen Meditationsraum.

✧

Sitting 2 am 22.6.2019

Es ist Mittag. Mein Mann schläft, und mich lässt meine Reise von heute früh nicht los.
Das Bild, von dem mit Jenseitigen Seelen gefülltem Kolosseum, ist ständig in mir und ruft mich.
Ich kann an nichts anderes mehr denken. Bei allem, was ich tue, sehe ich nur dieses Bild.

Also begebe ich mich erneut in die geistige Welt.
Und schon sitze ich wieder hier.
Neben Johann, mitten im Kolosseum.

Über mir, unter mir, rechts und links neben mir unendlich viele Etagen mit unendlich vielen Jenseitigen.
Das gleißende Licht, das alles hier erfüllt.
Engel schweben wieder auf und ab. Es wird gespielt.
Und ich sitze einfach da und beobachte.

Nach einer Weile frage ich Johann: "Warum bin ich hier? Was wollt ihr mir sagen?"
Und im gleichen Augenblick fliege ich auch schon (wobei „fliegen" noch zu langsam ist) von meinem Platz zur Mitte des Feldes.
Die Kanzel erhebt sich gleichzeitig in die Lüfte, und innerhalb eines Wimpernschlags stehe ich in der Mitte des Kolosseums auf der schwebenden Kanzel.

Da stehe ich nun verwundert und weiß nicht, was ich hier soll. Hinter mir ist das reine Licht, vor mir das riesige Kolosseum und unendlich viele jenseitige Seelen.

Ich fühle mich winzig klein angesichts der Größe dessen, was mich umgibt. Trotzdem fühle ich mich wohl und getragen.
Ich spüre, wie ich mehr und mehr meine eigene Präsenz und Größe wahrnehme.

Als Mensch bin ich tatsächlich körperlich klein, aber als das BewusstSein, das sich tief in mir verbirgt, bin ich riesengroß!

Ich beobachte wie ich ganz natürlich weiter an Größe und Präsenz zunehme und mit einem Mal stehe ich da, mitten in diesem gigantischen Feld, und bin für alle sichtbar in dem, was und wer ich bin.

Da stehe ich und bin nun ganz und gar nicht mehr von geringer Größe.

Zeit zum Staunen bleibt mir nicht, denn schon im nächsten Augenblick bekomme ich einen Impuls, meinen Geist zu öffnen.

Sie wollen alle an meinen Erkenntnissen teilhaben.
Für alle, die hier sind, ist es neues Wissen.
Sie alle sind zwar geistige Wesen, dennoch können sie nicht alle Informationen abrufen.
Sie alle haben ebenso die „alten" Informationen gespeichert, und genau deshalb sind sie heute hier.
Sie übermitteln mir ein Gefühl des Festgehaltenseins.
Es gleicht einem Stehenbleiben auf dieser Ebene.
Viele von ihnen wollen aber weitergehen.

Hier ist so viel Liebe, trotzdem können sich viele noch nicht wieder vollständig an das Große BewusstSein erinnern und sind sich vieler Antworten und selbst erschaffener Konstrukte nicht bewusst.
Sie wissen noch nicht, was es bedeutet, „nach Hause" gehen zu können, genau wie wir hier auf der Erde.
Daher sind diese Informationen sehr wichtig für sie.

Inzwischen habe ich verstanden was ich tun soll und öffne meinen Geist. Danach lasse ich all meine neuen Erkenntnisse seit meiner Begegnung mit dem Großen BewusstSein in den Raum um mich herum fließen. Auch an dem Erlebten mit dem Großen BewusstSein selbst lasse ich sie alle teilhaben.

Dadurch bildet sich eine riesige Kuppel, in der all das, was ich ihnen zur Verfügung stelle, angeschaut, gefühlt, gelesen oder erlebt werden kann.
Nach einer gewissen Zeit spüre ich genauso wie damals während meiner ersten Erfahrung mit dem Großen BewusstSein die unendliche, allumfassende Liebe.

Zum ersten Mal seit unserer Begegnung kann ich die Kraft des Großen BewusstSeins erneut in direktem Kontakt mit meinem Herzen wahrnehmen.
Dies ist auch in diesem Moment wieder ein überwältigendes Erlebnis, und auch heute laufen mir wieder Tränen der Rührung über die Wangen.

Ich habe nicht damit gerechnet, diese Verbindung noch einmal so intensiv erfahren zu dürfen. Für mich war es bis dato ein überwältigendes, einmaliges Erlebnis gewesen, das mein Leben verändert hatte und für das ich unendlich dankbar war.

Das Große BewusstSein beginnt sich wieder mit mir zu verbinden! Dazu baut es seine Energie langsam wieder in mir auf. Zuerst fließt „ES“ zu meinem Kronen Chakra hinein und durch mein Herz wieder heraus.

Mit jedem meiner Atemzüge fließt es mehr in das Kolosseum hinein. Immer mehr und mehr. „ES“ fließt überall hin.
Das Große BewusstSein füllt das Kolosseum mit unendlicher, bedingungsloser Liebe und mit der Energie der Erinnerung daran, was „ES“ wirklich IST. Das Große BewusstSein will uns daran erinnern, dass „ES“ da ist!

Das Große BewusstSein ist eine unendliche, allgegenwärtige Kraft, die nicht in Worte zu fassen ist. Mit einer bedingungslosen und überwältigenden Präsenz, die erfüllt ist von purer Liebe und das ganze Areal durchflutet. Gleichzeitig wechselt die Energie, und nun fühlt „ES" sich an, als wolle sich etwas Ursprüngliches (Mutter/Vater) wieder mit seinen Kindern verbinden.

Das Große BewusstSein übermittelt:
„Ich bin hier! Nimm meine Hand und komm nach Hause!
Ich bin es!"
Damit meint es nicht, dass wir sofort hinübergehen sollen, sondern: „Kehrt zurück zu mir. Lüftet den Schleier, und kommt in Kontakt mit mir. Ich bin immer da. Ich war nie weg! Ich war immer an eurer Seite, aber ihr konntet mich nicht mehr sehen. Kommt zurück zu mir, beginnt wieder, mich zu sehen."

Das Große BewusstSein ist ein liebendes Wesen, das Kontakt zu seinen Teilen sucht.
„ES" ist überwältigend schön!
Meine Zellen vibrieren wieder in meinem ganzen Körper.
Mein Herz ist weit geöffnet und ich beobachte wie sich der gesamte Herzraum weit über die körperlichen Grenzen hinaus ausweitet.

Erneut bin ich eine große, leuchtende Gestalt, und wieder gebe ich mich nur noch dieser Kraft hin und lasse es geschehen.
Das Große BewusstSein übernimmt daraufhin völlig meinen Körper und lässt nun aus jeder meiner Zellen SEIN Licht strahlen.

„ES" fließt noch eine ganze Weile so. Irgendwann wird es schwächer. „ES" ebbt ab, und die Energie zieht sich langsam wieder zurück aus meinem System, auf demselben Weg, auf dem sie sich aufgebaut hat.
Einen Moment später nehme ich wahr, wie die Informationen ganz leicht und auf telepathische Weise aus meinem offenen Geist in das Kolosseum fließen.
Alles steht im Raum, und jede Seele, die möchte, kann lesen, was hier zur Verfügung gestellt wird.
Es ist für alle da.

Das hat ein großes Aha-Erlebnis zur Folge, das durch viele Reihen geht. Auch hier ist die Energie eher wie ein Windhauch spürbar.
Nun können die jenseitigen Seelen ihre eigenen Schlüsse ziehen.

Mit einem Mal erreicht mich eine erneute Welle der Liebe und Dankbarkeit. Diesmal kommt die Welle aus den Reihen vor mir herüber, und sie fließt direkt in mein Herz.
Ein neues einzigartiges Energiefeld entsteht.
Es beginnt sich fächerartig von den Seiten des Kolosseums über alle Ränge aufzubauen. Jede Seele in diesem Raum ist daran beteiligt. Es formt sich ein Feld aus Licht, Liebe und Dankbarkeit. Zum Schluss zentriert es sich in seiner Mitte, und diese Mitte bin ich.
Zunächst fühlt es sich an, als würde die Energie im Raum stehen. Alles fließt von ihnen zu mir.
Daraufhin überkommt mich ein unvergleichliches Gefühl tiefer Dankbarkeit und Liebe.
Ich fühle mich verbunden mit all jenen die heute hier sind.

Alles ist in diesem Moment warm und weich. Ich nehme meine Körperlichkeit nicht mehr wahr.
In diesem Augenblick bin ich ein Teil von ihnen. Ich bin gerührt und unendlich dankbar für das, was ich hier miterleben darf.
Ich wünschte, es gäbe schönere Worte und Möglichkeiten, um auszudrücken, was hier geschieht.
In derselben Sekunde bekomme ich noch einmal eine Energiewelle vom Großen BewusstSein, die ich ins Kolosseum zurückgeben kann.
Dadurch entsteht für einen kurzen Moment eine Verbindung, die alle eint.

Auch jetzt, in diesem Moment, in dem ich euch das Erlebte schildere, ist das Große BewusstSein hier bei mir und lässt all seine Energie für euch in dieses Kapitel einfließen.

Danach ziehen sich die Energien wieder langsam zurück: erst das Große BewusstSein, so, wie es gekommen ist, und danach fächerförmig auch die Welle aus dem Kolosseum.
Nach einer Weile beobachte ich, wie sich das ganze Theater langsam leert.

Ich befinde mich wieder neben Johann in den Rängen.
Er erklärt mir noch etwas:
„Weißt du, dass wir hier im Jenseits sind, heißt noch nicht, dass wir alles verstehen und überblicken."
Daraufhin bekam ich ein Gefühl dafür was er mir sagen wollte. Ich verstand, dass sie genauso wie wir in ihrem BewusstSein alles in sich hatten, aber auch sie können nicht alle auf alles zugreifen und nicht alles direkt verstehen, da sie bis dato noch in ihrem Seelenkleid verhaftet sind.

Er zeigt mir nun das Buch, welches in der großen Bibliothek noch fehlt. Und betont noch einmal: „Dieses Buch wird die Energie in der gesamten Bibliothek verändern."
Jetzt weiß ich auch, warum!
Es wird alle daran erinnern: Es gibt ein Großes BewusstSein.

Und vor allem:

Wir ALLE können dorthin „nach Hause" zurückkehren!

Teil2

Ein neuer Blickwinkel

Das Große BewusstSein und die Welt

An diesem Kapitel habe ich lange gesessen und es einige Male wieder neu geschrieben. Am Anfang gab es in mir nur die Idee, dann folgten die Bilder, Erkenntnisse und Zusammenhänge aus den geistigen Welten, die uns umgeben und in uns wohnen.

Ich wollte versuchen diese so gut wie es geht verständlich zu erklären. Jedoch waren alle Versuche zunächst aus dem Verstand heraus entstanden, die sich mal mehr und mal weniger rund anhörten.
Da war es wieder: das Bestreben, etwas mit dem Verstand beschreiben zu wollen, dass den Verstand übersteigt.
Nun sitze ich wieder hier und starte einen neuen Versuch, dieses Mal aus meinem wahren Wesen heraus.
Es wird all das, was ich euch sagen möchte, viel besser in Worte und Energien fassen können, als mein Verstand es je vermag.

Das Bild, das ich während der letzten Monate vom Großen BewusstSein und den Welten bekommen habe, ist sehr weitreichend und komplex.
So, wie es jetzt aussieht, stehe auch ich erst am Anfang.

Außerdem habe ich viele Gefühle in mir, für die ich bisher vergeblich versucht habe die passenden Worte zu finden.
Das gelang mir noch nicht, denn es scheint mir immer wieder, als müssten diese Worte erst geboren werden.

Aus diesem Grund versuche ich in dieses Buch so viel Energie des Großen BewusstSeins fließen zu lassen wie irgend möglich, in der Hoffnung, dass es euch eines Tages erreicht.

Die Dimensionen in all den Ebenen dort draußen sind so mannigfaltig, dass es wohl mehr als eines Erdenlebens bedarf, um sie zu erfassen.
So kann ich euch wahrscheinlich auch nur einen Bruchteil von all dem, was sich mir bisher erschlossen hat, anschaulich erklären.

Das Folgende erhebt also keinen Anspruch auf Vollständigkeit.
Vielleicht hilft es euch aber, besser zu verstehen, wie unsere Erdenmenschenwelt funktioniert.

✧

Das indische Wimmelbilderbuch

Ich habe oft das Gefühl, wir befinden uns alle in einem gigantischen Wimmelbilderbuch. Nur dass hier bei uns alles in verschiedenen Dimensionen gleichzeitig stattfindet.

Wer die Wimmelbücher nicht kennt: Wimmelbücher sind Bilderbücher für Kinder, in denen auf jeder Seite eine Vielzahl

von Alltagssituationen dargestellt sind, die alle in ein und demselben Moment geschehen.
Wer schon einmal ein solches Buch in der Hand hatte, weiß, wie viele Kleinigkeiten man darin finden kann.
Da diese Situationen ungeheuer vielschichtig sind, gibt es überall etwas Neues zu entdecken.

✧

Mein Wimmelbilderbuch führt uns nach Indien.
Wer schon einmal in Indien war, hat vielleicht beobachtet, wie facettenreich dort das Leben und Erleben auf kleinstem Raum sein kann.
An ein und derselben Straßenecke geschieht so vieles auf einmal, und zwar auf allen möglichen Ebenen.

Da hupen Fahrzeuge, die sich auf der Straße in Fülle nebeneinanderher her schlängeln, und doch finden wir im selben Moment auch eine tiefe Stille.
Wir müssen nur ein paar Meter weitergehen, in den Laden direkt vor uns.

Dort finden wir Stille, weil die wunderschönen, vielen bunten Stoffballen den Straßenlärm schlucken.
Hier drin ist es friedlich, fernab vom Stress des Tages.
Fast gleichzeitig können wir eine Mischung aus Düften reifer Mangos und Gewürzen sowie den Gestank von Exkrementen wahrnehmen, die uns in ein und demselben Moment zwischen Wohlbefinden und Naserümpfen schwanken lassen.
Dank der Aircondition haben wir dennoch frische, kühle Luft zum Atmen.

All das existiert innerhalb dieses kleinen Radius nebeneinander. Die Welt ist auch hier nicht eindimensional.
Gehen wir noch tiefer hinein in dieses Haus, dann hören wir die klangvollen Gesänge von Hindus, die ihren Göttern huldigen. Auch hier ist wieder eine völlig neue Energie.
In diesem Augenblick breitet sich Frieden im Raum und in den Herzen aus.
Während unten der Tumult tobt, sich Hunde um Essensreste streiten und kleine Geschäfte auf der Straße abgeschlossen werden, ist hier Frieden eingekehrt.

In unserem Leben gibt es viele Welten in den Welten, Ebenen, die wir nicht direkt sehen oder fühlen können, und trotzdem sind sie da, genauso mannigfaltig und bunt wie das Leben an dieser Straßenecke in Old Delhi.

Als wäre diese indische Straßenszene in unserem Wimmelbuch noch nicht bunt und reichhaltig genug, lade ich euch jetzt ein, mitzukommen auf einen Ausflug in weitere Ebenen des Seins.

✧

Unsere Welt ist nicht auf einer Buchseite zu erklären, sie funktioniert eher wie eine Schneekugel: Alles darin ist ein Teil von uns, und wir sind ein Teil von ihr.

Wenn wir annehmen, dass die Schneekugel ein unvergleichlich großes energetisches Feld ist, in dem sich alles wechselseitig bedingt, können wir uns unseren momentanen Zustand vielleicht am besten erklären.

Dieses feinstoffliche Feld ist mit Informationen durchtränkt, die uns täglich beeinflussen.

Auf all ihren Ebenen gibt es Informationen, die schon ewig zu den gleichen Abläufen führen.
Schüttelst du die Schneekugel, fallen die Partikel letzten Endes doch unentwegt auf den Boden zurück.

Dementsprechend kann uns zwar alles, was wir durch die feinstofflichen Energien dieser Schneekugel an Informationen bekommen, in Lebenssituationen helfen, doch es führt uns letzten Endes nicht in die allumfängliche innere Freiheit, da wir an die immer gleichen, immerwährenden Informationen angeschlossen bleiben.

Vielleicht verstehen wir mit jedem Schneefall in der Kugel etwas mehr.

Doch die letztendliche Erleuchtung oder der Anstoß, dass das Universum tatsächlich anders funktioniert, kann nur durch eine Information aus dem Feld außerhalb der Schneekugel kommen.

Sie offenbart uns die Wahrheit über uns und unser System, um damit etwas Wunderschönes und für den einen oder anderen zunächst Unbegreifliches in unser scheinbar abgeschlossenes System zu bringen.

Nur so können wir letzten Endes auf allen Ebenen absoluten Frieden und Freiheit finden und wirklich verstehen, warum es auf unserem bisherigen Weg und mit dem Wissen, das wir bis jetzt zur Verfügung hatten, nicht die letzte, allumfassende Lösung geben konnte.

Wir brauchen einen völlig neuen Weg. Nur dann kann sich die Schneekugel öffnen und ihre feinstofflichen Felder verändern - nur dann können wir die Grenzen unserer Vorstellung überwinden.

Ich möchte damit sagen, dass wir uns eine beinahe abgeschlossene energetische Welt aufgebaut haben, die unser Leben in allen Bereichen sehr beeinflusst.
Deshalb ist es wichtig das wir über Impulse von außerhalb unserer Vorstellungsgrenzen neu inspiriert und geöffnet werden.
Das ist der Grund, warum wir trotz all unserer spirituellen Entwicklung irgendwann an Grenzen stoßen.

✧

Zurück zu unserem Wimmelbuch.
Wir werden uns nun weitere Seiten daraus zur Hilfe nehmen, aber wir werden etwas verändern.
Wir werden die Szenen, die jetzt folgen, auf Folien malen, die wir übereinanderlegen.
Zwar existiert alles zusammen in diesem Moment (so wie in unserer Schneekugel), aber auf diese Weise werden die verschiedenen Frequenzen der geistigen Welten, die uns umgeben, klarer.

Dabei ist die indische Straßenszene bereits Blatt 6 (auf diese Ebene kommen wir später noch einmal zurück).

Wir beginnen ausnahmsweise mit der dritten Seite, dort „begrenzen“ uns nämlich die feinstofflichen Dimensionen, die sich im Schneekugelsystem unserer Welt befinden, mit dem großen Ganzen.

Dies geschieht natürlich auf einer rein energetischen Ebene, und nur aufgrund des Vergessens und Identifizierens mit einer Welt, die nicht alles ist.

Habt bitte etwas Geduld, ich denke, ihr werdet es am Ende besser verstehen.
Lasst uns beginnen unser Buch auf Seite 3 aufzuschlagen. Hier sind wir ganz weit weg von unserer Straßenszene, wir sehen nur Lichtsäulen.
Diese Lichtsäulen sind unser aller BewusstSein, unser wahres Wesen. Es ist die Präsenz aus all der Substanz, die wir vom Großen BewusstSein mitbekommen haben für unsere große Reise.

Auch unsere Erde hat ein eigenes BewusstSein, welches diesen wunderschönen Planeten erschaffen hat.
Dies gab uns die Möglichkeit, uns hier eine Form zu geben in all den wunderbaren magischen Geschöpfen, die diese atemberaubende Welt ihr Zuhause nennen.
Diese Lichtsäulen erhalten alle die Essenz des Großen BewusstSeins.
Dies ist das Wertvollste, was wir alle in unserem Inneren besitzen.
Unsere Essenz der Liebe, die mit einer unendlichen Fülle von allem, was auch immer wir benötigen, ausgestattet ist!

Jede Lichtsäule ist ein Wesen der Weisheit und der höchsten Intelligenz. In jedem Wesen schlummert ein Kern des absoluten Urwissens.

Das Schönste daran ist - wir dürfen es auch nutzen!

✧

Auf der nächsten Seite kannst du erkennen, dass viele Lichtsäulen beginnen, „Gewänder“ zu tragen.
Schau genauer hin, denn das Bild beginnt sich zu verändern.
Denn nun entsteht um die Lichtsäulen ein Gewand, an dem sich nach und nach unendlich viele Kristalle bilden.

Das sind die Seelenkleider, die sowohl Diesseitige als auch Jenseitige und zum Teil unsere geistigen Begleiter noch tragen.

Die Seelenkleider sind eine Metapher von mir, um euch die Energien leichter zu erklären.
So wie die Gewänder stehen ebenso die Kristalle für ganz verschiedene Energien, angefangen bei Glaubensmustern und übernommenem Wissen über Lebensthemen oder Erlebnisse bis hin zu den eingeschränkten Informationen, die wir ganz selbstverständlich zu unserer eigenen Wahrheit machen.

Bereits hier an diesem Punkt, vergessen wir aus ganz unterschiedlichen Gründen unsere wahre Herkunft und unser wahres Sein.
Wir beginnen uns mit der Seele zu identifizieren.

Das Schauspiel der festen Materie beginnt.

Ganz langsam formen sich die Kreationen auf der Erde.
Aus manchen Lichtsäulen werden Menschen, aus anderen entstehen Pflanzen oder Tiere, und doch tragen alle die verdichtete Energie des Seelenkleides.

Das Licht in uns kann man auf dem Bild trotz fester Materie weiterhin durch uns leuchten sehen.
Alles ist belebt, und das Bild verändert sich – bis hin zu unserer indischen Straßenszene.

Andere Lichtsäulen verändern sich erst einmal nicht auf dieser Ebene, sie sind einfach da in ihrem Seelenkleid.

Schließlich beginnen wir auch auf dieser Ebene unsere eigenen Welten innerhalb und außerhalb von uns zu erschaffen. Religionen, Götter und verschiedenste Wahrheiten, die keine sind.

Wir leiten Weltanschauungen davon ab und übernehmen sie in den Kreislauf des Lebens.
Wir übernehmen und erschaffen sie unaufhörlich von Neuem im Diesseits und im Jenseits und in all den geistigen Dimensionen um uns herum, innerhalb unserer Schneekugel.

Ja, selbst die Vorstellungen oder Informationen im Hinblick auf einen Gott oder das Universum projizieren wir nach außen.

Das alles wird in Form von Kristallen an unserem Seelengewand sichtbar.

Anschließend beginnen wir diese gesamten Konstrukte zu leben, als wären sie die Wahrheit und als wäre dies das Leben.

Wir beginnen alles zu vergessen und zu glauben, wir seien Menschen und so sei die Welt.

✧

Auf der nächsten Seite können wir sehen, was wir uns noch alles erschaffen haben.

Es ist eine eindrucksvolle und umfangreiche, rein geistige Ebene, in der sich die Lichtsäulen verändert haben und uns als Engel oder geistige Wesen – wie unsere Helfer, Geistführer oder aufgestiegene Meister – zur Seite stehen.

Man könnte meinen, diese Ebene sei unendlich vielschichtig und weitläufig.
Manche der anderen Lichtsäulen, die ja schon die ganze Zeit hier sind, zeigen sich deshalb erst jetzt, klarer auf dieser Ebene.

Das sind sehr oft Wesen, die selbst schon einmal als Menschen hier auf der Erde inkarniert waren. Sie wissen um all die Umstände während eines menschlichen Lebens und unterstützen uns nun von der geistigen Dimension aus.
Mit der ihnen zur Verfügung stehenden energetischen Qualität sind sie uns sehr wohlwollend zugetan.

Sie haben sich mit der Zeit, und weil sie keinen Körper mehr besitzen, schon deutlich bewusster entwickelt als wir.

Außerdem können sie klarer sehen, da sie nicht mehr vom menschlichen Gedankenfeld durchdrungen sind.

Dennoch entwickeln sich viele von ihnen mit uns gemeinsam. Sie können sich meist noch gut an das Erdenleben erinnern und haben selbst auch hier und da einen Kristall an ihrem Kleid. Auch sie sind noch immer nicht ganz frei und erinnern sich noch nicht wieder an ihr BewusstSein.

Hier gibt es sehr viele, ganz unterschiedliche geistige Schwingungen.
So haben zum Beispiel die Krafttiere eine völlig andere Aufgabe als die Geistführer, und trotzdem ist dies alles auf einer großen geistigen Ebene zu finden.

Die Zugänge dorthin können etwas unterschiedlich sein, weil sich die Schwingungen dieser Wesen unterscheiden.
Über verschiedene Zugänge hat man die Möglichkeit, selbst in die jeweilige Frequenz zu kommen, die man benötigt, um mit der einen oder anderen Schwingung zu kommunizieren.

Nicht nur wir bestehen also aus Licht, sondern all das was uns umgibt.
Wir sind von solch vielen wunderbaren Wesen umgeben, die alle verschiedene Schwingungen haben.
Diese Geistige Welt ist mannigfaltig und das wiederum gibt uns die Möglichkeit mit ihnen auf verschiedenste Weise zu kommunizieren oder ihre Hilfe in Anspruch zu nehmen.

✧

Während der Arbeit fragte ich mich, warum in vielen Channelings mit aufgestiegenen Meistern oder Engeln die Menschen nicht die Informationen bekamen, die ich während der letzten Monate vom Großen BewusstSein erhielt.

✧

Und genau das war eines Tages das Thema einer Reise:
Kaum habe ich die Augen geschlossen, finde ich mich auch schon in einer Welt wieder, die sehr feinstofflich ist.

Ich erkenne die Frequenzen, da sie ähnlich sind wie die, die ich in der „Wattebausch Materie" im Jenseits gespürt habe. Es fühlt sich wunderschön, liebevoll und weich an. Ich fühle mich gleich sehr wohl und unendlich leicht.

Als ich mich umblicke, erkenne ich eine Stadt, die direkt an die Hänge eines großen Bergmassivs gebaut ist.
Sie ist weiß und hat viele Ebenen, und überall sehe ich Türme in den unterschiedlichsten Formen und Größen.
Alles ist in ein rosafarbenes, gleißendes Licht getaucht.
Als ich näher komme, sehe ich viele Gänge mit Rundbögen und facettenreiche vorgebaute Balkone, auf denen es grünt und blüht. Diese gigantische Stadt wirkt auf mich, als würde sie schon ewig existieren.

Ich spüre, wie mich etwas laufend näher und näher zieht, und schon im nächsten Augenblick finde ich mich auf einem der vielen Balkone wieder und einem wunderschönen Wesen gegenüber.

Sie stellt sich mir in einem weichen langen Kleid dar, auch sie scheint schon sehr lange hier zu sein.

„Wo bin ich?", frage ich sie.
Im nächsten Moment weiß ich es bereits.
Ich verstehe jetzt, wie sie mit mir kommuniziert - über das innere Wissen.
In diesem Fall höre oder sehe ich die Antworten nicht in Form von Gedanken oder Bildern, sondern es ist, als wären sie einfach in mir. Ich weiß es, es ist einfach da.
Ich bin auf einer Ebene der aufgestiegenen Meister, auch das verstehe ich jetzt.

Kaum habe ich das verstanden, bekomme ich auch schon den Impuls, von dem Balkon, auf dem wir gerade stehen, herunterzublicken.
Dort sehe ich im ersten Moment nur Dunkelheit.
Je länger ich mir diese Dunkelheit anschaue, umso tiefer sinke ich.

Ich spüre im Vergleich zu der weichen, feinen, leichten Ebene, in der ich mich gerade befinde, nun viel Schmerz, Druck und Verzweiflung. Dieses Gefühl wird stetig stärker.
Alles wird immer dichter und schwerer.
Ich sehe Menschen, die wie Maschinen herumlaufen und handeln. Ich kann nichts spüren.

Da ist eine große Leere in dieser Welt, die Menschen wirken wie abgeschaltet.
Alles, was sie umgibt, ist einfach nur Grau in Grau.

Ich beobachte, wie sich die Menschen nach vorne bücken und wie abgeschnitten sie wirken von ihrem wahren Kern.

Ich bekomme Informationen, was sie in dieser Situation brauchen, und ich sehe die Meister, die versuchen, den Menschen Liebe und Herzöffnung auf verschiedenen Ebenen zu ermöglichen, auch mithilfe von Botschaften.

Es scheint ein Zusammenspiel zu sein zwischen Menschen und Meistern.
In den folgenden Bildern lässt sie mich erkennen, dass auch die Meister beschränkt sind.
Sie können aus ihren Erfahrungen schöpfen und aus dem Wissen aus ihren Inkarnationen in der Welt, ebenso wie aus der Liebe, die sie nun zur Verfügung haben.
Jedoch wie so viele andere sind auch sie in unserem Schneekugelsystem begrenzt.
Die Öffnung für die Liebe ist bereits sehr groß und ihre Hilfe wunderbar, trotzdem sind sie abgeschnitten in ihrer Wattebausch Ebene.

Wir sind zurück auf dem Balkon, und ich frage mein Gegenüber, ob sie sich ihrer selbst bewusst ist.
Da schaut sie mich lange an.
Sie kann meine Frage nicht erfassen.
Es ist, als würde sie versuchen zu verstehen, was ich meine.
Ich spüre, dass auch diese Welt ihre Grenzen hat.

Daraufhin zeige ich ihr einfach mein wahres Wesen, wer ich bin (wer wir alle sind!).
Dazu lasse ich geschehen, was geschehen möchte. Immer größer und größer werde ich, meine wahre Essenz tritt hervor.

Meine bewusste Kraft zeigt sich in der Substanz von Liebe, und letzten Endes verbindet sich das Große BewusstSein mit mir und durch mich mit ihrer Welt.
So BIN ich nur noch und genieße die Verbindung mit dem Großen BewusstSein.

Mein Gegenüber braucht einige Zeit, um zu verstehen und sich selbst zu finden. Nach kurzer Zeit wechselt das Wesen seine Energie und schaut nun mit den Augen der absoluten Weisheit und Liebe.

Ich beobachte ihr Erwachen, ihre komplette Veränderung in ein freies, wissendes, bewusstes, erwecktes Wesen.
Wenn ich euch heute davon schreibe, ist das für mich bis heute noch genauso bewegend und tief ergreifend wie während dieser Begegnung.

Es fühlt sich an, als würde mein Herz überfließen vor Freude, weil wieder ein Wesen mehr in seinem Bewusstsein und damit bei sich angekommen ist.
Ich kann fühlen, wie stark die neue Energie durch die Gemeinschaft auf dieser wahren Seins- Ebene ansteigt. Diese Schritte sind wie kleine Kinderschritte in eine neue Dimension.

Heraus aus dem Elend, das wir uns durch unsere Gedanken eigenhändig geschaffen haben, hinein in eine neue, freie Dimension der kreativen, liebevollen Kräfte, in der nur die innere Wahrheit eine Rolle spielt.
Ich darf daran teilhaben, wie dieses Wesen nun beginnt, die Welt der Menschen völlig neu zu betrachten.

Es nimmt nicht mehr ausschließlich dunkle Gedankenenergien und abgekapselte Menschen wahr, denen es helfen möchte.

Dieses Lichtwesen kann jetzt erkennen, wie viel Potenzial an Liebe und Weisheit auf dieser Welt in jedem Einzelnen von uns vorhanden ist.
Selbst das Farbspektrum, das es wahrnimmt, hat sich verändert. Jetzt gibt es helle, lichtvolle Farben in allen Spektren, anstelle der überwiegend dunklen Töne.

Unser Potenzial ist es, das sich jetzt für dieses Lichtwesen offenbart.
Es leuchtet in den schönsten Farben: Da sind nicht nur Kraft und Zuversicht in Türkis und Magenta, sondern auch Hoffnung und Heilung in sanftem Grün und Rose Gold. Oberhalb der Gedankengrenze scheinen wir einfach nur zu leuchten.
Das Wesen beginnt durch diese Empfindungen zu verstehen, und es erkennt, dass es genau dies für die Zukunft wieder freizusetzen gilt.
Und wenn genau dies unter den Menschen geschieht, können sich die Erdlinge auch endlich wieder selbst helfen.
In dem Moment der Erkenntnis breitet sich unendliche Freude und Zuversicht durch das Lichtwesen an diesem Ort aus.

Ich kann beobachten, wie sich die Intention und der Blick des Wesens vom Beginn unserer Begegnung bis zu diesem Augenblick völlig verändert hat.
Zu Beginn lag die Absicht darin, die Menschen im Herzen zu berühren oder ihnen für ihre menschliche Gedankenwelt das zu geben, was sie brauchen.

Jetzt wissen diese Wesen, dass wir Menschen in der Lage sind es selbst zu schaffen.
Sie sind auf diesem Weg an unserer Seite, aber warum sollten sie uns weiterhin auf dieser Gedankencocktail-Ebene begegnen, wo sie doch nun die Unendlichkeit gesehen haben?

Sie haben gesehen, wer wir und sie wirklich sind und worum es wirklich geht, nämlich nicht darum, den Menschen nur die Hand zu halten, sondern darum, ihnen zuzutrauen, den Wandel und die Veränderung selbst zu bewältigen.

Erneut zieht mich etwas weiter, mein Begleiter kann diesen Impuls auch wahrnehmen. Wir verabschieden uns, und ich lasse los.
Langsam, aber bestimmt werde ich in eine andere Frequenz gezogen.
Ich bin gespannt, wohin, und lasse es einfach geschehen.

Kurz darauf finde ich mich auf einer Wiese wieder.
Diese Wiese kenne ich bereits aus vielen Sittings.
Hier treffe ich mich oft mit meinen geistigen Begleitern oder Wesen aus dem Jenseits, um Informationen auszutauschen.
Neben mir wartet bereits mein Geistführer auf mich und wir begrüßen uns herzlich.
Ich weiß, er ist stets an meiner Seite, und die Treffen mit ihm sind für uns beide immer eine Freude.
Da er mich schon lange begleitet, kennt er auch bereits all meine Fragen.
Offenbar bin ich heute bereit für seine Antworten.
Jetzt wird es für mich immer interessanter, denn auch er zeigt mir seine Perspektive. Und schon geht es los!

Er erklärt mir:
„Ich sehe das Bild eines Menschen, sein Handeln und Tun, aber das ist nicht alles, ich kann auch seine innere Ausrichtung klar wahrnehmen.
Es ist, als könne ich in seinem Energiefeld lesen und dadurch wissen, was nun dran ist, oder wie ich ihm eventuell helfen kann.
Die meiste Zeit über bin ich einfach Begleiter.
Ich sehe auch andere Situationen, in denen ich Menschen auf ihrem Weg unterstütze.

Sollte einmal die Richtung, in der mein Schützling läuft, über längere Zeit nicht seiner inneren Ausrichtung entsprechen, versuche ich ihn durch bestimmte Zeichen zum Nachdenken zu bewegen.

Ich kann spüren, wie ich einzig und allein durch seine Energie, die sich verändert oder ausrichtet und aus dem, was ich in ihm lese, Informationen bekomme, wie ich dem Gegenüber helfen kann.
Ich bekomme aus anderen Quellen nur sehr selten Informationen über ihn.

Wir gehen den Weg gemeinsam, er in der festen Materie und ich in der geistigen Welt.
Ich kenne mich in der geistigen Welt gut aus und kann so verschiedene Hilfen nutzen. Diese Hilfen kommen in Form von anderen Helfern, die wiederum den Weg meines Schützlings gemeinsam mit mir unterstützen wollen.

Wenn ein Mensch zum Beispiel als Medium arbeiten möchte, unterstützen wir ihn, indem wir sein System auf Frequenzen für diese Arbeit vorbereiten."

Das, was ich hier sehe, entspricht unserem momentanen Aufbau der geistigen Welten.
Ich frage ihn, warum die Menschen diese Begleiter überhaupt brauchen, da ich während meiner Reisen in andere, bewusstere Welten erlebt habe, dass sie dort diese gigantische begleitende geistige Welt nicht oder bei Weitem nicht so ausgeprägt benötigen.

✧

Daraufhin sehe ich Bilder von einem jenseitigen Wesen, das mit dem Gedanken spielt, sich erneut auf der Erde zu inkarnieren. Ich sehe, dass der Schritt zur Entscheidung leichter wird, wenn man einen oder mehrere Begleiter an die Seite gestellt bekommt.

Somit braucht man ein Erdenleben nicht allein zu bewältigen. Ich kann dieses Wesen mehr und mehr fühlen, und Stück für Stück kommen wir uns näher, um Kontakt miteinander aufzunehmen.

Ich habe unaufhörlich einen Gedanken:
Warum tust du das?
Warum möchtest du dich auf dieser Erde inkarnieren, obwohl du aus deiner Perspektive genau die gleiche Dichte und Schwere dieser materiellen Welt spürst wie ich auch?

Die Antwort der Seele empfange ich direkt:

„Es ist wie eine Information in mir, dass es so üblich ist.
Ich tue mich etwas schwer mit meiner Entscheidung, mich vorzubereiten, denn ich fühle mich hier sehr wohl.
Alles ist leicht und friedlich, ich kenne hier viele andere Seelen, mit denen ich Kontakt habe.
Etwas in mir sagt mir, dass ich das letzte Mal auf der Erde ein schwieriges Leben hatte.
Auch wenn ich mich hier kaum noch erinnern kann, warum, habe ich doch tief in mir dieses Gefühl."
Ich verstehe nun die Zusammenhänge.

Wir haben also geistige Begleiter, um uns leichter in dieser Welt inkarnieren zu können.
Außerdem habe ich gerade ein Wesen in einem „Seelenkleid" getroffen, das dauerhaft nach den alten Informationen handelt.

Ich hatte auf meinen Reisen auch andere Seelen getroffen, die schon lange im Jenseits verweilten und weit weg von dem Impuls waren, sich wieder zu inkarnieren.

Ich weiß plötzlich, dass dies nur eine Sache der „Zeit" ist.
Meistens wird irgendwann der alte Impuls aktiv, und dann geht es wieder von Neuem los.

Wir stehen uns gegenüber und sehen uns einfach nur an.
Eine kurze Zeit vergeht und der Moment breitet sich zwischen uns weiter aus.

Es ist, als flögen alte Energien der Seele in Form von Bildern an mir vorbei. Ich beobachte, wie sie wechseln, all die vielen Spiele.

Plötzlich überkommt mich ein Impuls.
Gedanken rasen mir durch den Kopf: Das ist doch alles überholt und gehört der Vergangenheit an.
Was soll das hier noch?
Dieses Festhalten des alten Schmerzes? Wofür ist das gut?
Die Antwort kommt sofort: „Für nichts!"

In diesem Moment spüre ich auch schon, wie sich meine Präsenz verändert und ich in meinem wahren Wesen der Seele gegenüberstehe.
Da ist nur meine Essenz, da sind keine alten Geschichten mehr, die ich endlos mit mir umherschleppen muss.
Kein immerwährender Schmerz oder Leiden.
Keine längst überholten Informationen darüber, mich unentwegt auf der Erde inkarnieren zu müssen, weil es „eben genau so" ist.

Stattdessen existieren dort nur Freiheit, Bewusstheit und die Erkenntnis, wer wir alle sind.

Ich stehe in meinem ursprünglichen Sein.
Nichts ist für mich zu tun, es gilt einfach nur zu sein.
Ich hätte dieser Seele keine Worte sagen können, die das, was hier gerade geschieht; annähernd beschreiben würden.

Die Botschaft kann nur die Seele erreichen, und nur sie kann Erkenntnis daraus ziehen.
Ich sehe, dass die Seele überwältigt ist und die Energieveränderung noch nicht in ihrer Gänze verstehen kann, doch das ist völlig okay.

Trotzdem nehme ich bereits wahr, wie sich langsam ihre eigene Energie verändert, hierentsteht etwas, das ich ein Aha-Erlebnis nennen würde.

Ich erkenne, wie sich durch die Energieveränderung der Seele manche Begleiter, die bereits da waren, zurückziehen und andere sich neu dazugesellen, Begleiter, die bereit sind, auch diese Wandlung zu vollziehen.

Diese Energien unterstützen sich jetzt auf neue Weise gegenseitig. Je mehr das Wesen der Seelenebene entschwindet, um so mehr verändert sich seine Energie drastisch.
Während es vorher nicht wusste, was eigentlich geschah, und eher unentschlossen und schwer wirkte, beginnt es nun weicher und leichter zu werden, klarer in seiner Ausrichtung, aufgestellter und wissender.
Es sieht sich um und sieht auch hier aus völlig neuen Augen.
Es ist, als würde es sich wundern, wo es sich befindet in dieser Welt, als wäre diese jenseitige Welt zu klein für dieses großartige Wesen.
Es will sich ausbreiten und ein Gefühl, als würde es tief durchatmen, empfängt mich.
Je länger wir nur Essenz sind, desto klarer wird seine gesamte ursprüngliche lichtvolle Substanz sichtbar.

Nach einer ganzen Weile blickt es sich um und sagt zu mir: „Ich gehöre hier nicht hin, das ist nicht meine Welt.“
Dieser Erkenntnis ist nichts hinzuzufügen.
Ich spüre seinen immensen Drang, diesen Ort zu verlassen und nach Hause zurückzukehren.

Ich weiß, es wird gleich unendliche Freude erleben im Verschmelzen mit unser aller Ursprung, deshalb freue ich mich so für dieses Wesen.

Es macht sich bereit zu gehen. Im nächsten Moment spüre ich einen Impuls des Wesens, noch einmal zurückzublicken, und da sieht es das vollumfängliche Ausmaß dieses weitreichenden Konstrukts und was uns alle daran festhalten lässt.
Es ist, als würde das alles hier dieses freie Wesen nichts mehr angehen, als wäre ihm das alles völlig fremd.

Und doch ist da so viel bedingungslose Liebe in diesem Wesen aufgeblüht für alles und jeden, woraufhin es umkehrt und zurückkommt.
Dieses Wesen hat in einem Millimoment eine neue Entscheidung getroffen, es will den Jenseitigen helfen zu erkennen, was es auch erkannt hat.

Was ist das? All das was hier gerade geschieht ergreift mich sehr. Ich erlebe unvorstellbare Dinge, die ich zuvor nicht mal zu träumen gewagt habe.
Jetzt verstehe auch ich - ich bin nicht mehr allein!

Diese Erkenntnis kommt mit solch einem Gefühl der Freude über mich und überflutet mein Herz.
Es wird immer mehr von uns geben, auf allen Ebenen, und sie werden uns allen helfen.

✧

Als wäre das nicht alles schon genug für einen Tag, ging die Reise weiter. Dieser Tag war anscheinend der Tag der großen Antworten.

✧

Die Bilder verändern sich weiter, weg vom Jenseits und damit einhergehend, kann ich direkt erneut eine Energieveränderung spüren.

Ich finde mich auf einer Ebene wieder, in der es keine klaren Bilder gibt und zunächst auch keine Formen, nur Farben und Eindrücke.
Ich lasse mich wieder los und öffne mich für die neue Frequenz, in der ich jetzt gleich meine Informationen erhalte.
Ich kann gleich zu Beginn viele Farben erkennen, die sich kontinuierlich verändern, je nach Gefühl oder charakteristischer Energie.

Da ist helles Blau, und mich durchflutet Hoffnung.
Als das Blau dunkler wird, verändert sich das Gefühl hin zu Klarheit. Dann wird es ganz hell, und mich durchströmt Liebe, die sich im nächsten Moment mit der Farbe Rosa in das Gefühl des Gehaltenseins verändert.
Ich beobachte dieses Farb- und Energiespiel eine Zeit lang, bis ich neben mir eine Energie wahrnehme, die sich Engel nennt. Diese Energie ist groß und leuchtend mit einer sanften, klaren Präsenz.

Für mich haben diese Wesen allerdings keine Flügel.

Wie sie sich uns offenbaren, mit oder ohne Flügel, dient nur unserem Verstand, damit wir das, was wir sehen, besser verarbeiten können.

Wir begrüßen uns, und ich nehme dieses Wesen noch feinstofflicher wahr als zuvor die Meisterin auf dem Balkon.
Es ist so fein und doch so kraftvoll. Es ist keiner Welt mehr „zugeordnet", es ist einfach.

Es zeichnet sich dadurch aus, dass es frequenz-überschreitend überall Sein und uns auf allen Ebenen mit seiner Energieschwingung helfen kann. Das ist für mich neu und faszinierend.

Auch dieses Wesen will mir heute zeigen, wie es arbeitet.
Viele Lichtwesen begleiten Menschen, Pflanzen oder Tiere auf ihrem Weg auf der Erde genauso wie im Jenseits. Sie können oft wahrnehmen, wie unglücklich wir sind oder ob wir Halt brauchen, zum Beispiel, wenn wir gerade einen nahen Verwandten oder Freund verloren haben.
Dann helfen uns diese wunderbaren Wesen. Sie geben Liebe und Trost, oder lassen das Gefühl von Geborgenheit in einen Raum fließen.

Es ist, als würden sie Energie in einem Raum oder in unserem System auffüllen, damit wir uns einen Moment entspannen können und die Möglichkeit haben, mit ihrer Hilfe wieder zu uns zu finden.

Dieses Wesen zeigt mir, wie es eine bestimmte Schwingung eines anderen Wesens wahrnimmt.

Dies geschieht häufig ebenso durch Farben, dadurch erhält es einen Impuls und verändert automatisch seine Energie und Farbe, um dem Gegenüber zu helfen.
Es ist sehr schön, zu fühlen und zu verstehen, wie unsere geistigen Begleiter für uns da sind.

Allerdings ist all das, besonders bei uns Erdlingen, stark auf die menschliche Seins-Ebene ausgerichtet.
Damit bekommen wir die Möglichkeit, uns auch in der Ebene der festeren Materie mehr Leichtigkeit und Öffnung zu erfahren.

✧

An diesem Punkt machen wir einfach mal eine kleine Pause. Nimm dir alle Zeit der Welt, um das Gelesene sacken zu lassen. Mach einen Spaziergang und atme einmal gut durch, bevor wir zurückkommen zu unserem Wimmelbilderbuch, um die nächste Seite aufzuschlagen.

✧

Kannst du dich erinnern? Wir haben Lichtwesen gesehen und die Ebene erfahren, auf der das Seelenkleid entstanden ist. Wie es sich erlebt bei Meistern und Begleitern.

Die Ebenen ändern sich mit der folgenden Folie erneut.
Wir befinden uns weiterhin in der Feinstofflichen Welt, die uns umgibt. Aber nun gleiten wir in die Ebene des Jenseits.

Davon haben wir ja eben schon etwas erfahren. Trotzdem möchte ich diese Welt in den Folien wie in meinen

Ausführungen noch etwas von den übrigen „trennen“, da ihre Frequenz etwas anders ist und hier ein anderes Sein stattfindet.

Hier sind wir nicht nur außerhalb der grob stofflichen Materie eines Erdenlebens, sondern auch geistig ein großes Stück weit entfernt von der festen Gedankenenergie der Menschen. In dieser Ebene, existiert ein großer Teil unserer Verstorbenen weiter.

Einige Lichtsäulen sind als feine Wesen erkennbar. Sie haben durchscheinende Körper und erinnern uns mit ihrer Energie an Verwandte oder Freunde, welche die feste Materie auf der Erde bereits verlassen haben.
Sie tragen weiterhin ihr Seelenkleid, so können wir ihre Energie überhaupt identifizieren, denn wir hatten gemeinsame Erfahrungen, Erlebnisse und ein gemeinsames Leben auf der Erde. Aus diesem Grund können manche von uns diese Energien auch wahrnehmen.

Ihre Ebene scheint von der unseren nur durch einen Schleier getrennt zu sein. Sie haben ihre eigene feinstoffliche Welt, und doch ist alles miteinander verbunden.

Sollte es wichtig sein, mit uns zu kommunizieren, werden sie versuchen auf ganz verschiedenen Wegen mit uns Kontakt aufzunehmen. In diesem Fall kommen sie uns näher. Manchmal, wenn ihre Familienangehörigen noch zu traurig sind, bleiben sie ein wenig in ihrer Nähe, um ihnen zu helfen.
Es geht ihnen gut, und genau das wünschen sie ihren Hinterbliebenen auch.

Aus diesem Grund können wir jetzt auch eine Veränderung in unserem Buch sehen.
Wenn wir die Folien über unsere bunte Straßenszene legen, werden wir entdecken, dass sich jenseitige feinstoffliche Wesen in der Nähe mancher Menschen befinden, um ihnen zu helfen.

Wir sind alle eins, ob wir leben oder im Jenseits weiterexistieren – der Unterschied besteht lediglich darin, dass wir uns auf verschiedenen Ebenen aufhalten.

Es ist, als würden wir in einem Haus mit vielen Etagen leben. Wir Menschen wohnen auf den ersten zehn Etagen, die unsere irdische Welt darstellen. Ab der elften Etage beginnt gewissermaßen das Jenseits.
Wir werden nicht einfach so in die elfte Etage befördert, doch wenn es nötig ist, können die Bewohner von dort aus bis in die unteren Etagen hinunterfahren, um uns zu besuchen. Wir bewegen uns quasi aufeinander zu.

Sie existieren zwar weiter auf ihrer Ebene, aber diese befindet sich in unserer direkten Nachbarschaft, gleich nebenan.

Hier im Jenseits gibt es unendlich viele Stufen des Seins.
Je nachdem, wie bewusst der Mensch, der seinen irdischen Körper verlassen hat, schon ist, kann er sich verschiedene Ebenen aussuchen, in denen er sich aufhalten möchte.
Ein jeder hier kann sich seine eigene Welt kreieren!

Da wir dort nicht mehr an einen Körper gebunden sind, ist dies leicht.
Jede Veränderung ist nur einen Gedanken weit weg.

Wir existieren weiterhin und sind vor allem intelligente, schaffende Wesen des Lichts in unseren Seelenkleidern.
Je nach Verständnis und Erkenntnis verändern sich die Schwingungsebenen, in denen wir uns aufhalten.

Trotz der hohen Schwingung auf den Ebenen, haben sich auch hier die Wesen noch nicht vollständig wieder daran erinnert, wer sie eigentlich sind. Außerdem sind diese Ebenen fortwährend von alten Vorstellungen und Glaubensmustern durchdrungen, auch wenn sich diese noch so friedlich, wunderschön und liebevoll anfühlen.

✧

Ein Beispiel ist die Wiedergeburt, der Kreislauf von Kommen und Gehen, wie oben beschrieben.
Es ist, als würden wir schon ewig glauben, dass dieses wunderschöne, erlösende Jenseits unser wahres, letztendliches zu Hause ist.
Aber genau das ist ein großer Trugschluss, denn das Große BewusstSein ist unser wahres zu Hause.
Und so beginnt der Kreislauf für viele schier unendlich aufs Neue.

In unserer Vorstellung hat sich alles ausschließlich auf die Seelenebene eingestellt und damit auf all die Energien, die wir im Grunde gar nicht sind.
Wir haben uns bis jetzt mit der Seelenebene oder mit dem Menschsein identifiziert und uns daraus auch eine Welt im Jenseits kreiert und erschaffen.

Diese ist traumhaft, aber eben nur eine gigantische „Aufbewahrungsstation“ auf der Ebene der Seelen, die glauben, dies sei ihr zu Hause.

Natürlich gibt es hier auch aufgestiegene Meister.
Aber wie ihr gehört habt, haben selbst die Meister noch nicht ihr wahres Sein gefunden, sonst hätten sie euch auch gewiss in einer Meditation oder einem Channeling davon berichtet.

Durch dieses mannigfaltige Konstrukt, dass wir über so viele Jahrtausende aufgebaut haben, bleiben wir in unserem fast abgeschlossenen Schneekugelsystem.
Wenn wir sie schütteln, steigen wir nach oben, aber im Endeffekt fallen wir wieder zur Erde zurück.

Euer Erinnern in diesem Erdenleben an die, die ihr alle wirklich seid, bedeutet den letzten Schritt in die absolute Freiheit.

Diese Erkenntnis könnt ihr, wenn ihr einst geht, in euch mitnehmen.

Es gibt noch viele weitere Ebenen, auf die ich im Moment nicht eingehen werde, weil dies hier den Rahmen sprengen würde.

✧

Langsam kommen wir ans Ende unseres Wimmelbilderbuchs, jedoch haben wir die drei vielleicht wichtigsten Folien noch nicht gesehen.

Ich zeige sie euch erst jetzt, weil sie sich außerhalb unserer Schneekugel befinden.
Und doch sind sie ewig da, allgegenwärtig.

Mit „außerhalb" möchte ich sagen, dass viele von uns, weil sie nur bis zur Seelenebene denken, in ihren Meditationen, oder in ihrem Leben noch keine Begegnung mit dem Großen BewusstSein erreichen, da ihre Vorstellung von einem Gott oder einer Führung nicht dem entspricht, was es wirklich ist.

Es ist, als würde sich unser Geist durch diesen Glauben ähnlich einer Antenne in eine andere Richtung ausrichten, weil wir die Urkraft durch unsere überalterten Vorstellungen und unsere selbst geschaffenen Konstrukte nicht mehr wahrnehmen können.

✧

Schauen wir nun, was wir auf der ersten Folie unseres Buches finden: unser aller Ursprung.

Auf diesem Blatt siehst du nur Licht – unendliches Licht, das du nie zuvor in dieser Intensität oder Farbe gesehen hast. Lass dich ruhig darauf ein.
Hier ist unendliche Fülle. Dieses Licht IST Fülle.
„ES" ist mit allem gefüllt, was IST.
Dies ist das Große BewusstSein, der Ursprung allen Seins.
Du bist jetzt in einer Welt, erfüllt von bedingungsloser Liebe und einem allgegenwärtigen Wesen.
Alles, was je war und sein wird, besteht bereits hier.

Das Große BewusstSein möchte, dass wir uns an seine Existenz und Essenz erinnern, um endlich irgendwann zu ihm zurückkehren und um JETZT schon mit „IHM“ zu SEIN.
Das Große BewusstSein muss nicht angebetet, verehrt oder hofiert werden, noch muss es uns etwas vergeben.
Im Gegenteil, dieses wundervolle Wesen ist uns allen friedvoll und wohlwollend zugetan.
Seine Liebe ist völlig erwartungsfrei und ohne Demut zu empfangen.
„ES“ IST tiefer Frieden und Geborgenheit.

Das Große BewusstSein möchte, dass wir uns alle wiederentdecken, wiedererkennen, wer wir sind – das allein ist sein großes Anliegen.

Das ist die wichtigste Botschaft an euch in diesem Buch.
Dies ist „SEIN“ Wunsch an euch.

Die unendlich große Kraft, unser aller Ursprung, hat einst unendlich viele Lichter als Teile von sich freigegeben.

✧

Und das ist die Situation auf der nächsten Folie.
All die Lichter beinhalten vollumfänglich die gleichen Qualitäten wie das Große BewusstSein.
Sie sind alle samt seine Teile.

Nun ist eine neue Ebene entstanden, und trotzdem bist du weiter ein Teil des Großen BewusstSeins.
Diese Lichtteilchen, die du hier siehst, sind BewusstSein, und alles kann aus ihnen entstehen – unendliche Kreationen, ganz

verschiedene Universen mit unendlich vielen Planeten und zahllosen Seins- Kreationen.
Alles ist entstanden aus den unendlich vielen Lichtteilchen, und jedes Lichtteilchen für sich ist geboren aus dem Großen BewusstSein.

Jedes Lichtteilchen für sich IST das Große BewusstSein.

Ich beschreibe euch diese Ebene als außerhalb der Schneekugel, aber nur, weil der Großteil der Wesen aller Ebenen innerhalb unserer Welt noch nicht wieder zurückgefunden hat zu unserer ursprünglichen Heimat, zu unserer wahren Essenz.

Tatsächlich durchdringt das Große BewusstSein alles und ist allgegenwärtig.

✧

Sehen wir uns zum Abschluss das gesamte Wimmelbilderbuch noch einmal mit all seinen Folien an: Ihr könnt feststellen, dass alle feinstofflichen Welten ineinandergreifen und alles mit allem verbunden ist.

Wenn ihr richtig hinschaut, seht ihr nun die feste menschliche Materie, aus der das wahre, innere Wesen unablässig hervorleuchtet.
Überall ist Licht in dieser Welt.

Wenn es nicht feste Materie ist, sind es geistige Wesen, die uns begleiten und helfen.

Ab und zu leuchtet eine feine, lichtvolle Gestalt hier und da und begleitet ihre Familien hier auf der Erde.

Wenn wir weiter schauen, sehen wir überall in dieser Welt das Große BewusstSein hindurchscheinen und diese Welt und alle anderen Welten durchdringen.
Dadurch können wir sehen: Es ist alles eins.
Alle Lichtsäulen kommunizieren miteinander.

Es ist eine kunterbunte, wundervolle Welt, wenn wir endlich beginnen, sie zu sehen, wie sie wirklich ist. Alles wimmelt von Leben und ist durchdrungen mit Geist und Liebe.

Die Vielschichtigkeit, die in ein und demselben Moment existiert, mutet an wie unsere indische Straßenszene vom Anfang unserer Betrachtung.

Auch hier existiert alles in einem Moment, nur auf verschiedenen Ebenen. Da ist die Straße, die sehr laut und hektisch ist, und trotzdem finden wir gleich nebenan Frieden und Stille.

Wir können auf dem belebten Platz stehen und im gleichen Augenblick eine geistige Begegnung mit unserem hinduistischen Begleiter haben.
Es ist egal, wie unsere Begleiter heißen und wie wir sie uns vorstellen. Sie werden uns mit ihrer Energie zur Seite stehen, denn dies alles existiert gleichzeitig.

✧

Mit der letzten Folie, die wir nur kurz über diese

mannigfaltige, zauberhafte, leuchtende Welt legen wollen, verändert sich noch einmal kurz die Energie dieses vielschichtigen Buches.

Die Welt verdunkelt sich nun, und wir können mehr und mehr spüren, wie sich alles verdichtet und schwerer wird. Dadurch wirkt es beinahe undurchdringbar.

Das ist die Ebene der Gedanken und Erfahrungen, dies sind all die Glaubensmuster, Ängste und Energien, denen wir Macht über uns gegeben haben.

Diese verdunkeln unsere herrliche Welt.

All das haben wir uns durch unsere Überzeugungen und Gedanken ganz allein erschaffen, ebenso die Schwere und das Leid.

Auch hier auf dieser Ebene könnt ihr weiterhin euer aller Ursprung sehen, denn das Große BewusstSein durchdringt alles.

Da diese Ebene so sehr verdichtet ist, können viele von uns nur schwer die unendliche Liebe spüren, die in uns wohnt. Gedanken können undurchdringbare Bollwerke sein - hart wie Beton, und dennoch haben wir es in der Hand, daran etwas zu ändern.

Lasst uns diese Folie zurückklappen, aufatmen und beginnen, neu zu sehen!

Irgendwann, wenn es viele von uns auf allen Ebenen

verstanden haben, wird sich die Schneekugel immer mehr öffnen, da auch die wie Beton anmutenden Konstrukte unserer Gedanken aufzubrechen beginnen.

Unsere Schneekugel wird durchdringender und gewährt uns so die Möglichkeit, zu wählen, wohin wir gehen wollen.

Irgendwann werden wir dann vielleicht beim nächsten Schütteln der Kugel nicht wieder nach unten fallen, sondern herausgeschüttelt in die Unendlichkeit.

Die Zukunft ist frei!

✧

ALL-EINS

✧

Ich habe festgestellt, dass ich eine Zeit lang verwöhnt war von all den Sittings, in denen ich Informationen erhalten hatte.

Ich begann mich deshalb häufig unter Druck zu setzen.

Also musste ich zunächst zur Ruhe kommen, um wieder etwas empfangen zu können. Dazu musste ich die Intention, mit der ich „saß", wieder verändern.

Ich fragte mich: Warum tue ich das?

Weil ich ursprünglich mit der geistigen Welt sitzen wollte. Weil ich mit ihren Wesen intensiv in Kontakt kommen und Zeit verbringen wollte. Außerdem wollte ich ihnen die Möglichkeit geben, mich kennenzulernen und zu lernen, wie sie mit mir kommunizieren können. Ein weiterer Grund war, dass das Sitting meine Energie stärkte und meine Wahrnehmung verfeinerte.

An all das erinnerte ich mich nun, und ich begann zu verstehen. Wenn ich all das vergaß und nur noch mit dem Wunsch auf neue Informationen saß, würde ich das Sitting viel zu stark blockieren. Ich war zu fixiert und habe quasi dadurch das Feld eingeengt, was wiederum dazu geführt hat, dass die geistige Welt kaum zu mir durchkommen konnte. Ich hatte ein festes Feld von Erwartungen und Gedanken geschaffen. Dies wurde mir jetzt sehr deutlich.

Daraufhin änderte ich meine Intention gegenüber den Sittings. Ich ließ erneut alle Erwartungen los und begann wieder ganz von vorn damit, einfach nur zu sitzen, um Zeit mit der geistigen Welt zu verbringen.
Und siehe da: Das war genau der richtige Schritt.
Mein Feld öffnete sich wieder und es konnte geschehen, was immer geschehen wollte.
Ich hatte inzwischen gelernt, dass ich Fragen ins Feld senden kann und zum geeigneten Zeitpunkt meine Antworten erhalte.

So geschah es auch dieses Mal.
In meinem Sitting sah ich das Große BewusstSein.
„ES" zeigte mir, wie es sich kurz zusammenzog, und dann gab es plötzlich eine gigantische Explosion.
Damit katapultierte das Große BewusstSein all seine Teile in den Raum, unendlich weit.
Ich beobachtete, wie „ES" eine unendliche Menge an Teilchen ausspie - wie eine Samenkapsel, die innerhalb einer Sekunde zerbirst und ihre Samen in alle Richtungen schleudert, um sie möglichst weitläufig zu verteilen.

Als ich das Sitting beendet hatte, schaltete sich mein Verstand ein und war gleich wieder überfordert.
Da waren Gedanken wie: Ja, das hast du irgendwo gehört, das hast du gerade nur geträumt. Jetzt bist du total irre. Also, wenn es die Leute bis jetzt noch nicht wussten, dann ist es jetzt so weit.
In den Tagen zuvor war es meinem Verstand gelungen, mich mehrmals an die menschliche Perspektive zu erinnern und mir klarzumachen, wie irre sich meine Kapitel anhörten.

Jedoch jedes Mal, wenn ich bewusst die Ebene wechselte, um dies alles aus meinem BewusstSein heraus zu verstehen, dann fühlte ich nur Liebe, und ich fühlte ganz klar, dass die Informationen und Worte meines Verstandes nicht meiner inneren Wahrheit entsprachen.
Dann war da nur noch Klarheit über das, was ich zuvor durch das Große BewusstSein erleben durfte.
Diese Klarheit gab mir fortwährend die Zuversicht, weiterzumachen.

✧

Also setzte ich mich erneut zu einem Sitting.
Als ich eine Zeit lang gesessen hatte, konnte ich deutlich eine große, liebevolle Präsenz unmittelbar vor mir wahrnehmen.

Diese Energie hatte ich schon während der letzten Sittings bemerkt. Sie war einfach da, es war eine reine Energie, die völlig bewusst war, die sich gerade in diesem Moment klar dafür entschieden hatte, mir über ihre Schwingung zu helfen.
Wir würden vielleicht sagen, es war ein Engel.

Ich habe Engel als geistige Wesen in verschiedenen Schwingungen kennengelernt. Während unserer Begegnungen hatten sie keine Flügel.
Manche stammen aus der Wattebausch Ebene, frei von menschlichen Gedanken oder Energien und haben eine bestimmte Schwingung, mit der sie uns helfen können.
Sie sind aber nicht frei genug, um zu wissen, dass sie BewusstSein sind und jederzeit wechseln könnten.

Andere, so wie diese Präsenz hier vor mir, sind völlig frei und ungebunden.
Damit können sie jederzeit wechseln, wohin auch immer sie wollen. Sie haben verstanden, wer sie wirklich sind.
Diese klare bewusste Präsenz offenbarte sich mir als ein reines Wesen, das aus Liebe hierhergekommen war und jederzeit zum Großen BewusstSein zurückkehren konnte.
Das war das Besondere an ihm.
Es war eines der wenigen Wesen, die ich wahrnahm, die diese Qualität besaßen.

Auch wir werden durch niemanden und nichts gehalten, nur durch die Verschleierung dessen, wer wir wirklich sind, und den absoluten Glauben daran.

Verträge, die wir geschlossen, Versprechungen, die wir gemacht haben, können uns nur auf der Seelenebene unfrei machen. Auf der Ebene unseres BewusstSeins hat all das keinerlei Bedeutung.

Ich gab mich dieser Präsenz aus Liebe hin. Sie strahlte unendlich hell. Dieses Wesen hatte gerade genau diese bewusste Qualität und ließ sie mich spüren.
Daraufhin nahm es mich mit.
Es zog mich förmlich weit hinaus, immer höher und höher. Ich sah, wie die Erde kleiner wurde und irgendwann ganz unter mir verschwand. Es ging weiter und weiter. Es wurde stiller und stiller.
Ich hatte das Gefühl, als würden sich alle festen Formen um mich herum unweigerlich auflösen, je länger wir in das tiefe Universum hineinflogen.

Irgendwann konnte ich keine Materie mehr wahrnehmen.
Erst da machten wir halt.
Nun war ich einfach nur hier, gefühlt mitten im All.

Im ersten Moment war nichts, nichts um mich.
Doch dann, spürte ich „ES", das Große BewusstSein!
„ES" berührte mein Herz.
Da war BewusstSein!
Um mich herum war überall BewusstSein!
Ich war in einem bewussten Feld.

Jetzt fielen alle Gedanken und alles, was mich hielt, gänzlich von mir ab.
Ich schwamm als BewusstSein in einem bewussten Feld.
Es war enorm!
Dieses All-eins-Sein!

Ich konnte nun begreifen, wie stark wir in alle Dimensionen eingebettet sind, in die Energie des Großen BewusstSeins.

Ein Feld, das ausschließlich durchdrungen ist mit der Bewusstheit des Großen BewusstSeins, als wären wir ununterbrochen gehalten vom Großen BewusstSein in seinem Feld.

Stelle dir vor, alles, was existiert, schwimmt tatsächlich in jedem Augenblick im Meer des Großen BewusstSeins.

Wir sind ihm so nahe, wie wir es uns gar nicht vorstellen können.

Viele denken, das Große BewusstSein sei weit weg und wir müssten es anrufen oder etwas tun, um es erreichen zu können.
Dabei ist es in uns und um uns herum!

Im nächsten Augenblick nahm das Große BewusstSein wieder Kontakt mit mir auf, das konnte ich deutlich an unserem Zeichen in meinem Herzen fühlen.
In diesem Moment konnte ich die Wellen spüren, die zweifellos kamen, wenn „ES" mir Informationen übermittelte.
Diese Informationen fließen dann wellenförmig durch meinen ganzen Körper, und das war sehr klar zu spüren.
Inzwischen kannte ich das und gab mich auch hier einfach nur hin.
Alles, was wir kennen auf der Erde und um uns herum, ist ein bewusstes, unendlich großes Feld, das wiederum BewusstSein beinhaltet.

Alles ist BewusstSein in einem bewussten Feld.

Dieses unendliche Wesen machte mir klar, dass am Ende jeglicher Materie BewusstSein ist.

Wenn sich Materie vollständig auflöst, bleibt nur noch BewusstSein übrig.

Manchmal nennen wir es auch Energie.

Jegliche Information aus dem Großen BewusstSein IST Energie.

Ich konnte die Wellen des Großen BewusstSeins weiterhin spüren, sie verschwanden auch nicht, als ich auf die Erde zurückkam. Meine Zellen vibrierten den ganzen Tag lang weiter.

✧

Kaum hatte ich durchgeatmet und eine Pause eingelegt, erhielt ich den Impuls, mich noch einmal zu setzen.
Ich machte es mir erneut bequem, ließ nochmals alles los und war bereits mit dem nächsten Atemzug wieder weit weg. Ich gab mich hin und ließ das Große BewusstSein abermals vollständig übernehmen.

Zuerst sah ich Bilder von mir, wie ich vor anderen Menschen über mein Erlebnis rede und dabei die Anwesenheit des Großen BewusstSeins wahrnehme.
Wir waren inzwischen so intensiv verbunden, dass ich über bestimmte Energiewechsel klar spüren konnte, was „ES" mir sagen wollte. Wir brauchten keine Worte.

Es war, als würde mir das Große BewusstSein ein tiefes inneres Wissen und Informationen eingeben, damit ich sie an euch weitergebe.
Das Große BewusstSein wollte, dass ich euch von seiner Existenz erzähle.

„Erzähl ihnen von mir!"

Dieses unendlich große, wundervolle Wesen möchte, dass ihr wisst, wer ihr seid und wer das Große BewusstSein ist.

Ihr sollt wissen, dass seine unendliche Liebe für alle da ist und vor allem, dass unsere Vorstellung von „IHM“ bis jetzt nicht der Wahrheit entspricht.

„ES“ ist ein freundliches Wesen, das die Möglichkeit geschaffen hat, dass all sein Wissen und all seine Aspekte sich in Formen bringen können.

Wir dürfen beginnen zu lieben, so wie „ES“ uns bedingungslose Liebe entgegenbringt.
Dieses Wesen ist bei uns, aber wir können „ES“ nicht sehen oder fühlen, weil wir oft Erwartungen und eine völlig andere Vorstellung von dem haben, was Gott oder Göttlichkeit ist. Wir glauben unserem Verstand, engen uns damit ein und machen uns klein.

Wir verurteilen alles, was anders ist, und damit verbauen wir uns die Möglichkeit, uns vollständig zu öffnen und in Kontakt zu gehen.

Das Große BewusstSein möchte, dass wir uns zurückerinnern und dass wir aufhören, in seinem Namen alle möglichen Dinge zu rechtfertigen, zu leiden und andere zu verurteilen.

„ES“ möchte einfach nur, dass wir unsere wahre Essenz leben, unseren inneren Teil des Großen BewusstSein, und dass wir das beste von uns zeigen und lieben.

„ES“ möchte, dass wir SIND was und wer wir sind.

Dann brauchen wir keine Kriege mehr.

Das Große BewusstSein kämpft keine Kriege oder ruft dazu auf, noch übt „ES“ in irgendeiner Art Macht aus.

Wir können uns jetzt überlegen, ob wir weiter daran glauben wollen, dass das Leben entbehrungsreich und schwierig sein und nach einem bestimmten Plan ablaufen muss, oder ob wir beginnen wollen, lebendig zu werden, wieder zu lachen, zu genießen und uns das Leben schön zu machen.

Dazu braucht es nichts weiter als unsere Entscheidung!

✧

Vor ein paar Jahren war ich am tiefsten Punkt meines Lebens angekommen. Damals hatte ich mich entschieden den Heimweg anzutreten. Da blickte ich noch einmal kurz zurück. In diesem kurzen Augenblick empfand ich das erste Mal seit langem wieder etwas und das war unendlich viel Liebe für meine Familie.

Die Liebe in mir und für etwas rettete mir buchstäblich das Leben. Damals erkannte ich, dass ich genau diese Liebe leben wollte, egal, was mich der Rückweg auf die Erde und ins Leben an Kraft kosten würde.

Ich kam zurück und hatte das erste Mal in meinem Leben das Gefühl, mich klar für das Leben und vor allem Lebendigkeit entschieden zu haben. Das war vor vier Jahren.
Zu dieser Zeit war ich so sehr in meinem menschlichen Verstand gefangen, dass ich alles nur noch Grau in Grau sehen konnte.

Endlose Gedankenschleifen ließen meinen Kopf nie zur Ruhe kommen. Dieser Zustand entzog mir so viel Energie, dass für mich die Zukunft aussichtslos erschien.
Heute hat sich das alles beruhigt, und es erscheint mir fast, als hätte es diese Zeit nie gegeben. Trotzdem bin ich sehr dankbar dafür, weil sie mir viel gezeigt hat.

Wenn ich heute Gedanken habe, die ich nicht gleich abstellen kann, gehe ich bewusst auf die Ebene meines BewusstSeins. Dann betrachte ich die Situation aus meinem wahren Wesen, und schon kommt alles zur Ruhe.

Damit erkenne ich stets von Neuem: Gedanken haben uns oft im Griff, aber sie sind nur Energie.

Mit dem Verlassen dieser Ebene ändert sich die gesamte Wahrnehmung und dadurch auch die Sichtweise darauf.
Was das Beste daran ist: Wir alle sind dazu in der Lage, auch wenn wir das oft nicht glauben.

✧

Wir meinen ständig, dass wir etwas brauchen.
Warum können wir die Dinge nicht einfach laufen lassen?

Ich habe das auch einmal geglaubt und genauso gehandelt. Ich dachte, ich müsste ständig etwas tun, um mich besser zu fühlen, um pseudo-glücklich, pseudo-zufrieden zu sein.
Kein WLAN, kein Elektrosmog im Schlafzimmer, gutes Essen, Yoga – alles habe ich versucht.
Überall dort sah ich die Ursachen für meinen Zustand.

Seitdem ich verstanden habe, wer wir sind und wie die Ebene des Leidens entsteht, bin ich frei!

Wir haben WLAN und Licht im Schlafzimmer, ich esse mit Genuss, und ich achte nicht mehr auf Theorien, was wann und weshalb angeblich besser für mich ist.

Ich habe gemerkt: Je mehr wir bei uns sind, umso weniger Probleme haben wir mit Schwingungen im Außen. Seitdem bin ich viel klarer und kraftvoller.
All das hat keine Bedeutung mehr für mich. Ich habe es einfach laufen lassen nach meiner Begegnung mit meinem wahren Sein. Ich musste nichts mehr tun.

Die Ursprungsebene ist wieder voll aktiv in mir und kann mir zeigen, was immer jetzt gerade wichtig ist, und mir geben, was immer ich gerade brauche.

Sie ist die Weisheit und die Fülle selbst.
Sie ist Teil meiner Präsenz, mit der Essenz des Großen BewusstSeins.
Also warum sollte ich etwas anderes benötigen?
Oder warum sollte mir irgendjemand besser helfen können als ich mir selbst?

Wir können Widerstände gegen bestimmte Schwingungen oder gegen das, was um uns herum geschieht, aufbauen, oder wir können mit alldem mitgehen und uns weiterentwickeln.

Ich habe erfahren, dass wir mehr und mehr im BewusstSein sein dürfen, anstatt (in Materie) zu denken, dann scheint sich der Rest zu erklären.

Wir aber, denken zuerst in Materie.

Wir suchen nach bestimmten Dingen und wollen das, was wir sehen, erklären. Dabei sehen wir oft nur das, was wir zu sehen oder zu sein glauben.

Wenn wir aber nichts Bestimmtes sehen wollen, sondern vielmehr eine Beobachterhaltung einnehmen, uns öffnen für das, was zu uns kommen will und wofür wir bereit sind, können sich uns Wahrheiten offenbaren, die wir nicht für möglich gehalten hätten.

✧

Während der Zeit meiner Wandlung fand ich neue Möglichkeiten für mich und andere, um auf einfachem Weg ins BewusstSein zu gelangen und daraus Erkenntnis zu erhalten.

Auf diesem Weg geht es nicht darum ein bestimmtes Bewusstsein für etwas zu erlangen, sondern BewusstSein zu sein und dies in das neue Leben zu integrieren.

Ein neuer Ursprung, auf allen Ebenen.

Als ich vor Kurzem mit meiner Freundin mit dem neuen Prozess arbeitete, gab sie mir folgendes Feedback:
„Die Arbeit, die wir letztens gemacht haben – ich hätte nicht gedacht, dass sie so allumfassend ist und eine solche Veränderung eintreten würde. Ich bin immer noch dabei, all das zu beobachten, was auch jetzt noch geschieht. Es ist, als würde sich das gesamte System aus sich heraus neu ordnen. Ich beobachte, was diese Arbeit schon jetzt für mich an

Veränderung bedeutet und wie sich seitdem auch meine Umwelt verändert."

Ja, wir werden aus uns heraus von ganz allein zu dem, der wir sind! Wir benötigen keinen mehr, der uns sagt, wo es langgeht und was richtig oder falsch ist.
Wenn wir meinen, Hilfe zu benötigen, können wir auf unsere BewusstSeins Ebene wechseln und von dort aus wahrnehmen. Damit erübrigt sich alles andere.
Wir haben alles, was wir brauchen, in uns!
Deshalb können wir dies auch nur in uns finden.
Das ist gar nicht so schwer.

Das Schwerste daran ist, den Verstand loszulassen und all die Vorstellungen, die uns bis hierher geprägt haben.
Der Verstand war bisher der Boss in deinem System und deinem Leben. Er hat alles bestimmt.
Mit deiner Veränderung wird er zum Assistenten, da unser BewusstSein der wahre Boss ist.

Das ist für den Verstand am Anfang oft zu viel, denn das ist völlig neu für ihn. Außerdem kann er nicht auf die BewusstSeins Ebene zugreifen oder diese auch nur im Ansatz begreifen. Er kann sich ihrer nicht bedienen.
Das Ergebnis ist, dass er zu rebellieren versucht. Wenn das geschieht, wisst ihr, dass ihr auf dem richtigen Weg seid.
Aber auch diese Versuche sind nur eine Übungssache. Ich habe etwas erlebt, was außerhalb meiner Vorstellungskraft lag, und doch ist es geschehen.

✧

Das Große BewusstSein hat Kontakt mit mir aufgenommen. Nicht meinetwegen. Sondern für euch. Ich bin nur eine Mittlerin.

„ES“ wünscht sich so sehr, dass wir aufwachen und Aussteigen aus unserem selbst erschaffenen Konstrukt des unfreien inneren Lebens im Erdenfeld.

Außerdem habe ich verstanden, dass mein System gewissermaßen wie ein Umspannwerk funktioniert.
Dazu bekomme ich Informationen oder Energien vom Großen BewusstSein und gebe sie an euch weiter.
Dies geschieht auf verschiedene Art und Weise, manchmal in Form von Informationen, ein anderes Mal in Form von Energie.

Die ungefilterte Energie des Großen BewusstSeins ist so intensiv, dass sie einige von uns schier überwältigen würde.
Bei meiner ersten Begegnung hatte auch ich das Gefühl zu zerbersten, weil ich diese geballte Energie kaum aushalten konnte.
Aber ich wusste durch meine vielen Meditationen, wie ich meine Zellen und meinen Drang dagegenzuhalten, loslassen konnte. Damit ermöglichte ich dieser unendlichen Liebe, durch all meine Zellen zu fließen, ohne mich auseinanderzubrechen oder in Ohnmacht zu fallen.

Inzwischen empfange ich die Energie, sie fließt durch meinen Körper und wird dabei so umgewandelt, dass sie anschließend aus meinem System herausfließen und euch in einer angepassten Schwingung besser erreichen kann.

Während des letzten Jahres hatte ich regelmäßig Trainingseinheiten mit dem Großen BewusstSein.
Während dieser Zeit bereitete „ES“ mich auf diese spezielle Arbeit vor und baute meine Zellen entsprechend um.
Ich selbst konnte diesen Prozess weder steuern, noch wusste ich, wann und in welchen Situationen es dazu kommen würde.
Das entscheidet bis heute jedes Mal das Große BewusstSein.
Ich selbst kann mich, wann immer ich möchte, mit „IHM“ verbinden und seine Energie spüren, doch der Prozess geht von „IHM“ aus.

Zu Beginn dieses Phänomens geschah dies nur während der Meditation, später auch während meiner Sitzungen, bis es schließlich ebenso in großen Menschenmengen geschah.
Bei diesem Training ging es auch darum, dass ich lernen musste, mich entsprechend zu öffnen und frei zu machen.
Am Anfang dauerte zum Beispiel ein Energieaufbau in meinem Körper 15 bis 20 Minuten. Genauso lange dauerte auch der Abbau. Ich brauchte dann hinterher ca. zwei Stunden, um mich wieder zu fangen und anzukommen.

Inzwischen, nach fast einem Jahr Übung und Systemumstellung, benötige ich nur noch etwa zwei bis fünf Minuten, je nach Ausbreitung der Energie, und ungefähr drei Minuten zum Abbau. Danach ist es, als wäre nichts geschehen, und ich bin wieder völlig klar.
Außerdem habe ich beobachtet, dass die Energie, die ich dabei empfangen habe, an manche Wesen weiterfließt und an andere nicht.

Meine Freundin fragte mich einmal, warum diese Energie nicht für alle gleich fließt. Ich konnte ihr diese Frage nicht beantworten, denn ich kann das nicht entscheiden, dies lag nie in meinem Ermessen.
Das Große BewusstSein entscheidet aus einem Wissen heraus, welches viel größer ist als unsere beschränkte Perspektive des Mangels. Es scheint mir aber, als würde diese Energie deshalb den einen erreichen und den anderen nicht, weil für den einen die Zeit dafür gekommen ist und für den anderen noch nicht.

Es ist keine Frage von Gut oder Böse, es geht nicht darum, ob man etwas verdient hat oder eben nicht.
Es ist einfach, wie es ist.

Für das Große BewusstSein gibt es weder Gut noch Böse.
Es gibt nur: Es IST.

Später beobachtete ich ein weiteres interessantes Phänomen. Wenn Menschen etwas in sich hatten, was sie unterbewusst daran hinderte, zu heilen, dann floss keine Energie zu ihnen. Aber in dem Moment, in dem sie sich veränderten, konnte die Energie des Großen BewusstSeins ungehindert zu ihnen fließen, so als würden wir mit unserer Haltung die Energie beeinflussen.
Das Große BewusstSein ist für alle da, nur können wir es scheinbar nicht alle annehmen.

Einmal sagte ich zu meinem Freund Piet:
„Viele Menschen sehnen sich nach Gott, doch wenn er vor ihnen steht, können sie ihn nicht sehen."

✧

Ein anderes Mal saß ich in einer großen Weiterbildungsveranstaltung mit ca. 250 Teilnehmern.
Die Rednerin sprach über historische Ereignisse, und wieviel wir als Generationen von dieser Schuld noch heute tragen, auch für unsere Ahnen.
In diesem Moment nahm das Große BewusstSein mit mir Kontakt auf. Ich ließ los, so wie wir es lange geübt hatten, und dann floss es in mich hinein, durch mich hindurch und anschließend in den gesamten Raum.
„ES" erfüllte den ganzen Saal.
Da war einfach nur Frieden.

Die Energie des Großen BewusstSeins strömte zu jedem Einzelnen in diesem Raum, und über dem Saal entstand eine Kuppel aus Liebe und Frieden, und die Worte von altem Leid und alter Schuld erreichten die Menschen im Raum nicht mehr. Die Menschen, die vorher auf ihren Stühlen förmlich zusammengesackt waren, begannen sich nun wieder aufzurichten. Die feste, erdrückende Energie von Schuld war aus diesem Raum gewichen.
Anschließend hielt sich die Energie noch eine Weile, dann zog sie sich genauso wieder zurück, wie sie gekommen war.

✧

Gestern war wieder solch ein Übungstag für mich.
Nach den vielen Sittings, die sich so verrückt anhörten, hatte ich mich lange gefragt, wem ich diese Begebenheiten überhaupt erzählen konnte.

Doch, sobald ich solchen Gedanken nachhing, nahm das Große BewusstSein mit mir Kontakt auf und gab mir ein tiefes Gefühl der Liebe, bis mein Herz überquoll. Anschließend schickte „ES“ mir eine riesige Welle Vertrauen in meinen Körper, und dann zog „ES“ sich wieder zurück.

Tränen über Tränen rannen über mein Gesicht. Diese Energie ist so intensiv, gefüllt, durchdringend und ergreifend, dass die Tränen einfach nicht aufzuhalten waren.
Nach ein paar Minuten ging das Spiel von vorne los, den ganzen Tag lang. Ein Kommen und Gehen.

Irgendwann machte sich ein völlig neues Gefühl in mir breit. Ich wusste plötzlich, ich musste in Zukunft nur aus mir heraus handeln. Ich konnte nur aus mir heraus das Buch schreiben, unverblümt sagen, was ich erlebt hatte und was auf uns wartet. Auch, wenn es sich noch so verrückt anhört.

Ich musste beginnen, noch einmal auf einer neuen Ebene nur ich selbst zu sein und auch im Außen authentisch dazu zu stehen – zu der, die ich war, und zu dem, was ich erlebt hatte. Das Große BewusstSein machte mir klar, dass ich nur so den Weg würde gehen können, den ich gehen musste. Ich durfte mich auf diesem, meinem ureigenen Weg nicht von Gedanken oder alten Überzeugungen der menschlichen Verstandesebene aufhalten lassen.

Es war wichtig, dass ich all das aufschrieb, was ich vom Großen BewusstSein bekam, denn dies war ein Geschenk für uns alle.
Als ich das verstanden hatte, fühlte ich mich erlöst und unendlich getragen.

Das Große BewusstSein möchte, dass ihr von „IHM“ hört.
Und genau das werde ich auch tun.

In Liebe für alle!

Das Seelenkleid

Inzwischen verstehen sich viele Menschen bereits als Seelen. Das ist für uns Menschen mit unserem riesigen Verstand schon ein großer Fortschritt.

Dennoch können wir noch nicht fühlen, wie groß unser BewusstSein tatsächlich ist.

Die Seelenebene ist unser selbst kreiertes Gewand (eine Energie Ebene) mit Millionen von Kristallen, die all unsere Geschichten widerspiegeln und uns deshalb unaufhörlich dieselben Geschichten spielen lassen. Dieses Gewand haben wir uns durch mannigfaltige Begebenheiten in verschiedenen Welten erschaffen und kontinuierlich erweitert. Und das war der erste Schritt in dem Prozess, uns selbst zu vergessen.

Was dem häufig zugrunde lag war ein tiefer, allumfassender Schock, durch den wir eingefroren und von einem Moment auf den anderen aus der Ebene der unendlichen Liebe und Weisheit abgetrennt und in die Dunkelheit gestürzt sind.
Dies war der Beginn unseres Seelengewandes, das uns von unserem ursprünglichen Sein und letzten Endes auch vom Großen BewusstSein trennte.

Wir begannen zu glauben, wir seien ausschließlich Seele. Und oft reichten unser Verständnis und unsere Vorstellungskraft nur bis zur Seelenebene.

Auf dieser Ebene sind daraufhin wiederum mannigfaltige Seins- Formen entstanden, unter anderem das Jenseits. Dieser Ursprungsschock hat es unter anderem geschafft, ein gigantisches, wundervolles Wesen abzudeckeln und es uns vergessen zu lassen. Das konnte nur geschehen durch ein schwerwiegendes Ereignis, das plötzlich und völlig unerwartet über uns hereinbrach.

✧

Es ist wie bei einem Kind, das rein und voller Liebe ist. Es wird in einem Palast aufgezogen, in dem es nur Liebe gibt, und dort mit allem genährt, was es benötigt, emotional und physisch. Es kennt nur diese Welt.

Eines Abends schläft das Kind ein - und erwacht plötzlich und unerwartet an einem anderen Ort. Das Erste, was es sieht, wenn es die Augen öffnet, ist vielleicht Gewalt. Da es nur Liebe kennt, ist es durch dieses Erlebnis so entsetzt und geschockt, dass es nur noch Dunkelheit und Gewalt um sich herum wahrnimmt. Alles andere ist verschüttet, verborgen unter der neuen Energie (dem neuen Gewand). Das Kleid unserer Seele ist entstanden. Das Vergessen beginnt.

Das Kind beginnt sich nun zu identifizieren mit Dunkelheit und Gewalt. Es kreiert verschiedene Glaubensmuster, nach denen es später sein Leben gestalten wird.

✧

An unserem neuen Gewand bildeten sich nun lauter funkelnde Kristalle, die aus verschiedenen Energien bestanden. Jeder Kristall erzählte eine Geschichte. Da waren Glaubensmuster, Informationen, Verträge, Erinnerungen, Versprechungen, spezielle Themen aus dem Erdenleben.

All dies haben wir selbst kreiert oder als wahr angenommen, auf allen Ebenen, darunter auch alle Informationen über Karma und Wiedergeburt, das Vergessen, woher wir kommen, und die Dualitäten.

Aus wundervollen, freien, liebevollen, mitfühlenden, intelligenten, wissenden Wesen waren in einem Millimoment Wesen mit einem Seelenkleid geworden, die durch Tausende von Kristallen in allen Farben und Formen funkeln.
Jeder Kristall ist Energie. Ja, selbst das Kleid enthält ausschließlich Energie.

Dieses Seelenkleid hat eine eigene Dynamik geformt und eine eigene Welt kreiert. Eine eigene Glaubens- und Erschaffenswelt, mit eigenen Regeln, die im Diesseits und im Jenseits bis heute gelten.

Sie wurden weiter gelebt und für wahr angenommen.
Aus diesem Grund würden sie ewig bestehen.
Unsere Welt formt sich nach unseren Gedanken.

Und unsere Gedanken werden von der Energie unseres Seelenkleids beeinflusst.

Unser gesamtes Tun ist davon betroffen.

Was wir glauben oder wie wir mit etwas umgehen, wie wir leben, wie wir sterben und sogar, wie wir danach weiterleben.

Auf diese Weise haben wir uns dadurch eine Welt erschaffen, in der es heißt, wir müssten uns ein Thema aussuchen, das wir auf der Erde leben wollen wie einen Plan.

Auch diese Information ist in unserem Kleid als Kristall abgespeichert.
Was, wenn wir aber ursprünglich nicht das Seelenkleid sind und dementsprechend auch nicht die Energie der Kristalle, sondern reines BewusstSein?

Wenn wir für unser BewusstSein kein Thema benötigen, um es auf der Erde zu leben, sondern einfach nur BewusstSein mit einem menschlichen Körper sein können?

Für was benötigen wir dann noch das Seelenkleid?

Warum steigen wir nicht einfach aus dem Kleid aus?

Der Schock war einst der er war. Das ist lange vorbei. Heute ist es ganz egal, aus welchem Grund er entstanden ist.

Wichtig ist nur: Es ist unsere Entscheidung!
Was wollen wir leben?

Wir können jetzt beginnen, aus der Schockstarre herauszutreten, uns zu erinnern und damit dem Seelenkleid zu entsteigen, weil dies jetzt keinerlei Bedeutung mehr hat.

Wir benötigen keine Themen, um auf der Erde in einem menschlichen Körper zu leben.
Das war nur ein weiterer Kristall der vielen Informationen an unserem Kleid, an den wir lange geglaubt haben und der uns selbst im Jenseits noch unfrei gemacht hat, weil wir unser Kleid auch dort nicht abgelegt haben.
Wie auch? Wir wussten es ja nicht besser.
Ohne unseren Körper können wir dort viel verstehen, aber letztendlich weiß man es dort auch nicht.

Wir haben uns selbst bis ins Jenseits eine eigene Welt erbaut, die über eine unendlich lange Zeit gewachsen ist. Ebenso können wir im Jenseits alles erschaffen, was wir möchten.

Tragen wir weiterhin unser Seelenkleid, werden wir weiterhin alle Energie verwenden, das zu erschaffen, was wir bereits kennen durch unser Seelenkleid.
Wir bleiben ewig im gleichen Kreislauf.

Gute schamanische Arbeit oder andere energetische Techniken können, korrekt ausgeführt, etwas sehr Wertvolles und Erlösendes sein. Wir können viel lernen und erkennen.
Dennoch ist dies im Endeffekt, ausschließlich eine Arbeit, auf Körper-, Verstands- oder Kristallebene. Sie kann helfen, uns besser kennenzulernen, aufzuräumen und uns voranzubringen.

All das vermag sie ja, aber grundsätzlichen tiefen Seelenfrieden kann sie uns nicht bringen, dazu sind es einfach zu viele Kristalle.
Nachdem wir das Seelenkleid verlassen haben, könnte diese Arbeit uns auch helfen, alte Energien abzulösen, die vielleicht heute noch im System oder in der Zelle als Information vorhanden sind.

Das, was ich gerade sage, eckt wahrscheinlich mit allem an, was ihr bis jetzt gehört und gelernt habt.
Ich habe das auch durchgemacht.

✧

Eine neue Welt kann nur entstehen, wenn wir uns trauen, uns für neue Impulse aus nie da gewesenen Dimensionen zu öffnen und bereit sind, umzudenken.
Erst dann kann sich im Außen etwas verändern.

Vielleicht werdet ihr diese neue Lebensweise am Anfang im Außen suchen und vermissen.
Diese Erfahrung habe ich auch gemacht.
Bis ich verstanden hatte, dass ich sie nicht im Außen finden konnte, weil es sie da noch nicht gab.

Trotz allem war es nicht weniger wahr für mich.
Ich verstand, dass ich akzeptieren musste, dass ich meine eigene neue Realität in mir hatte, um das Leben und das große Ganze zu betrachten.
Es war nun einmal völlig anders, aber es war meine neue Realität.

So, wie es viele Realitäten gibt auf dieser Erde.

Ein Kleinkind hat eine andere Realität als ein Busfahrer oder ein Astronaut.
Jeder nimmt seine Welt anders wahr und schafft dadurch seine Realität. Das ist auch gut so.

Natürlich konnte ich im Außen noch nicht finden, was ganz neu in meinem Innern war. Dessen ungeachtet konnte ich annehmen, dass es so ist.
Und genau das war für mich der erste Schritt. Alles andere würde sich von ganz alleine neu um mich herum formen.

Mit der Zeit erkannte ich, dass ich wohl schon länger anders lebte, als ich dachte. Ich führte ein leichtes, wunderbares Leben mit meinem Mann, das von sehr viel Freude und Harmonie geprägt war und in dem jeder von uns er selbst sein konnte.

Ich, eine Frau und Mutter mit einer großen geistigen Welt, trotz allem mit beiden Beinen auf dem Boden stehend. Und er, ein Ingenieur und Wissenschaftler, der immer neue kreative Ideen in die Tat umsetzt.
Wir akzeptieren uns so, wie wir sind, und dafür lieben wir uns. Wir haben wie alle anderen Menschen unsere Herausforderungen im Alltag, aber sie stellen für uns kein Problem mehr dar. Sie sind eben. Wir schauen, was wir tun können, um gemeinsam eine Lösung zu finden.

Machen wir das Beste daraus.

Sollten wir weiterhin im Seelenkleid verhaftet bleiben,

werden wir immer tiefer und tiefer die Energie der Kristalle leben statt uns selbst. Denn diese Energie machen wir schließlich zu unserer Wahrheit.

Wie ein kleines Mädchen, das in dem Moment, wenn es sein Prinzessinnenkleid trägt, zur schönsten Prinzessin auf der Erde wird. In nur einem Augenblick wird das Zimmer zum Schloss, die Katze zum Pferd und der Vater zum schönsten Prinzen weit und breit. Das Mädchen ist völlig in sein Spiel versunken und erinnert sich kurzzeitig nicht mehr an die kleine Marie, die es noch kurz zuvor war.
Jetzt ist sie Prinzessin Celine.

Ich forschte unentwegt weiter. So wie wir alle in unseren Ursprüngen unendlich unterschiedlich sind, sind auch die Gründe, warum unser Seelenkleid entstanden ist, mannigfaltig.

Ich habe jedoch festgestellt, dass dies letzten Endes nicht ausschlaggebend ist, da wir aus all dem austeigen können.
Wenn wir das tun, hat es von einem Moment auf den anderen keine Bedeutung mehr.

Eine Begebenheit des Ursprungs

In meinen Sitzungen mit anderen Menschen, bitte ich stets meine geistigen Helfer, mir den Ursprung eines Themas zu zeigen. Es ist jedes Mal interessant, wohin mich diese Frage führt.

Während meiner Kindheit hegte ich lange den Traum Archäologin zu werden. Irgendwann musste ich meinen Traum mangels zeichnerischer Fähigkeiten aufgeben.
Jetzt, über 30 Jahre später, darf ich so viele verschiedene Welten sehen und bereisen.
Dort kann ich mir direkt die Begebenheiten und Lebensweisen anschauen und vor allem Anteil daran haben.
Das ist mehr, als ich jemals aus einer Scherbe hätte erfahren können.

Ich bin achtsam, aber offen über Verstandesgrenzen hinaus. Seit meinem Erlebnis gibt es nichts mehr für mich, was es nicht gibt.
Sobald ich mich dafür öffne und einen Menschen mit einer Hand berühre, steigen wir damit gemeinsam in ein Boot.
Meine Hände sind außerdem wie eine verstärkende Linse, welche Dinge im Verborgenen sichtbar macht, oder ursprüngliche Begebenheiten ans Licht holt.

Für mich ist es wie ein Kinofilm, der zusätzlich auf der emotionalen Ebene abläuft. Ein Film, in dem ich allerdings nicht nur Zuschauerin bin, sondern genauso häufig auch mittendrin im Geschehen.
Früher bestand dieses Geschehen meist in Begebenheiten aus diesem Leben oder vergangenen Zeiten.

Seit meiner allumfassenden Erfahrung haben sich diese Welten verändert. Die Sitzungen führen mich neuerdings in völlig neue Dimensionen. Ich sehe Welten, die ich mir nie erträumt hätte. Es zeigen sich dann nicht nur die Erlebnisse der Seelen, sondern ich sehe auch, wie sie dort ihre Zeit verbringen.

✧

Eines Tages kam mein guter Freund Piet zu mir und wünschte sich eine Sitzung.
Ich berührte ihn und sah viele Bilder, die ständig wechselten, ähnlich wie in einem zurückspulenden Film.
Am Ende fand ich mich in einem Raumschiff wieder.
Ich sah mich um. Hier war alles dunkel und braun, ich sah viele Geräte und Anzeigen und blinkende Lichter. Als ich aus dem großen Fenster schaute, konnte ich Dunkelheit um mich herum erkennen. Sie war überall.
Dabei war sie aber nicht verschluckend oder beängstigend schwarz.
Im Gegenteil: Diese Dunkelheit war einladend, friedlich und gefüllt mit Energie.

Überall konnte ich Lichter und Gesteinsformen erkennen. Ich war fasziniert davon und kurz war es so, als würde die Zeit stehen bleiben, als wäre ich in einem Vakuum, um alles zu verstehen.

Im nächsten Augenblick war ich in diesem Raum von Dunkelheit und Licht außerhalb des Raumschiffs.
Ich sah einen wunderschönen, sonnengelb leuchtenden Ball, einen Planeten, der mich magisch anzog.
Ich war ganz und gar selig bei seinem Anblick.
Er war unbeschreiblich schön und sanft und fühlte sich sehr fein an.

Zügig zog es mich tiefer hinab. Einen Wimpernschlag später fand ich mich auf diesem wunderschönen Planeten wieder.
Dort sah ich viele aufgeregte Wesen, die den Menschen sehr ähnelten.

Nachdem ich mich noch ein Stück weiter für die Schwingung der Bewohner geöffnet hatte, erfuhr ich, dass diese Bewohner sich auf den Untergang des Planeten vorbereiteten.
Sie waren in ihrem BewusstSein noch sehr ursprünglich und hatten dadurch auch einen guten Informationsaustausch mit ihrem Planeten. Das BewusstSein des Planeten hatte ihnen mitgeteilt, dass es bald seine Form wechseln würde.

Diese Kommunikation gab den Bewohnern nun die Möglichkeit, die passenden Maßnahmen einzuleiten.
Viele waren hektisch und in Aufruhr.
Auf der einen Seite war es wichtig, dass sich ein Teil dieser Bewohner erinnerte. Für sie war es Zeit, wieder ins Große BewusstSein zurückzukehren und damit ihre Hülle loszulassen.
Andere hatten noch verschiedene Pläne, um die Bewohner des Planeten zu retten.

Von meinem Standpunkt aus beobachtete ich einen Mann, den ich als alten Weisen definieren würde. Auf mich wirkte er sehr erhaben und voller Wissen, weshalb er unter den Bewohnern großes Ansehen genoss.
Auf seine Meinung wurde viel Wert gelegt, was offenbar der Grund war, weshalb er die verschiedenen Pläne und ihre Ausführung koordinierte.

Ich wurde zu einer Stelle geführt, die wie ein Stützpunkt aussah, von dem aus verschiedene Raumschiffe starteten.
Jetzt sah ich Piet das erste Mal an meiner Seite.
Hier schienen wir beide Piloten zu sein, denn Piet startete gemeinsam mit mir und vielen anderen in diesen Flugkörpern.
Unser Auftrag lautete, eine Möglichkeit der Rettung zu finden.

Wir verabschiedeten uns unter Tränen von unseren Familien und gingen ins Schiff. Eine Sekunde später fand ich mich mit meinem alten Freund Piet in dem Raumschiff wieder.
Daher kannten wir uns also! Das hier war wohl unsere gemeinsame Geschichte.

Als wir wieder in den dunklen Raum geflogen waren, blickten wir durch die große Luke.
In dem Moment, in dem wir noch ein letztes Mal auf unseren Heimatplaneten zurückblicken konnten, beobachteten wir etwas Wunderschönes und zugleich Erschreckendes:
Wir sahen, wie sich der Lichtball plötzlich extrem ausdehnte, um in der nächsten Millisekunde zu implodieren.
Ab da war nur noch große Stille. Kein Atmen. Nichts war zu hören.
Da war nur ein einziger großer Schock.

Wir waren nicht mehr fähig, uns zu bewegen.
Das, was wir gesehen hatten, hatte uns komplett in uns eingefroren, verschlossen und in die tiefste innere Dunkelheit versetzt.

Gerade hatten wir uns noch von unseren Familien verabschiedet, um Lösungen zu finden.
Nun war alles, was wir je gekannt und geliebt hatten, einfach ausgeknipst. Vorbei! Wir standen so unter Schock, dass wir alles um uns herum vergaßen.
Wir konnten plötzlich nur noch Dunkelheit wahrnehmen.
Es gab kein zu Hause mehr.
Wir hatten versagt. Wir fühlten uns schuldig und nicht mehr wert, glücklich zu sein.
Wir vergruben das Wissen, woher wir kamen, mit allem anderen, was wir einst gewusst hatten, tief in uns.
Jetzt war da nur noch Leid und Selbstmitleid.

Wir selbst erlegten es uns auf: Wir sind nie mehr würdig, ein gutes Leben zu führen und jemals wieder irgendwo zu Hause zu sein.
Wir konnten nicht mehr lieben, aus Angst, diesen unendlichen Schmerz wieder zu fühlen, und wir konnten es nicht mehr zulassen, geliebt zu werden, weil wir es nicht verdient hatten.
Wir vergaßen, wer wir wirklich waren.
Das war der Grund, warum wir uns dem Leiden hingaben, warum wir diese Glaubenssätze in den vielen folgenden Inkarnationen auf ein Neues aktivierten und danach lebten – bis heute.
Wir kreierten aus einer Existenz der Freiheit eine Existenz des Leidens.

Wir schufen uns in einer Millisekunde unser neues Gewand.
Wir stiegen in dieses Gewand, vergaßen alles, was je gewesen war und wer wir jemals gewesen waren.
Und damit nahmen wir eine völlig neue Identität an.
Jetzt waren wir Seele.
BewusstSein in einem Gewand.

Und ab diesem Moment begannen wir fleißig Kristalle zu sammeln, Energien aus Glaubensmustern und Erlebtem und allem was andere sagten.
Und damit vergaßen wir unweigerlich, wer wir ursprünglich gewesen waren, und nahmen fortwährend an, jemand anderes zu sein.
So irrten wir durch die Universen.
Erst einmal war da nur noch Schwärze.
Ich bat unsere geistigen Begleiter um Hilfe und Unterstützung für uns.

Es dauerte etwas, dann wurden wir in unsere Körper gezogen, immer weiter und weiter durch dieses Energiefeld, das wir als Dunkelheit wahrnahmen, bis wir uns auf einem anderen Planeten wiederfanden. Hier war alles anders.
Er war sehr grün, und ich erkannte das besondere sonnengelbe Licht, das ich einst so liebte.
Jetzt erst wurde mir die große Erschöpfung bewusst, die ich schon lange mit mir herumtrug.

Ich brach zusammen. Alles ließ einfach nur los von dieser allumfassenden Erschöpfung, die so lange schon in mir war.
Sie war es, die mir laufend Energie geraubt hatte. Sie war durch den Kampf und das Festhalten an alten Strukturen entstanden, die ich für wahr gehalten hatte.

Diese ganze unendliche Erschöpfung trat in diesem Moment zutage, und zum ersten Mal ließ ich es einfach geschehen.
Ich gab auf. Ich hörte auf zu kämpfen - für etwas, für das es zu kämpfen nie nötig gewesen war. Aber das verstand ich erst später.

Nach einer Weile kam ich zu mir und fand mich auf einer Liege in einem wunderschönen hellen Raum wieder.
Das Licht hier wirkte ganz weich und zart, und allein dadurch wurde ich sehr ruhig. Die hier herrschende Energie war mir wohlbekannt.
Kaum war ich wieder bei mir angekommen, da trat ein alter Mann zu mir und begrüßte mich. Er strahlte Weisheit und Güte aus. Alle schätzten seine Meinung.
Ich erinnerte mich wieder an ihn. Alles an ihm war mir sehr vertraut.

Mit einem Mal erkannte ich ebenso viele andere Gesichter wieder.
Wie war das möglich?
„Ich dachte, ihr wäret alle gegangen“, sagte ich.
Er erklärte mir: „Mein Freund, endlich hast du uns gefunden. Wir freuen uns, dass du da bist.

Ein großer Teil von uns hat es noch vor der Umformung des alten Planeten geschafft und ist hierher gekommen, wo wir im Einklang mit dem wunderbaren Wesen des Planeten ein neues zu Hause gefunden haben.
Andere von uns haben sich dadurch auch auf eine neue Art und Weise weiterentwickelt. Sie leben jetzt in einer riesigen Weltraumstation und sind im Vergleich zu uns wahre

Alleskönner geworden. Unter anderem sind sie Meister im Materialisieren."

Plötzlich öffnete sich ein Fenster, und ich konnte die riesige Station sehen, die sich ein Teil der Bewohner inzwischen aufgebaut hatte. Ich wurde sofort in ihr Inneres gezogen.
Da stand ich nun und sah ihnen zu, wie sie allein aus ihrem Geist heraus neue Materie hervorbrachten, je nachdem, was sie benötigten. Sie konnten es erschaffen.

Ich stand in einem hellen Flur mit Fenstern. Von hier aus sah ich wieder nach draußen in die große Weite. Dieser Blick ins Unendliche gab mir wieder Ruhe und Frieden, etwas, was ich lange nicht gespürt hatte.
Auch in diesem Leben habe ich eine große Affinität zum Himmel und zu den Sternen. Und heute noch beruhigt mich der Blick in den Nachthimmel sehr. Hier schließt sich für mich der Kreis.
Als ich wieder im Inneren des gigantischen Gebildes war, sah ich eine Frau vor mir stehen, die in diesem Moment gerade in ihren Händen neue Materie entstehen ließ.
Es war eine lange Stange, die für das Raumschiff gebraucht wurde. Ich konnte es kaum fassen.

Durch das, was wir hier sehen durften, verstand ich mit einem Mal so vieles.
Ich war niemals schuld gewesen an dem, was geschehen war!
Ich verstand auch, dass ich niemals in der Lage gewesen war, etwas zu retten, was nicht gerettet werden musste.
Das Leben auf diesem Planeten war zu Ende gewesen.
Das Wesen des Planeten hatte uns ein Zeichen gegeben, und es war etwas großartiges Neues daraus entstanden.

Während sich all das Neue, Gute, Außergewöhnliche daraus entwickelte, waren mein Freund und ich all die Zeit im Schock und in selbst erschaffenem Leiden gefangen gewesen. Auf der unendlichen Suche nach etwas, das wir nicht mehr wussten, von dem es nur eine vage Ahnung in uns gab.

Der erste Schritt war nun für uns, zu erkennen, was hier geschehen war und wofür.
Wie viel hatten wir uns da eigentlich selbst angetan?
Wir hatten uns selbst die ganze Zeit bestraft!
Das Irre daran war, dass wir dieses Spiel über so viele Inkarnationen andauernd gelebt hatten!
Wir waren nirgendwo zu Hause gewesen.
Letzten Endes waren wir nun seit langer Zeit auf der Erde, „gefangen" in der Illusion von Wiedergeburt und Karma, und hatten es uns selbst so schwer gemacht.
Jetzt hatten wir die Erklärung, jetzt kannten wir den Ursprung dafür.

Der alte Weise trat an mich heran und sprach mit mir.
„Du trägst den Schlüssel zur Aktivierung des Erbes unseres Planeten. Wir haben ihn dir einst bei deiner Abreise mitgegeben. Nur das war der Grund für eure Reise."
Ich konnte es kaum fassen. Wir hatten die ganze Zeit etwas „Falsches" geglaubt.

Das überraschte mich so, dass ich einen kurzen Moment brauchte, um zu registrieren, was hier geschah.
„Ihr habt uns den Schlüssel zu unserem Erbe mitgebracht. Damit können wir nun die volle Energie nutzen – zum Wohle aller."

Mit dem nächsten Atemzug stand ich an einem wundervollen Platz. Überall Weite und Grün, soweit das Auge reichte.

Der Alte zeigte auf einen Punkt. „Bitte übergib uns jetzt den Schlüssel wieder." Alles ging von alleine. Ich musste nichts tun. Es floss einfach aus mir heraus wie ein gigantischer, sonnengelber Lichtstrahl.
Jetzt war die vollständige Energie unseres Heimatplaneten wieder bei ihnen angekommen.
Als ich mich umschaute, hatte sich eine große Menge an dem Lichtstrahl versammelt. Es wurde gefeiert, getanzt und gesungen.

Wir brauchten erst einmal Zeit, um dies alles zu verstehen. Der alte Mann nahm mich beiseite, um noch ein paar Abschiedsworte zu sprechen.
„Wir werden uns schon bald wiedersehen.
Ihr könnt jederzeit mit uns kommunizieren oder uns um Hilfe bitten. Es sind noch sehr viele von uns auf der Erde.
Verbinde sie wieder mit ihrer Heimat, so können auch sie von der Energie profitieren. Bitte erkläre ihnen alles!
Wir helfen dir dabei."

Nach diesen Worten verabschiedeten wir uns herzlich voneinander. Diesmal sollte es aber nur ein kurzer Abschied werden. Wir würden uns noch einige Male wiedertreffen.
Während der ganzen Zeit hatte ich Piet nicht mehr bei mir wahrgenommen. Jetzt trat er zu mir. Sie hatten ihn gestärkt und auch ihm alles erklärt.
Nun verstanden wir so viel. Warum wir in unseren Leben so oft mit Leid und Schwere zu tun hatten.

Ich hatte mich über die Jahre kontinuierlich aus diesem selbst gebauten Konstrukt befreit.

Damals wusste ich allerdings noch nicht, wie tief der Ursprung wirklich war und was das im Endeffekt für mich, mein Leben und meine Sichtweisen bedeutete.

Ich fand später eine neue Technik, die es uns einfach und effektiv ermöglichte, diesen Ursprungsschock und all das, was mit ihm verknüpft war, aufzulösen.
Darüber konnte ich ganz aus diesem Seelenkleid aussteigen.
Mein Freund Piet hatte sich gerade auf diesen Weg begeben.
Er würde später auch aussteigen aus diesem riesigen selbst erschaffenen Konstrukt.

Auf der einen Seite war er auf der Suche nach Gott und von einer immerwährenden großen Sehnsucht nach Liebe und Erkenntnis getrieben, auf der anderen Seite konnte er tiefe Liebe nicht leben.

Dieses Erlebnis hat mir gezeigt, wozu wir alle fähig sind.

Ich bin fest davon überzeugt, dass wir zu viel mehr fähig sind, als wir alle glauben, wenn wir beginnen, alte Pfade zu verlassen und uns zu öffnen für Neues.

Karma und Wiedergeburt – wirklich?

Als Erwachsene auf unserem Weg des Lebens, versuchen wir irgendwann weiter Antworten zu finden. Wir gehen dazu alle ganz verschiede Wege.
Viele von uns befragen die alten Lehren, die sagen:
„Ja, das ist eben Karma."
Karma ist das Gesetz von Ursache und Wirkung. Bis hierher kann ich noch mitgehen.
Wir haben gelernt, dass jede Tat eine Folge hat. Das ist für mich zum Teil richtig.

Laut der alten Lehren müssen wir ständig an uns arbeiten, um gute Menschen zu sein, da wir damit auch über die Zahlen der Wiedergeburten bestimmen.

Ich habe inzwischen verstanden, dass ich diese Ursache ganz allein bin. Außerdem habe ich in dem Moment der Entscheidung bereits die Wirkung vorgegeben.
Schließlich bin ich diejenige, die Entschlüsse fasst und sich gewiss selbst blockiert oder selbst richtet – oder eben selbst befreit!

Ich arbeite seit über 20 Jahren als Schamanin.

Weder habe ich jemals eine Bestrafung gesehen, die aus der geistigen Welt oder vom Großen BewusstSein initiiert wurde, noch habe ich erlebt, dass jemand Leid erdulden musste, weil er irgendwann ein „schlechter“ Mensch war.

Ich habe auf mannigfaltige Weise und über viele Geschichten hinweg nur eins erlebt:
Jeder hatte sich durch seine Entscheidungen an diesen Punkt des Leidens gebracht, und jeder hatte daraus neues Leiden erschaffen.

Wir selbst haben uns verurteilt, bestraft, beschuldigt und von der Liebe und einem leichten, lebendigen Leben abgehalten. Weil wir uns Dinge, die geschehen sind, Entscheidungen, die getroffen wurden, oder auch Versäumnisse nicht verzeihen konnten.

Stattdessen war es leichter für uns, uns jeden Tag aufs Neue selbst dafür zu bestrafen und über Inkarnationen hinaus die Kristalle an unserem Kleid für die Wahrheit zu nehmen und diese zu leben.

Um jeden Tag zu beginnen mit:
„Ich kann nicht. Es geht nicht. Ich bin es nicht wert.
Ich werde niemals glücklich sein. Es ist viel zu schwer, ich selbst zu sein. Ich weiß nicht, wer ich wirklich bin. Ich darf nie wieder glücklich sein.“

Frieden ist nur eine Entscheidung weit weg.
Himmel oder Hölle – wir entscheiden!

Ein selbst erschaffenes Konstrukt

Wir haben uns also auf die geschilderte Weise ein Konstrukt nicht nur des Diesseits, sondern auch des Jenseits gebaut, da wir weiterhin im Jenseits unser Kleid tragen, auch wenn wir dort leichter sind ohne Körper.
Die Energie der Kristalle, die uns hier unsere Welt formen lässt, wird uns auch im Jenseits begleiten.
Und genau deshalb bewegen wir uns immer in den gleichen Bahnen.

Wir glauben weiter an Karma, Dualitäten und Wiedergeburten.
Wir glauben an dunkle Mächte und dass sie schuld sind an unserem Leiden.
Wir nehmen einfach alles Gesagte hin.
„Es wird schon stimmen. So ist es eben."

Damit beginnen wir diese Information zu leben.
Wir hinterfragen ihre Richtigkeit nicht mehr.

Wir erschaffen uns über die Zeit ein immer größer wachsendes Jenseits mit vielen Ebenen, aus dem wir uns hier und da für einen neuen Versuch auf der Erde erneut inkarnieren, weil ein Kristall an unserem Kleid glaubt, dass es so ist – solange wir diese Information nicht austauschen gegen eine neue:

„Wir sind frei und können gehen, wohin wir wollen!"

Vielleicht gehen wir auf den Heimatplaneten, von dem wir einst gekommen sind, oder aber zurück zu unser aller Ursprung, in den großen Ozean der Liebe!

Wir glauben an jenseitige Seelen und ein Leben nach dem Tod. Ja, das ist richtig.
Jedoch befinden sich die Seelen, die ihren Körper verlassen haben, nach wie vor in ihrem Kleid und werden sich deshalb weiter ihre Welt im Jenseits erschaffen.
Das ist der Grund, weshalb wir in der Lage sind mit ihnen weiterhin kommunizieren, und sie als unsere Freunde oder Familienangehörigen identifizieren können.
Sie zeigen uns die Information der Kristalle an ihrem Kleid, die wir quasi verstehen können.
Deshalb können sie uns oft keinen Rat geben aus dieser Sphäre, weil sie selber noch durch diese vielfältigen Energien beeinflusst werden.
Es kommt darauf an, wie weit sie im Leben bereits Antworten gefunden hatten. All ihre Erkenntnisse können sie dann mitnehmen und davon profitieren.

Wir können als Seelen im Jenseits viel heilen und über unsere Kristalle lernen, da es in dieser Dimension eine andere Energie gibt.
Sie ist leichter und freier, und das festhaltende Ego spielt hier keine Rolle.

Dennoch ist diese Dimension weiterhin erdnah.

Und auch die jenseitigen Seelen wissen noch nicht, dass sie ein Kleid tragen mit Tausenden von Kristallen, dass ihre Welt bestimmt.

Solange ich weiterhin an den Kreislauf der Wiedergeburten auf der Erde glaube, werde ich in diesem Kreislauf unaufhörlich meine erdgebundenen Leben erschaffen.

Damit wird sich die Seele ewig im Bereich von Jenseits und Diesseits bewegen und nicht den Schritt darüber hinaus gehen können.

Wenn ich früher die Frage gestellt hatte, warum es Wiedergeburt gibt und warum wir das eine oder das andere Leben verbringen, hatten die alten Lehren auch darauf eine Antwort: Es gibt Wiedergeburt, damit wir verschiedene Dinge lernen können. Zum Beispiel, ein guter Mensch zu sein.
Die Theorie besagt, dass wir so oft wiedergeboren werden, bis wir gelernt haben, was wir uns in unserem Lebensplan vorgenommen hatten. Aber sollten wir es nicht geschafft haben, gehen wir in die nächste Runde.

Für einen Teil der Menschen kann das wahr sein, da sie es durch ihren Glauben und ihre Kristalle selbst genauso kreiert haben.
Nehmen wir an, wir würden jenseitige Seelen dazu befragen, würden sie es wohl bestätigen, da auch sie an diesem großen Konstrukt teilhaben und ihr Kleid noch nicht abgelegt haben.

Auch sie existieren in der Energie des alten Glaubens.

Lebensplan

Wir sind ursprünglich tief in uns wundervolle, absolut perfekte, liebevolle, intelligente, weise Wesen, die alles Wissen in sich tragen.

Warum sollten wir dann irgendetwas lernen müssen?

Es ist doch bereits alles in uns enthalten!

Wie könnte man in ein Gefäß, das bis zum oberen Rand mit allem gefüllt ist, noch etwas hineingießen?

Was sollte ein Wesen, das perfekt ist, lernen müssen oder wollen?

Wir kommen aus dem Urozean des Großen BewusstSeins und sind ein Teil davon.
Was im Großen BewusstSein ist, ist auch tief in uns.

Also warum lernen?

Warum meinen wir, einem Plan folgen zu müssen?

Zumal dieser uns an etwas bindet, das längst überholt ist.

Warum sollte ich einen Plan benötigen, der mich weiter in etwas Altes presst, etwas, das ich vielleicht vor 40 Jahren in einer völlig anderen, längst überholten Energie beschlossen habe?

Auf einer Ebene, die selbst unfrei und nicht allwissend ist?

Wozu brauche ich einen Plan, ein Lebensthema, das ich mir hier auf der Erde aussuchen muss?
An dem ich lernen soll?
Warum?
Wem ist das dienlich?
Hilft es uns, davon auszugehen, wiederholt ein Leidensthema hier auf der Erde leben zu müssen?
Um was zu lernen?
Dient es uns, immer wieder alte Kristalle, alte Dinge zu leben?
Karma?
Wer sagt das eigentlich alles?
Von wem haben wir das?
Und wieso haben wir das geglaubt?
Führt uns das alles in die Freiheit?

Für mich haben sich seit meinem Erlebnis viele Schleier gelüftet, und deshalb glaube ich nicht mehr an Lebenspläne oder Aufgaben, die wir erledigen müssten.

Ich glaube an eine Art roten Faden im Leben.
Er ist hilfreich, weil unser BewusstSein so großartig ist und alles sein könnte.
Deshalb ist es von Vorteil, eine grobe Struktur zu haben, da sich sonst die Materie wiederholt verändern könnte, hin zu alledem, was das BewusstSein sein möchte.

Diese Struktur ist, wie gesagt, nur grob:
Bin ich Mann oder Frau? etc.
Der Rest kommt von allein.

Wir brauchen uns für das Erleben in einem menschlichen Körper kein Lebensleidensthema der Erde auszusuchen.

Das ist eine völlig veraltete Energie, die uns in Unfreiheit hält.
Wir können trotzdem als ein großes, bewusstes Wesen in einem menschlichen Körper auf der Erde leben.
Wir brauchen weder zu leiden, noch muss es uns schlecht gehen.
Wir brauchen ebenso wenig die Dunkelheit, um zu erfahren, was Licht ist.

Wir kommen aus dem Licht!

Wir wissen es trotzdem zu schätzen.
Wir wollen uns einfach ausprobieren.
Wir wollen erleben, wie es ist, als Mensch zu fühlen, zu sehen, zu schmecken und zu riechen.

Allein um das Erfahren geht es.
Wir können auch erleben, wie es ist, ein Baum zu sein oder ein Planet.

Alles ist offen.

Eines Tages berichtete ich meiner lieben Freundin von diesen Erkenntnissen, daraufhin erzählte sie mir nach ein paar Tagen:

„Seitdem du mir gesagt hast, dass wir keine Aufgabe haben, bin ich total frei.
Alles Suchen, alles Fragen und der Druck sind schlagartig von mir abgefallen.
Es ist so cool, zu wissen, dass wir nichts müssen.
Ich kann einfach leben.
Denn deshalb bin ich hier.
Einfach machen.
Ich muss nicht mehr irgendwo hinkommen, denn alles ist bereits in Ordnung.“

✧

Dualitäten

✧

Durch meine Reisen habe ich gesehen, dass es das Prinzip der Dualität nicht in allen Welten gibt.
Wir legen gerne Gesetzmäßigkeiten, die wir uns hier kreiert haben, mit unserem kleinen menschlichen Verstand auf das große Ganze um.

Das sollten wir vorsichtiger durchdenken, da unser menschlicher Verstand oft zu begrenzt dafür ist, und wir außerdem die Dinge bis heute aus dem Seelenkleid heraus betrachten. Deshalb ist es aus dieser Warte heraus für mich schwer vorstellbar, unsere momentanen Gesetzmäßigkeiten auf das ganze Universum umzulegen.

Ich habe verstanden, dass wir durch unsere eigene Geschichte des Leidens und die Art, in der wir die Welt betrachten, jederzeit Dualitäten aufbauen.
Wir teilen alles in Gut und Böse, Hell und Dunkel, Richtig und Falsch, Opfer und Täter, Schwarz und Weiß ein.
Ich habe jedoch niemals eine dunkle Macht getroffen, die sich von der Liebe abgespalten hatte.

Aus der Perspektive des Großen BewusstSeins habe ich nur eins gesehen:

Wir ganz alleine sind es, die an Dualitäten festhalten, weil wir tief in unserem Innern glauben, dass es „eben so“ ist“.

Und mit diesem Glauben erschaffen wir die Dualitäten und damit die Dunkelheit jeden Tag aufs Neue.

Aber tatsächlich gibt es in unserem Ursprung nur Liebe.
Es wurde uns alles mitgegeben, all die Fülle, all die Weisheit, all die Liebe, die es so nur in unserem Ursprung gibt, um die besten Kreationen daraus entstehen zu lassen.

Doch wir in unserem Schmerz und unser Gedankenschwere entscheiden uns mit der alltäglich gleichen Sicht auf unsere Welt für den Weg der Dualitäten.
Aufgrund eines uralten Glaubens an dunkle Mächte, geben wir unsere Freiheit auf und geben diesem Glauben die Macht über uns.

Genau damit erschaffen wir jeden Tag eine Energie, die im Ursprung unseres Seins nicht existiert und somit ausschließlich auf einer Illusion aufgebaut ist.
Dies alles sind unsere Entscheidungen, mit denen wir unser Leben wesentlich verändern können.

Wir sind aber ebenso in der Lage neu zu erkennen und jeden Tag Schritt für Schritt zurück zu unserem wahren Sein zu gelangen, zu all dem Wunderbaren, das uns gegeben wurde.

Wir dürfen entdecken, was wirklich in uns steckt, und beginnen, etwas Neues zu leben.

Wenn wir weiterhin an dem Alten festhalten und meinen, alles zu wissen, bringen wir uns selbst um die Möglichkeit, etwas völlig Neues zu erfahren, weiter zu sehen und zu forschen.

Nur weil etwas unentwegt gesagt oder geschrieben wird, wird es nicht wahrer.

Wir haben uns ein Konstrukt aufgebaut, das zunächst einmal unseren realistischen Verstand befriedigt.
Alles daraus ist logisch.

Was können wir nun tun?
Mein Weg war es, das Neue zu begrüßen und am Alten nicht mehr festzuhalten.

Durch meine Erlebnisse in den letzten Monaten, habe ich mich geöffnet für das scheinbar Unmögliche.
Das gab mir die Chance neue Dinge zu entdecken, um wichtige essenzielle Erkenntnisse zu erlangen.

Nach der Reise mit Piet bekam ich weitere Gelegenheiten, andere Welten zu besuchen. Ich fand dort viele andere Lebensformen und Lebensweisen, die in mir neue Fragen aufriefen und durch die ich nochmals das alte irdische Wissen überdenken durfte.
An diesen Erfahrungen möchte ich euch teilhaben lassen.

Teil 3

Wandeln in neuen Welten

Doorkeeper und Weltenwandler

Meine nächste Reise begann während einer speziellen Meditation. Ursprünglich war das Ziel, meinen Doorkeeper zu treffen. Der Doorkeeper ist ein geistiger Wächter, der uns Schutz gibt, während wir zwischen Diesseits und Jenseits wandeln.

Zuerst machte ich mich bereit, um mit dem nächsten Atemzug in meine Meditation abzutauchen.
Ich traf meinen Doorkeeper sehr schnell. Ich sah, wie sich um mich herum eine Landschaft auftat, die mich an eine Wüste erinnerte.

Überall Weite und roter Sandboden. Es war angenehm warm. Die Sonne stand hoch, und alles um mich herum schimmerte in einem leichten Orangeton.
In der Ferne konnte ich eine Gestalt ausmachen, die langsam und mit großen Schritten auf mich zukam. Mein Doorkeeper bot einen majestätischen Anblick.
Er war mit vielen Ketten geschmückt, die aus roten Steinen bestanden. Sein Oberkörper war nackt, und er trug einen roten Umhang. Ein großer Stock in seiner linken Hand unterstützte seine gütige, klare, wissende Präsenz. Seine Augen waren ganz rein und liebevoll.

Es war, als wüsste er ganz genau, was er tat.
Es bedurfte keiner Worte zwischen uns.
Ich konnte deutlich fühlen, dass wir schon sehr lange gegenseitige Begleiter waren. Er war mir sofort vertraut.

Als Kind war ich viele Jahre lang total vernarrt in die Massai. Diese Erinnerung konnte ich jetzt vor meinem inneren Auge wiedersehen. Ich sah mich, wie ich damals die Fotos in meinen Bildbänden anschaute, die mich so sehr faszinierten. Daraufhin musste ich schmunzeln.
Alles ist Energie.

Die geistige Welt kann mit Hilfe unseres Erinnerungsvermögens Bilder wieder öffnen, an die wir uns lange Zeit nicht mehr erinnert haben. Letztendlich sind es alles nur Informationen.

Auch der Doorkeeper hatte von dieser Möglichkeit Gebrauch gemacht, um mir zu zeigen, wie lange er schon in meinem Leben war. Ich fühlte Frieden und dankte ihm.

Im nächsten Augenblick verspürte ich den Impuls nach rechts zu schauen.
Da trat eine zweite Person an meine Seite.
Es war ein Aborigine. Wir begrüßten uns, indem wir unsere Stirnen aneinanderlegten. Es war eine sehr tiefe Erfahrung, und ich hatte das Gefühl, zu Hause zu sein.
Wir konnten einander durch diese Begrüßung direkt ins Herz sehen. Es war, als eröffneten sich neue Welten.
Diese Kommunikation lief wie so oft telepathisch ab, es bedurfte keiner Worte.

All das kam aus meinem eigenen verborgenen Wissen.
Wir wussten es sofort, als wir uns sahen.
Da war er, mein uralter Freund der Weltenwandler, der mich stets auf meinen Reisen in andere Welten und Dimensionen begleitet hatte. Jetzt zeigte er sich.
Nachdem wir uns begrüßt hatten, ging es direkt los.

✧

Reise in die Welt der wahren Größe

✧

Ich fand mich von einer Sekunde auf die andere auf einem hell leuchtenden Planeten wieder. Im ersten Moment war da nur Licht.

Die Schwingung und das Licht waren ganz anders als auf dem Planeten, den ich mit Piet bereist hatte.
Als sich mein System an die neue Schwingung und meine Augen an das helle Licht gewöhnt hatten, konnte ich mich umschauen.

Ich befand mich in einem überdimensional großen, offenen Raum, der von vielen Säulen gehalten wurde.
Es war keinerlei Schwere zu spüren. An diesem Ort gab es nur Leichtigkeit.

Selbst die riesigen Säulen schienen nicht dieselbe feste, starre Materie zu besitzen wie unsere Bauten auf der Erde.
Alles wirkte fein und eher durchscheinend.

Dieser Raum war so groß, dass ich dagegen winzig klein war wie eine Eintagsfliege.

Als ich darüber nachdachte, betrat ein riesiges Wesen den Raum. Es lief an mir vorbei und setzte sich am Ende der Halle auf ein Podest.
Dadurch wurde mir bewusst, wie klein ich eigentlich war.

Ich kam aus dem Staunen nicht mehr heraus.
Dieses Wesen auf dem Podest war gutmütig durch und durch. Es war gütig und klar.
Frieden breitete sich überall aus.
Dieser Riese strahlte all das aus, was ich auch während der Begegnungen mit dem Großen BewusstSein gespürt hatte.
Es war alles wieder da, was ich damals gefühlt hatte.
Ich war noch ganz ergriffen, da sprach es mich an und begrüßte mich in seiner Welt.

Im ersten Moment fragte ich mich, wie es mich überhaupt sehen konnte.
Dann aber verstand ich: Es war vielmehr ein Wahrnehmen meiner Anwesenheit.
Ich fragte es ganz direkt, warum es so riesig war. Die Frage sprudelte förmlich aus mir heraus. Das war für mich das Beeindruckendste in diesem ersten Moment.

Die Antwort darauf war:
„Wir wollten unsere Größe nicht in einen kleinen Körper pressen.
Wir wollen unsere wahre Größe leben, deshalb sind wir so groß.
Wir kennen euch Menschen schon sehr lange. Wir waren auch schon vor langer Zeit auf euerm Planeten."

Dann zeigte er mir Bilder von Pyramiden und Zeichnungen an den Wänden. Ich sah große, weise Gestalten und Kopfschmuck in Blau, der einer Haube ähnelte.
Nun erst konnte ich diesen Schmuck auch bei meinem Gegenüber wahrnehmen.

„Wir waren bei euch, um euch zu helfen, eure wahre Größe zu erkennen und zu leben“, fuhr das Wesen fort.
„Aber damals wart ihr noch nicht bereit dazu. Ihr habt euch dazu entschieden, klein zu sein.
Es geht darum, zu erkennen, wer ihr wirklich seid.“

Das war eine Botschaft, die ich erst einmal sacken lassen musste. Allerdings war dazu gerade keine Zeit, denn ich spürte, dass ich langsam weitergezogen wurde.
Ich dankte ihm.
Tief in mir hatte ich bereits verstanden.

Das Wesen sagte mir genau das, was ich seit der Begegnung mit dem Großen BewusstSein in mir gespürt hatte und was für mich seitdem eine unumstößliche Erkenntnis ist.
Als wir gingen, fühlte ich mich nicht mehr klein wie eine Eintagsfliege.

Ich bin nicht mein Körper!
Das trifft auf uns alle zu.
Wir sind nicht unsere Körper!
Wir sind viel mehr!

Das war mir jetzt klarer denn je.

✧

In diesem Moment wurde ich aus der Meditation zurückgerufen. Die Welt, die ich gerade kennengelernt hatte, war einfach durchweg friedlich. Das Wichtigste aber war:
Hier herrschte keine Dualität.

Während meiner folgenden Reisen erfuhr ich auch, dass diese Wesen so etwas wie Karma nicht kannten.
Das war ihnen völlig fremd.

Auch Inkarnationen liefen bei ihnen komplett anders ab.
Sie kamen und sie gingen.
Dazu gab es eine schöne Zusammenkunft, an denen viele von ihnen teilnahmen.
Dort begrüßten oder verabschiedeten sie sich.
Bevor sich ein neues Wesen bei ihnen in Form brachte, war es bereits in der Energie spürbar.
Durch einen inneren Impuls versammelten sich alle und wohnten der Materialisierung dieses Wesens bei.
Genauso war es auch, wenn das Wesen sich entschied, die Form zu wechseln. Sie verabschiedeten sich, und das Wesen löste seine Form auf. Es ging, wohin es wollte.
Es war als freies Wesen hierhergekommen, und es ging genauso frei wieder.
Bei ihnen gab es kein Jenseits wie bei uns, denn das war nicht nötig.

Alles war von leichter, erlöster geistiger Energie, und trotzdem gab es hier noch so etwas wie Materie, wenn auch bei Weitem nicht so verdichtet wie auf der Erde.

✧

Ich habe auch Planeten besucht, auf denen eine ausbeutende Energie herrschte, aber viel mehr Welten, in denen es absolut friedlich war.
Auch auf unserem wiedergefundenen Heimatplaneten lief die Inkarnation anders ab.

Dessen Bewohner erklärten mir auf einer anderen Reise, dass sie so etwas wie unser Jenseits nicht kannten.
Sie wurden viel älter als wir.
Und wenn sie gingen, verbrachten sie eine kurze Zeit in einer geistigen Sphäre nahe dem Planeten, um sich noch einmal energetisch zu befreien und von allen anhängenden Energien vollständig zu lösen.
Das brauchte nur eine kurze Zeit.

Danach ging das BewusstSein meist zurück zum Großen BewusstSein. Das war den meisten klar, deshalb war für sie die Zeit, die sie miteinander erlebten, sehr kostbar.

Auch hier waren alle mit der Ursprungsenergie verbunden.
Es gab keine Mangelgedanken.
Sie konnten einander loslassen, wenn die Zeit gekommen war.
Das Geschenk der wunderbaren gemeinsamen Erlebnisse war allumfassend und erfüllend.
Alles war ein Kreislauf, den sie respektierten.
Wenn jemand nach Hause ging, verloren sie nichts, weil sie so viel gewonnen hatten.

Trauer kannten sie nicht. Denn um was sollten sie trauern?

Bei ihnen gab es keine Leere, weil Leere nur im Kopf entsteht, und davon waren sie weit, weit weg.

Durften sie lieben? Ja, natürlich!
Durften sie sich gut an den anderen erinnern? Ja!

Brauchte es etwas Anderes als das? Nein!

Materie: beeindruckende neue Welt

Ein Planet hat mich besonders beeindruckt. Es war, als würde er nur aus Energie bestehen, dort war fast keine Materie mehr zu spüren. Trotzdem war das Energiefeld so stark, dass ich ihn als Planeten erfahren konnte.
Es war vergleichbar mit Götterspeise, die nicht fest werden wollte.
Die Wesen auf diesem Planeten WAREN einfach nur.
Sie waren reines BewusstSein, dem jede körperliche Form fremd war und dass doch alles wusste. Und es war mehr als nur reine Energie, weil es ein klein wenig „Götterspeisen"-Materie besaß.
Es war intelligent und konnte sich innerhalb von Millisekunden meines Erinnerungsfeldes bedienen.
Es war in der Lage, in der Zeitspanne eines Wimpernschlags Materie zu formen.
Für mich war das unfassbar und zugleich faszinierend, so dass ich erst einmal Zeit brauchte, um das ganze Ausmaß dessen zu verarbeiten.
Ich nahm dieses Wesen sehr nah beim Großen BewusstSein wahr. Es war das, was ich auch war.
Die Dinge, die es tat, waren auch uns genauso möglich.
Es fühlte sich so rein und wundervoll an.

Ach, könnten wir doch nur verstehen, wer da in uns schlummert!

Durch meine jahrelange Erfahrung mit schamanischen Reisen konnte ich gut zwischen Verstand und Träumen, Fantasie und Wirklichkeit, geistiger und materieller Ebene unterscheiden. Ich wusste, wann etwas stimmig und wann etwas irgendwie nicht „koscher" war.
Das hier war etwas wichtiges Neues.

In den vergangenen 20 Jahren hatte ich die Erfahrung gemacht, wie sehr sich meine geistigen Begleiter bemühten, um mir zum richtigen Zeitpunkt neue Erkenntnisse in mein Leben zu bringen.
Durch diese vielen großartigen Erlebnisse der letzten Monate wurde mein ganzes Weltbild und alles jemals Gelernte über den Haufen geworfen.

Das war eine riesige Aufgabe für meinen Verstand, und sie ist es noch.
Er hat ganz schön Mühe mit mir.

Ich gebe zu, manchmal braucht er ein paar Tage Ruhe.
Immer dann, wenn sich etwas Neues aufbaut und er plötzlich gar nichts mehr versteht. In solchen Zeiten ist es, als würde mein Kopf platzen und sich alles nur noch drehen.

Er hat gelernt, was Grün ist, und ich sage jetzt: „Das ist Rot."
Das ist eine große Herausforderung und benötigt Zeit. Und das ist ja auch völlig okay. In diesem Fall mache ich einfach eine Pause und lasse ihn machen. Der Rest kommt dann oft von alleine.

Genauso dürfte es euch vielleicht auch gehen, wenn ihr das alles lest. Nehmt euch Zeit.

In der letzten Woche hatte ich solch einen Moment.
Es war etwas Einschneidendes geschehen, und mein Verstand wollte das tun, was er in diesem Fall stets tat.

Er versuchte, wie ein Uhrwerk konsequent aufs Neue dieselben Muster zu leben.
Ich erinnerte ihn daran, dass das vorbei ist und dass er erst einmal abwarten und das Ganze aus größerer Entfernung betrachten sollte.
Was wurde da gespielt?
Um mir klarer darüber zu werden und wieder vollständig bei mir anzukommen, machte ich ein Sitting.
Ich bat meine geistigen Begleiter um Hilfe.

✧

Zweite Reise in die Welt der wahren Größe

✧

Kaum hatte ich es mir bequem gemacht und durchgeatmet, sah ich meinen Geistführer. Mein alter Freund, der Weltenwandler, war auch schon parat. Ich freute mich sehr.
Es ist für mich jedes Mal ergreifend und keineswegs selbstverständlich, diese meine engsten Begleiter zu treffen.
Mein Geistführer hob direkt seinen linken Arm, um mir zu zeigen, in welche Richtung es für mich weiter ging.
Ich entspannte mich und übergab dem Weltenwandler die Führung. Es zog mich sehr schnell weg.

✧

Mein Ziel war an diesem Tag erneut der Planet der wahren Größe. Man erwartete mich bereits.
Ich wurde genauso freundlich und friedlich empfangen wie beim ersten Mal, nur konnte ich diesmal eine deutliche Veränderung an mir feststellen.
Ich war inzwischen größer geworden!
Ich schien also schon einiges verstanden zu haben. Ich ging meinem sitzenden Gegenüber immerhin schon bis zur Kniehöhe. Das war gegenüber der Eintagsfliegen Perspektive schon eine immense Veränderung.

Was auch interessant war: Es fühlte sich viel besser an als beim ersten Mal.

Mein Begleiter erhob sich und verließ den Raum. Ich folgte ihm nach draußen. Wir gingen einen langen Weg entlang, und ich erhielt noch mehr Einblicke in diese Welt.
Ihre Wesen waren alle leicht und fein wie mein Begleiter.

Groll und Angst waren ihnen völlig fremd.
Es gab weder Mangel noch einen Gedanken daran.
Sie schritten trotz, oder vielleicht wegen ihrer wahren Größe leichtfüßig voran.

Ich konnte sehen, dass alle Wesen dieses Planeten in offenen, hellen Bauten lebten, die Hallen glichen.
Es gab keinerlei Mauern um sie herum. Keine Abgrenzungen.
Was ich beim ersten Mal wie einen Tempel wahrgenommen hatte, war eigentlich eine Wohnhalle.
Viele von Ihnen standen am Weg und beobachteten uns.
Sie waren genauso neugierig auf mich wie ich auf sie.
In unserem wahren Wesenskern sind wir gleich, nur, dass viele von uns sich dessen noch nicht bewusst sind.

Wir gingen zu einer Halle, in der ich von einem ebenfalls riesigen Wesen liebevoll begrüßt wurde. Dieses Wesen hatte eine völlig andere Farbe. Es schimmerte ganz und gar golden. Für mich fühlte sich seine Energie eher weiblich an, obwohl es eine grundlegende Trennung in weiblich und männlich bei ihnen nicht gab.
Das war etwas, das sie entscheiden konnten, wie sie wollten, je nachdem, welche Qualitäten sie in dem jeweiligen Moment zeigen wollten.

Sie hieß mich an, mich zu setzen, und setzte sich links neben mich.

Obwohl ich noch um Welten kleiner war, hatte ich das Gefühl, auf dieser Höhe Augenkontakt zu haben. Ich konnte tief in ihre gütigen Augen sehen. Darin sah ich unendliche Liebe und die besten Absichten, uns allen zu helfen.
Unsere Kommunikation lief erneut telepathisch ab.
In mir eröffnete eine feine, leichte, fast liebliche Stimme das Gespräch mit mir.

„In der wahren Größe haben das Herz und die Liebe mehr Platz!"
Sie konnte wohl spüren, dass etwas in mir weiter festhielt und sich nicht weiten konnte.

Nicht so sehr ihre Worte, vielmehr die Art, wie sie es sagte, gingen tief in mich hinein und verfehlten ihr Ziel nicht.
„Auch unsere Kraft hat mehr Platz.
Alles, was ihr seid und was ihr Gutes in euch tragt, hätte in eurer wahren Größe viel mehr Platz."

In diesem Moment breitete sich alles in mir aus. Als würde ich weiterwachsen. Ein Gefühl des sich Ausrollens war da in meiner Energie.
Anders kann ich es nicht beschreiben. Alles wurde größer und größer. In dieser Größe war auch mein Herz jetzt gigantisch groß und hatte viel mehr Platz. Außerdem wurde meine Kraft präsenter und klarer spürbar. Ich war nun noch ein Stückchen größer geworden und ging den Wesen immerhin bis zur Bauchnabelhöhe (auch wenn sie natürlich keinen Bauchnabel hatten).

Als sich die Energie veränderte, nahm ich wahr, dass für heute alles gesagt und getan war.
Wir verabschiedeten uns und verabredeten uns für den nächsten Tag.

✧

Ich hatte mich lange gefragt, wie ich all das, was ich erkannt und erfahren hatte, in gute, verständliche Häppchen packen konnte. Ich kam mir vor wie vor einem riesigen Berg verhedderter Wolle. Alles war mit einem Mal da. Das aber zu entwirren und einen klaren roten Faden hineinzubringen, mit dem man Neues spinnen konnte, war erst einmal eine große Herausforderung.
Mein nächstes Sitting half mir dabei.

✧

Dritte Reise in die Welt der wahren Größe oder Die Spiele der Menschen

✧

Wie am Tag zuvor begrüßten mich meine engsten Begleiter. Mein Freund, der Weltenwandler, nahm mich sofort wieder mit. Ich spürte wieder den starken Sog, dem ich mich nicht widersetzen konnte und schon lange nicht mehr widersetzen wollte, schließlich führte er mich durchaus an interessante Orte.

✧

Da waren wir nun ein drittes Mal in der Welt der Wesen der wahren Größe. Wir wurden herzlich begrüßt.
Ich erkannte sogleich meinen Begleiter. Dieses Mal nahm ich mich noch ein Stückchen größer wahr als am Tag zuvor.
Die letzten Tage hatte mich das Thema „Aktionen und Interaktionen der Menschen" interessiert.
Sagen wir: Aktion - Reaktion.

Was passiert da fortwährend zwischen den Menschen?
Mich interessierte speziell, warum man häufig in bestimmte Themen anderer förmlich hineingezogen wird.
Nach der Begrüßung liefen wir den bekannten Weg entlang zum goldenen Wesen.
Nur diesmal hatte ich einen für mich komischen Gedanken.

In dem Moment als ich dieses große, anmutige Wesen sah, dachte ich: Der ist aber arrogant.
Solch ein Gedanke war mir eigentlich völlig fremd.
In derselben Sekunde wunderte ich mich schon darüber, dass ich so etwas überhaupt dachte, und im nächsten Augenblick verstand ich bereits, was es war.

Etwas auf unserer Verstandesebene beurteilt andere oft als „arrogant", wenn diese in ihrer eigenen Kraft und Klarheit leben.
Ich spürte sofort, dass dies der Grund war, warum ich nicht weiter loslassen konnte, um meine volle Größe anzunehmen.
Als ich dies erkannte und mich von dieser Begrenzung loslösen konnte, wurde ich wieder ein Stück größer, konnte mich weiter annehmen und ganz natürlich ausbreiten.
Das tat gut, sehr gut sogar.

Als ich das verstanden hatte, sah ich dieses liebevolle Wesen wieder mit denselben Augen wie zuvor: Es war ein Wesen der bedingungslosen Liebe, Klarheit, Weisheit und des unendlichen Wissens.
Es hatte wieder mit uns Kontakt aufgenommen, um uns erneut zu helfen!
In uns ist genauso ein wunderbares Wesen.
Wir haben denselben Kern!

Ich wünschte, ihr könntet es sehen und fühlen und verstehen, vielleicht würde euch dies helfen, leichter zu erkennen, wer auch ihr alle seid.
Das Wesen konnte meine Schwingungen, Fragen und Gefühle zeitgleich wahrnehmen. Es war, als wüsste es bereits, was los war, bevor ich es wusste.

Es gab mir ein Zeichen, nach links zu schauen.
Sogleich tat sich ein Fenster auf, und der Film begann.
Es zeigte mir, wie wir Menschen miteinander spielten.

✧

Alles auf der Erde war ein großes Spiel!

Ich sah, dass ein großer Teil dieser Spiele mit Energien aus unseren Kristallen gestartet oder aufgebaut war.
Andauernd bauten diese Spiele auf Mangelgedanken („Ich habe nicht... bekommen", „Ich konnte nie..." usw.) oder auf Schuldzuweisungen auf („Mir geht es so, weil du...").
Damit beginnt das Spiel.

Die Spieler werden festgelegt. Meist werden aus wenigen kontinuierlich mehr, da der Kreis der Spieler automatisch durch unsere Projektionen erweitert wird.
Das heißt, wir werfen das Bild wie bei einem Diaprojektor auf eine andere Fläche. In diesem Fall nicht auf eine Wand, sondern auf die nächste Person oder Situation.
Das wiederum triggert nun auch unsere Emotionen, und schon ist der neue Spieler mit im Spiel, obwohl diese Person nichts mit unserem Spiel zu tun hatte.

Allerdings hat der neue Spieler meist auch ein Thema, das ihn oder sie in dieses Spiel gezogen hat.
So kann ein Spiel am Schluss auch eine Win-Win-Situation sein.

Zunächst jedoch erinnert es uns an die ursprüngliche Situation und hat mit der aktuellen rein gar nichts zu tun.
Das gibt uns die Möglichkeit, der Ursache auf den Grund zu gehen, sie zu erkennen und zu erlösen.
Wir selbst können also entscheiden, wo und wie lange wir mitspielen wollen.
Das Wichtigste dabei ist:

Wir können aussteigen!

Was interessant war:
Ich sah auch, dass wir neue, positive, bereichernde interaktive „Spiele" eröffnen können.

Ich spielte Zeit meines Lebens unablässig in einem bestimmten Spiel mit. Jedes Mal, wenn ich noch ein Stück mehr in meine Kraft kam, ließ ich mich in ein „Es-ist-nicht-richtig"-Spiel hineinziehen.
Das konnte ich in dem Fenster deutlich erkennen.

Ich hatte mich selbst klein gehalten, weil ich mich für etwas Altes verurteilte. Nämlich dafür, dass ich es damals nicht hatte kommen sehen, dass mein Heimatplanet so schnell seine Form ändern würde. Hinzu kam der Schock, den ich in dieser Situation erlitten hatte.
Damit war ich prädestiniert dafür, mich unaufhörlich weiter zu verurteilen und in der Schleife aus Schock und Selbstverurteilung hängenzubleiben.

Diese Verkettung führte oft zum inneren freien Fall, dem die unentwegt gleiche Antwort, ein Gefühl von Dazwischen Sein und Depression folgte.

Eins war gewiss, wenn ich auf dem Weg in meine Kraft kam, war der Widerstand im Außen vorprogrammiert.

Während meiner Kindheit vernahm ich die stets gleichen Sätze: „Du warst nicht aufmerksam genug“, „Du kümmerst dich nicht. Sei nicht so laut“, „Immer geht es nur um dich“ usw.

Dieser Kreislauf hatte zu einer erneuten Runde geführt.
Nun endlich konnte ich sehen, was geschehen war.

Ich bin den Wesen in der Welt der wahren Größe dankbar dafür, dass sie mir diese interessanten Bilder gezeigt haben. Das half mir, mich damit auszusöhnen und endlich aus dem uralten Spiel und damit auch aus dem uralten Schock und der Selbstverurteilung aussteigen.

Ich richtete mich auf und sah direkt in die gütigsten Augen, die ich je gesehen habe.
Ich war nun genauso groß wie mein Gegenüber. Es fühlte sich so frei und weit an – ein Gefühl, nach dem ich mich lange gesehnt hatte.
Wir blieben noch eine Weile beisammen, und das Wesen erklärte mir noch ein paar andere Dinge.
Dann war es an der Zeit, sich zu verabschieden. Ich bedankte mich, und es war klar: Auch, wenn wir uns vielleicht nicht so schnell wiedersehen würden, würden wir verbunden sein.

✧

Ich habe diese unglaublichen Erfahrungen hier aufgeschrieben, damit ihr daran teilhaben könnt.

Ich hoffe, euch damit eine Essenz mitzugeben, die ihr für euer Leben nutzen könnt. Ich bin absolut überzeugt, dass auch ihr dazu in der Lage seid, diese Essenzen und Informationen aufzunehmen und umzusetzen.

Diese Erlebnisse sind so voll mit neuen Erkenntnissen, dass selbst ich bis heute staune und Neues entdecke, je öfter ich meine Aufzeichnungen lese und bearbeite.

Wenn ich nicht den tiefen Glauben hätte, dass es jedem Einzelnen von euch möglich ist, sich neu zu finden, würde ich dieses Buch nicht schreiben. Wahrscheinlich verleiht mir dieser unumstößliche Glaube an euch alle die Kraft dazu.

✧

Selbst erschaffenes Schicksal

✧

Gestern saß ich lange und habe überlegt, wie ich euch die Karma Theorie verständlicher machen könnte.

Ich bat die geistige Welt, mir zu helfen. Bei meinem Sitting heute Morgen ging es zunächst um meine eigene Stabilität in einigen Übungen. Ich spüre stets, wie gut es mir tut, wenn ich mit meinem Training in den Tag starte.
Da ich nicht allein lebe oder abgeschottet wie ein Mönch, bin ich – wie die meisten von uns – mit einem Alltag samt Kind und Kegel konfrontiert.
Mein Training hilft mir die meiste Zeit, mich zu zentrieren, anschließend merke ich auch deutlich, dass ich wieder besser angebunden bin und klarer sehe.

✧

Zu Beginn des Sittings hatte ich ein einziges Gedankenwirrwarr in meinem Kopf. Zum Glück beruhigte es sich nach der ersten Übung schnell.
Danach saß ich einfach nur da mit der geistigen Welt.
Lange geschah nichts, aber auch das ist völlig okay, weil ich in dieser Meditation trotzdem in Verbindung mit der geistigen Welt bin. Ich war in letzter Zeit etwas verwöhnt worden,

da ich regelmäßig Botschaften von der geistigen Welt erhalten hatte.

Ich erinnerte mich an das erste Jahr, in dem ich täglich eine Stunde mit der geistigen Welt saß und nie etwas passierte. Dadurch war ich ganz entspannt. Ich wusste ja, die geistige Welt ist pausenlos da.

Irgendwann spürte ich, wie ich gedankenfrei wurde und langsam wegdämmerte. Ich war extrem weit weg.
Und doch sah ich plötzlich Licht.
Dieses Licht war ganz weich und gleißend.

Ich fühlte mich sehr leicht, besonders mein Kopf war federleicht, und meine Gedanken waren sanft.
Es war, als wäre mein Kopf völlig leer.
Als sich meine Augen an das Licht gewöhnt hatten, sah ich mich um und erkannte kleine Bergspitzen, die durch Wolken hindurchlugten.

Sie waren ganz weit weg. Ich konnte sie von der Seite, von welcher das Licht kam, sehen.
Je mehr ich dort ankam, umso heller wurde es. Und um mich herum empfand ich eine sehr feine, sanfte Energie.
Ich empfing eine Gedankenenergie, die frei von Negativität war.

Ich schwebte buchstäblich in dieser Sphäre.
Mir war warm und wohlig zumute.
Ich hatte das Gefühl, weit, weit weg zu sein. Träumte ich?
Ich bekam den Impuls, mich nach rechts zu drehen.
Da sah ich ein weißes Gebilde.

Überhaupt war alles hier sehr hell und weiß.

Als ich mich auf diese Sphäre eingestimmt hatte, konnte ich einen großen, schwebenden Bau ausmachen, den ich als eine Art Raumschiff wahrnahm. Ich betrachtete es eingehend.
Auf mich wirkte es futuristisch. Irgendwie war alles daran rund. Es gab keine scharfen Kanten oder Ecken, wobei der vordere Teil nahezu aus so etwas wie Glas oder einer ähnlichen durchscheinenden Materie geformt war.
Der Glas Vergleich kann es nicht wirklich realistisch beschreiben, dieser Rohstoff wäre zweifellos zu fest und starr für diese Art von Materie gewesen.

Immer noch staunend, fand ich mich zeitgleich in dem Innern des Gebildes wieder.
Alles war sehr fein, fast durchscheinend, hier gab es kaum Materie von der Dichte, wie wir sie kennen.
Der Vergleich mit einer Seifenblase wäre treffender: durchscheinend, leicht und beweglich - wobei auch die Seifenblase noch zu stabil ist.
Während ich mich umschaute, merkte ich, dass ich im vorderen Teil des Gebildes und somit vor der riesigen „Glas"-Front stand. Ich konnte hinaussehen und alles noch einmal in einem anderen Licht betrachten.

Neben mir nahm ich eine männliche Gestalt wahr, die ähnlich groß war wie ich, nur viel feiner und schmaler. Er trug einen weißen Anzug.
Auch in diesem Raum war alles weiß.
Ich fühlte die hohe geistige Energie, die hier herrschte.

Es war nicht wie sonst eine hohe Schwingung, die ich in meinem ganzen System spüren konnte, vielmehr war es eine Gedankenlosigkeit, die befreite.

All das war für mich nicht fremd, im Gegenteil, es war klar und völlig selbstverständlich.

Er begann direkt mit mir zu kommunizieren.
Ich konnte seine weiche, tiefe Stimme in meinem Inneren widerhallen hören. Die Information ging in mich hinein und blieb in meinen Zellen.

Zugleich sah ich, wie direkt vor mir die Wolkendecke aufriss, sodass ich auf die Erde schauen konnte.
Tief unten nahm ich vage die Erde wahr.
Sie war sehr dunkel, dadurch konnte ich kaum weiter schauen. Ich sah nur eine einzige schwarze Suppe unter mir. Sie war fest, beinahe undurchdringlich.

Gleichzeitig spürte ich deutlich, dass dies nicht die Wahrheit war.
Ich sah auf und nach oben ins Licht – in diese leichte, offene Welt um mich herum.

Er sagte zu mir:
„Du hast es verstanden? Dies ist nicht die Wahrheit!
Aber die Menschen glauben es.
Viele Menschen befinden sich immer noch in einem geistigen Mittelalter. In der Dunkelheit.
Solange die Menschen noch an Karma glauben und an die Dunkelheit, werden sie sich weiterhin im Mittelalter befinden.

Die Dunkelheit, die du siehst, ist das, was ihr euch einst selbst erschaffen habt, und ihr haltet euch selbst weiterhin fest darin."

Ich verstand sofort, was er mir damit sagen wollte.
Das war auch mein Gefühl, als ich die Dunkelheit der Erde sah. Diese Dunkelheit waren unsere Gedanken und Gefühle, unser Glaube daran, nicht gut genug zu sein, im Mangel zu sein oder leiden zu müssen.

Es war der Sumpf der Beurteilung von Gut und Böse.
Der Glaube daran, dass stets ein anderer an unserem Leid schuld ist und auch dafür bestraft werden muss.
Der Glaube, wir wären ewige Opfer.
All die Energien die wir selber geschaffen hatten.

Wir ganz allein schaffen uns die Dunkelheit ununterbrochen neu sowie den tiefen Sumpf, in dem wir bis heute feststecken. Und letzten Endes haben wir damit auch die große Schwere geschaffen, die uns umgibt.
Außerdem entschuldigen wir unser Nichtstun mit:
„Es ist eben so", „Ich kann nicht", „Ich darf nicht", „Es ist unmöglich", „Das ist mein Schicksal", „Ich bin zu schwach".

Jetzt verstand ich auch, warum ich schon im ersten Moment das Gefühl hatte, dass das, was ich sah, nicht die Wahrheit war. Natürlich war das der momentane Zustand der Energie, die uns umgab.
Aber es war nur Energie, gebildet durch unsere Gedanken!

Es war keine Macht, die uns schaden wollte!

Es waren wir, wir allein, die dieser selbst produzierten Gedankenenergie diese Macht gaben!

Kein anderer!

✧

Es ist, als würden wir wie freudige, neugierige Kinder im Schlamm spielen. Absolut alles ist in diesem Augenblickstimmig. Uns macht der Schlamm nichts aus. Es ist einfach interessant, und wir haben eine Menge Spaß dabei.
Anschließend werden wir in eine Badewanne gepackt. Der ganze Schlamm fließt in die Wanne, und wir sitzen im Dreckwasser.

Erst als jemand kommt und sagt: „Der Schlamm ist ganz schlimm, und das ist die Wahrheit", beginnen wir es zu glauben.
Je vehementer uns diese Information mitgeteilt wird, umso mehr glauben wir, wir selbst seien der Schlamm und würden es immer sein.

„Der Schlamm ist dafür zuständig, dass ich jetzt Ärger bekommen habe. Ich bin nicht richtig, weil ich der Schlamm bin."

Die Wahrheit ist aber: Wir sind Kinder voller Liebe und Freude! Wir haben Freude daran, viele Spiele zu spielen, um uns auszuprobieren. Und wenn wir unseren Schlamm mal abgewaschen haben, sehen wir wieder, wer wir sind:
Kinder voller Liebe und Tatendrang.

Wundervolle Geschöpfe, die in ihrem Herzen nie die Absicht hatten, andere zu verletzen!
Wir sind tief innen genau so richtig, wie wir sind. Vielleicht wird das, was wir tun, nur nicht von unserem Gegenüber gemocht.

Wir allein haben uns entschieden, diesen Worten zu glauben! Zu glauben, wir wären nicht richtig.

Wir allein haben uns entschieden, diese Worte als gegeben hinzunehmen.

Und damit haben wir allein uns entschieden, weiter im Schlamm stecken zu bleiben!

Wenn wir die Macht besaßen, allein durch unseren Glauben diese riesige Energie zu erzeugen, die solch eine Macht über die Menschen hat, dann hatten wir auch die Macht, das zu ändern.

Jeder von uns ist in der Lage, sein Leben zu ändern, allein indem wir zu verstehen beginnen, dass nichts und niemand Macht über uns und unser Leben hat.

Es sei denn, wir verleihen der Situation die Macht.

Die Energie der Schwere ist nicht die Wahrheit!

Die Wahrheit ist: Ihr könnt jederzeit aussteigen aus alten Mustern und Konstrukten, aus alten Energien und altem Glauben.
Die Wahrheit ist: Nur ihr könnt das entscheiden.

✧

Mit dem, was die Gestalt, die ich inzwischen als eine Art Kapitän wahrnahm, sagte, änderte sich schlagartig meine Sicht auf diese neue, leichte Welt, in der ich mich gerade befand.

Ich konnte jetzt ins Innere dieses ungewöhnlichen Komplexes schauen, und es offenbarte sich mir eine neue Geschichte.

Ich sah in ein außerordentliches Bauwerk, das über unendlich viele Etagen zu gehen schien. Der Boden war durchsichtig, ich konnte durch ihn in die Etagen unter mir sehen.
Alles in seinem Inneren war offen und transparent.
Da waren überall Pflanzen und Bäume. Außerdem konnte ich eine gigantische Halle sehen, von der aus unendlich viele Gänge und Ebenen abgingen. Auch einen riesigen gläsernen Fahrstuhl, der wie von selbst zu schweben schien, sah ich direkt vor mir.

Um mich herum war so viel Lebendigkeit. Es war genauso leicht und zart wie alles andere in dieser Welt.
Die Bewohner trugen allesamt weiße Anzüge.
Ich beobachtete sie, wie sie umherwandelten und sich unterhielten. Alles war friedlich und respektvoll, und es gab hier keinen Drang, etwas tun zu müssen. Sie taten einfach das, was in der Gegenwart dran war.

Der „Kapitän" ließ mich teilhaben an einer Welt, die möglich war, wenn man den Glauben an Karma und Dunkelheit loslässt.
Die Wesen in dieser Welt hatten die Einzigartigkeit eines jeden vollständig akzeptiert. Sie hatten begonnen, sollten sie

Schmerz oder Leid fühlten, es zu beobachten, um sich dann zu fragen, warum sie es gewählt hatten.
Sie nahmen ihre Verantwortung für ihre Situation vollständig an.

Außerdem spielte Vergebung bei ihnen eine wichtige Rolle. Denn sie hatten sich selbst und damit auch anderen Leid und Schmerz zugefügt. Sie allein hatten sich damit in der Dunkelheit gefangen gehalten.

Also vergaben sie sich dafür in allererster Linie selbst.
Der nächste Schritt, der daraus folgte, war, zu verstehen und zu akzeptieren, dass sie in manchen Dingen einfach nicht kompatibel miteinander waren.
Und das war auch gut so. Mit der Zeit verstanden die Wesen dieser Sphäre Einzigartigkeit als Geschenk und schufen so Raum für neue Kreationen, für Freude und Licht.

Sie verstanden, dass sie nicht unglücklich zu sein brauchten, um Glück wertschätzen zu können. So etwas war ihnen in der Zwischenzeit völlig fremd geworden.

Der Kapitän erklärte mir weiter: „Die Farbe Weiß symbolisiert in unserer Welt unsere Freiheit von negativen Gedanken, Bewertungen und Urteilen.
Wir sind hier nicht frei von Situationen, in denen verschiedene Meinungen oder Ansichten aufeinandertreffen.
Wir haben nicht nur gelernt, das zu akzeptieren, sondern dies auch zu begrüßen.
Wir sehen es als Geschenk für eine Weiterentwicklung, welche hier jedem zugutekommt."

Ich fragte ihn, ob sie verstanden hatten, dass sie BewusstSein sind, und ob das eine Rolle spielte.

„Ich verstehe, was du meinst", antwortete er.
„Nein, das haben wir noch nicht bis in die letzte Konsequenz verstanden. In unserer Welt ging es bis jetzt nur um die Weiterentwicklung unserer Gedankenmuster und damit unserer Ziele."

Als Dank ließ ich ihn an meinem Wissen teilhaben.
Ich erzählte ihm von meinen Erlebnissen und Erkenntnissen.
Er bedankte sich.

Die Erkenntnisse dieser Reise würden uns beide weiterbringen. Bei diesem Gedanken mussten wir beide lachen.
Es war wohl das beste Beispiel dafür, wie sich Andersartigkeit wechselseitig bedingen und helfen kann, sich weiterzuentwickeln.
Danke.

Ich öffnete meine Augen und war zurück.

Felder der Angst

Seit gestern Nachmittag spüre ich, wie es um mich herum anhaltend kälter wird. Eiskalt!

Am Anfang dachte ich, es läge daran, dass ich schreibe.
Wenn mich die jenseitige Welt besucht, wird es jedes Mal deutlich kälter im Raum, da ihre Schwingung sehr hoch ist. Je mehr jenseitigen Besuch ich bekomme, umso eisiger wird es.
Der Frost zog in meinen Körper, über die Schultern und die Hände. Alles war eisig, als krieche die Kälte förmlich in mich hinein. Da halfen auch keine Decken oder Jacken. Mein Gesicht wurde immer frostiger, und um mich herum war ein leichter eisiger Luftzug. Draußen waren es heute warme 15 °C, und innen hatten wir locker 23 °C.

Also, was war hier los?
So langsam beschlich mich das Gefühl, dass es damit um mehr ging. Ich schrieb nun bereits seit einigen Monaten, und so etwas hatte die geistige Welt noch nie mit mir gemacht.

Ich setzte mich und konnte wahrnehmen, dass es viele Wesen waren, die dort standen.

Zunächst konnte ich jedoch noch niemanden wirklich erkennen. Mir wurde klar, dass hier jemand vehement Kontakt mit mir aufnehmen wollte und alles daransetzte, meine Aufmerksamkeit zu bekommen.
Allerdings war es bereits 23 Uhr – zu spät, um noch aufmerksam genug zu sein.

Ich machte ihnen klar, dass ich verstanden hatte, und bat sie, etwas Abstand zu halten, damit ich mich erst mal wieder aufwärmen konnte. Ich sicherte ihnen zu, am nächsten Morgen bereit zu sein für ihr Anliegen.
Als ich am nächsten Tag erwachte, war ich auch schon wieder von dieser eisigen Kälte umgeben.
Ich brauchte ein bisschen Zeit, um mich zu sammeln und den Morgen zu beginnen.
Sie waren da nicht so verständnisvoll. Je länger es dauerte, bis ich mich setzte, umso größer wurde die Kälte um mich herum und in mir, bis sie kaum noch auszuhalten war. Ich machte mich wie immer bereit.

✧

Im ersten Moment war da nichts.
Dann hörte ich eine Stimme sagen: „Wir haben lange versucht, mit dir Kontakt aufzunehmen. Es ist wichtig, dass du jetzt zuhörst."
Daraufhin erklärte ich ihnen: „Wenn jemand Neues mit mir Kontakt aufnimmt, benötige ich erst einmal etwas Zeit, um zu verstehen, was da gerade geschieht.

Diese Art der Kontaktaufnahme ist mir fremd. Ich brauche Zeit, um mich auf eine völlig neue Schwingungsfrequenz einzustellen. Aber nun bin ich da und höre euch zu."

Dann kam wieder lange nichts. Stille. Weder sagte jemand etwas, noch empfing ich Bilder.
„Na gut", sagte ich, „dann sitze ich einfach hier und öffne mich, vielleicht wollt ihr ja auch nur Informationen aus meinem Feld."
Nun saß ich mit der geistigen Welt und konnte spüren, wie sie in meinem Energiefeld lasen.

Wenn das geschieht, fühlt sich mein Kopf an, als würde er langsam größer und größer werden, sich ausdehnen wie eine riesige durchlässige Blase. Ich ließ es geschehen.
Auf diesem Weg konnten sie am besten herausfinden, wie sie mit mir kommunizieren konnten. Ich saß einfach nur da.
Mit einem Mal hatte ich wieder die Ahnung, dass sie etwas sagen wollten, aber nicht wussten, wie.
Da machte ich ihnen einen Vorschlag: „Schickt mir ein Gefühl um das es geht."
Darauf bekam ich sehr schnell eine klare Antwort.

Mein Hals begann sich zuzuschnüren, es entstand Druck vom Brustkorb bis ins Sonnengeflecht. Ich wurde in mir durchgängig kälter.
Sofort erkannte ich, was es war: Es war das körperliche Gefühl bei Angst. Es ging also um Angst.
„Okay", bestätigte ich, „ich habe verstanden. Es geht um Angst."
Als Antwort bekam ich ein inneres Wissen der Bestätigung.

Ich verstand außerdem, dass wir hier gerade versuchten zu üben, wie wir am besten miteinander kommunizieren konnten.
Ich entschloss mich, die Führung zu übernehmen und fragte weiter: „Soll ich als Nächstes über Angst schreiben?"
SIE antworteten erneut mit dem inneren Wissen: „Ja!"
Danach entstand wieder eine Pause und nichts passierte. Doch dann plötzlich vernahm ich die Antwort aus der Stille heraus:

„Angst lähmt. Sie kann ganze Gesellschaften lähmen."

Jetzt kam unsere Kommunikation ins Rollen.
Ich fühlte, dass wir begannen, eine stärkere Verbindung aufzubauen. Als würden sich unsere Energiekanäle aufeinander zubewegen, um am Ende die richtige Frequenzeinstellung zu erreichen.

Ich sah nun Bilder der Vergangenheit, in denen die Angst ganze Völker bewegungsunfähig gemacht hatte.
Diese Angst von damals existierte noch heute.
Sie bestimmte dauerhaft das Leben der Menschen.
Plötzlich hatte ich einen Impuls.

Ich fragte SIE: „Braucht ihr Hilfe? Soll ich euch helfen?"
Diese Antwort war sehr klar, da sie sich in genau diesem Moment offenbarten. Sie zeigten sich mir.
Ich sah eine Masse von menschenähnlichen Gestalten, die alle dieselben grauen Gewänder trugen. Sie standen mit dem gleichen Gesichtsausdruck in einer großen Menge.

Das Bild war noch nicht ganz scharf, und so langsam begriff ich auch, warum. Mit einem Mal erkannte ich, warum die Kommunikation so schleppend verlief.

Sie alle befanden sich in einem lähmenden Feld der Angst.
Im ersten Moment wirkte alles friedlich und harmonisch.
Dann aber stellte ich fest, dass ihre Harmonie nur Teil der Angst war.
Sie hatten sich ein Konstrukt von einer Art überschwänglicher Harmonie aufgebaut, weil sie Angst vor dem hatten, was passieren würde, wenn sie dieses Konstrukt nicht mehr hätten.
Es war, als würden sie sich völlig unterdrücken, um mit aller Macht eine scheinbare Harmonie zu leben.

Damit sie der Angst aus dem Weg gehen oder sie ignorieren konnten. Sie hatten Angst, dass etwas Schlimmes geschehen könnte, und die Harmonie und die Unterdrückung der Angst waren das einzige Bollwerk, um sich davor zu schützen und zusammenzuhalten.
Dieser Mechanismus machte sie jedoch leer und gelähmt, sie konnten keine Gefühle mehr zulassen und waren nur noch eine graue Masse.
Sie hatten verlernt, lebendig zu sein und Freude zu empfinden.

Zu groß war die Angst vor der Angst, deshalb hatte sich ein Dom über ihnen aufgebaut, der einzig durch Angst geprägt war. Diesen wiederum speisten sie selbst mit der Angst vor der Angst. Das Angstfeld war komplett.
Lange schon hatten sie keinen Himmel mehr gesehen. Alles war nur noch Grau in Grau. Sie hielten sich selbst gefangen.

Je länger ich bei ihnen weilte, umso stärker wurde ich in das Angstfeld hineingezogen.
Es wurde kälter, und der Druck auf meinen Körper wurde immer größer. Mein Bauchgefühl war komplett ausgeschaltet und lahmgelegt. Ich war kaum noch fähig zu denken.
Ich versuchte mich zurückzuholen, indem ich zunächst durchatmete.

Ich hatte zwar mitbekommen, was hier los war, aber ich war nicht bereit, ein Teil von ihnen und ihrem selbst erschaffenen Angstfeld zu werden.
Das war meine Entscheidung. Also holte ich tief Luft und machte mir klar, wer ich war und wo ich war.
Anschließend erinnerte ich mich daran, dass ich hier war, weil sie mich um Hilfe gebeten hatten.

✧

Ich trat einen Schritt zurück, um mich zu zentrieren.
Mir ging dabei alles durch den Kopf, was ich durch meine Arbeit in den letzten Jahren über Angst gelernt hatte.
Seit meinem Kontakt mit dem Großen BewusstSein war mir klar, dass Angst in Wirklichkeit gar nicht existierte.
Angst war nicht Teil der Energie des Großen BewusstSeins.
Auch auf meinen vielen Reisen hatte ich gesehen, dass es in anderen Welten etwas wie Angst nicht gab.
Wenn also Angst nicht die Wahrheit war, was war sie dann?
Für uns Menschen ist Angst ein Gedankenkonstrukt, das häufig nach einem Schock oder nach unangenehmen Erlebnissen entsteht.
Der Verstand ist dermaßen überfordert sowie hilflos mit einer Situation, dass er daraufhin Angst produziert.

Durch die Hilflosigkeit in bestimmten Situationen nicht handeln zu können, nicht fliehen, sich nicht wehren oder schreien zu können, kreiert der Verstand im folgenden Schritt Angst.
Diese Angst ist seine Sicherheit, um uns von ähnlichen Situationen fernzuhalten und uns zu beschützen, damit so etwas nie wieder geschieht.
Mit der Angst hält euch der Verstand in den alten Strukturen fest und versucht so, das Entstehen von Neuem zu verhindern.
Da er das Neue nicht kennt, ist es unüberschaubar für ihn und deshalb prinzipiell eine potenzielle Gefahr.
Das lässt ihn einfach durchdrehen.
Es ist, als würde er in einen dichten Nebel gehen und wüsste nicht, was dahinter ist. Das ist schier unmöglich für ihn.
Er möchte euch führen und beschützen, und das kann er nur, wenn er euch von möglicherweise „gefährlichen" Situationen fernhält.
Viele von uns haben unschöne Dinge erlebt und deshalb Angst, wenn sie mit ähnlichen Begebenheiten oder Impulsen konfrontiert werden.
Dann schnürt es uns die Kehle zu, oder wir erstarren zur Salzsäule.

Doch wenn wir uns erinnern, dass wir jetzt groß sind und handeln können, und wenn wir uns klarmachen, was Angst tatsächlich ist, sind wir in der Lage, uns aus der Erstarrung zu lösen und uns langsam, Schritt für Schritt, von der Situation zu entfernen oder uns zu wehren.
Dies muss nicht direkt im Außen geschehen.

Ihr könnt euch auch alte Situationen vornehmen, in denen ihr dies alles nicht konntet. Damit könnt ihr auch im Nachhinein, selbst nach 40 Jahren noch, handeln und euch befreien.
Was immer unser System sagt, wir können uns aus der lähmenden Angst lösen.
Wir selbst sind in der Lage dazu, weil dieses Wissen bereits seit Urzeiten tief in unserem Stammhirn angelegt ist.
Es war in erster Linie unser Stammhirn mit seinen Instinkten, dass Gefahrensituationen erkannt, vermieden oder uns dazu bewegt hat, in bestimmter Weise zu handeln - nicht unser Verstand.

Also müssen wir die Führung wieder übernehmen und unserem Verstand helfen, indem wir es ihm zeigen.
Wir haben schließlich alles in uns!
Wenn wir diesen Schritt tun, beginnt auch er es wieder zu verstehen.
Angst ist eine Illusion.
Sie ist wie ein Hologramm: völlig leer.
Liebe dagegen ist gefüllt und erfüllt.
Im Großen BewusstSein existiert keine Angst, da sind nur Liebe und Kraft.
Und deshalb finden wir auch in vielen anderen Dimensionen keine Angst.
Was wir allein durch Gedanken in uns auslösen, ist die einzige Macht, die die Angst besitzt.
Das Verrückte ist, dass wir selbst es sind, die ihr diese Macht geben.
Wir bauen Felder der Angst auf, nur weil wir das Gefühl und den Glauben weitervermitteln, dass aus Angst mehr Angst wird.
Oder dass man Angst vor der Angst haben muss.

Wenn ein Mensch hört, es wird etwas ganz Schlimmes geschehen, reicht dies meist schon, um ihn klein zu machen und völlig außer Gefecht zu setzen.
„Etwas ganz Schlimmes" bedeutet: Ich kann es nicht händeln, es wird sicherlich sehr groß sein, es wird schrecklich werden und plötzlich da sein, ohne dass ich es verhindern kann – alles Gedanken, mit denen der Verstand nicht umgehen kann und für die er im ersten Moment keine Lösung findet.
So wird noch mehr Angst geboren und der Mensch noch ohnmächtiger.

Viele Ängste sind Todesängste, weil der Verstand den Tod nicht fassen kann.
Außerdem haben wir verrückte Dinge über den Tod gelernt, was den Verstand nicht glücklicher macht.
Wir haben gelernt: Wenn wir sterben, ist alles vorbei. Schwarz. Und gut ist es.
Und wenn wir nicht lieb waren, kommen wir in die Hölle.
Da kann man ja nur Angst bekommen.
All das sind aber nur Gedanken!

Wenn der Monkey in unserem Kopf zu verstehen beginnt, dass dieses Leben hier nur ein Bruchteil unserer Geschichte ist und der Tod uns einen neuen, wunderbaren Weg eröffnet, der weiter und schöner ist als all das, was bis jetzt in unserer beschränkten Vorstellungskraft lag, brauchen wir keine Angst mehr zu haben.
Wenn wir erkennen, dass wir mit dem Tod ein Geschenk bekommen, um uns zu verändern und weiterzugehen.
Warum benötigen wir dann noch die Angst davor?
Wofür?

Wenn wir jetzt bereits beginnen, das zu überblicken, können wir viele Ängste loslassen, um ein lebendigeres Leben zu führen.

Wir sind nicht unsere Angst!

Als nächstes ist da noch die Angst vor dem Unbekannten - das meine ich im energetischen Sinne.
Es ist ein weitverbreiteter Glaube, dass eine dunkle Kraft existiert, die Böses im Schilde führt.
Menschen glauben, dass sie von dunklen Mächten heimgesucht werden.

Solch eine Macht habe ich nie getroffen.

Ich habe verzweifelte, wütende Seelen getroffen, die im Dazwischen hingen, weil sie ihren Weg nicht fanden oder nicht bereit waren, ihn zu gehen. Diese Seelen können Menschen verunsichern. Doch das waren Situationen, die lösbar waren, und sie waren auch nie aus dunklen Kräften entstanden.

Ich habe erlebt, dass Menschen in ihrer Vergangenheit Verträge mit zwielichtigen Gestalten geschlossen hatten, die nur darauf aus waren, Macht zu generieren und Energie abzuziehen. Trotzdem waren das keine dunklen Mächte.
Zudem waren diese Gestalten einst Liebe gewesen.
Zugleich hatten sie im Grunde einen Schock erlebt und befanden sich im Mangel. Deshalb wussten sie nicht mehr, wer sie wirklich waren.

Sie waren auf andere Art und Weise in ihrem Seelenkleid gefangen. Also waren sie im Grunde genommen nicht anders als wir.

Wie war das?
Wir spielen alle Spiele hier auf der Erde!
Aber das war noch nicht alles.
Zu allem anderen gibt es zusätzlich Ansammlungen von negativer Gedankenenergie, die sich so geballt hat, dass sie irgendwann ein Eigenleben entwickelte.
Und auch hier sind wir es, die dieser Energie Macht gegeben haben, weil wir nicht wussten, was es war.
Es gibt durchaus Bewegungen oder Menschen, die Energie von anderen nutzen, um Macht aufzubauen.
Doch egal, wie groß diese Macht ist, dahinter steht keine dunkle Kraft, kein Teufel.

◊

Wenn ihr beginnt, davor Angst zu haben, werdet ihr nicht mehr euer eigener Herr sein, und damit seid ihr nicht mehr in eurer Kraft.
Seid einfach nur aufmerksam, dass reicht schon aus.
Und hört nicht auf jede Stimme, die irgendwo in euerm Kopf zu euch spricht.
Hinterfragt den Sender.
Hierfür gibt es für mich nur ein unumstößliches Zeichen: die Liebe!
Selbst das Licht können manche Wesen, die clever sind, gut imitieren.
Bittet euern Sender um das Zeichen.

Sollte er reine Absichten haben und an die Liebe angeschlossen sein, wird er euch in wenigen Sekunden so viel Liebe in eure Herzen fließen lassen, dass ihr es deutlich spüren könnt. Dieses Zeichen ist nicht zu faken, es ist unumstößlich.
Solltet ihr dieses Zeichen nicht als Antwort erhalten, dann macht dem Wesen klar, dass es gehen kann und dass ihr nicht weiter im Kontakt mit ihm steht. Fertig.

Es darf weiter sein, aber ihr öffnet euch nur für das Zeichen der Liebe. Um alles andere kümmern sich Profis.
Ich bin schon lange Schamanin, und ich sage es immer wieder: Wir haben uns die Suppe selbst eingebrockt.

Keine dunkle Macht. Wir sind in vielen anderen Leben vielleicht Verträge der Abhängigkeit und Unfreiheit eingegangen. Wenn wir das damals selbst entscheiden konnten, haben wir es auch heute in der Hand, selbst wieder herauszutreten. Verträge und Versprechungen sind nur weitere Kristalle an unserem Seelenkleid, lassen uns aber meist viel Energie abgeben.

Möchtest du dich dein ganzes Leben lang davon beherrschen lassen?
Es ist nur eine Entscheidung weit weg.

✧

Nach diesen Erinnerungen führte es mich wieder zu den Gestalten, die hier vor mir standen.
Es hatte sich nichts verändert.
Sie standen nach wie vor da, wie zu Anfang. In der Angst.

Ich hatte verstanden, dass ihnen meine Gedanken in ihrer Angst nur wenig halfen. Sie waren wie abgekapselt.

Wie konnte ich ihnen am besten helfen?
Ich musste mich wieder klar aus ihrem Feld herausnehmen, um besser denken zu können.
Dazu atmete ich in mein Herz.
Ich dachte an die Liebe, und ich konnte sie spüren.
Ich dachte daran, wer ich wirklich war und dass auf dieser Ebene keinerlei Angst existierte.
Also ging ich in mein BewusstSein. Ich ließ mich hineingleiten und nahm meine eigentliche Größe an.
Da war die Antwort, nach der ich gesucht hatte.
Es war die Liebe.

Ich ging zum Großen BewusstSein und stellte damit eine Verbindung zwischen uns her. Da floss es nur so aus mir heraus, direkt in die Herzen der Umstehenden.
Ich bat sie zusätzlich, an etwas Wunderschönes von früher zu denken, dass sie einst geliebt hatten. Das weichte ihre Herzen von ganz alleine auf.

Und anstatt Angst zu haben, wurden die schönen Erinnerungen an Gefühle der Liebe und des Glücks so präsent, dass die Angst zu bröckeln begann.
Ich spornte sie an, die Übung auszuweiten und die Liebe aus ihnen herausfließen und immer weiter und größer werden zu lassen.
Peu à peu wuchs ein neues Feld und erfüllte jetzt alles um sie herum. Es war stärker, lebendiger und freudiger als das Angstfeld zuvor.

Sie fingen an, sich zu bewegen, und mit der Bewegung kam noch mehr Freude. Sie lösten sich aus der Lähmung, und als alle so weit waren, wandelte sich das gesamte Feld.
Der Dom öffnete sich. Da er nicht mehr genährt wurde, konnte er nicht standhalten.
Außerdem schien diese alte Energie für sie keinerlei Bedeutung mehr zu haben.
Wir alle sahen den Himmel. Endlich!
Wunderschöner blauer Himmel über uns!

Damit veränderten sich auch alle Farben rundherum.
Der Boden wurde grün, wunderschönes, saftiges grünes Gras.
Die Wesen trugen jetzt bunte Kleider, keine einheitlichen grauen Gewänder mehr.

Sie fielen lachend ins Gras oder saßen auf der frischen Erde und unterhielten sich in Gruppen wie bei einem Picknick.
Alles war lebendig. Kinder tollten herum und spielten.
Nun wurde auch die Landschaft um mich herum klarer.
Ich sah grüne Hügel und Berge. Alles lag da in einem warmen Sonnenschein.

Eine Frau trat vor. Sie hatte lange silberne Haare, die an den Seiten geflochten waren. Ihr Kleid war reich bestickt.
Sie war diejenige, die zu Beginn den Kontakt zu mir gesucht hatte. Jetzt erkannte ich sie wieder. Sie bedankte sich bei mir für meine Bereitschaft und meine Geduld.
Wir verabschiedeten uns. Und ich ging wieder nach Hause.

Kontrolle

Sitting am 21.11.2019

Seit ein paar Tagen merke ich, dass ich mich sehr zurückziehe.

Etwas ändert sich in mir, und ich weiß innerlich, dass es gut ist. Dass ich nichts tun muss, außer mich dieser Veränderung hinzugeben.

Es ist wie ein Winterschlaf, in den sich mein gesamtes System begeben will. Es fällt mir schwer, überhaupt aufzustehen, geschweige denn, in die Stadt zu fahren.

Alles ist stark verlangsamt, wie in Zeitlupe, aber dabei sehr schwer. Ich kann fühlen, wie diese Phase nur eins möchte: Ruhe und Hingabe. Absolutes Nichtstun.

Doch das ist für meinen Verstand, meine Ungeduld und meine innere Power sehr schwer.

Mein Verstand schreit danach, etwas tun zu wollen.

Er versucht es mit allen Mitteln, die ihm einfallen, mit Zweifeln, Unruhe, dem Drang, etwas dagegen zu unternehmen.

Hartnäckig versucht er es mit dem Argument: Was du hier machst, kann nur in die Dunkelheit und Depression führen.

Er erklärt mir: Es wird nie enden, wenn ich nicht endlich handle oder eine Entscheidung treffe.

Als er nach Tagen des Nichtstuns diesen Zustand nicht mehr aushalten kann, versucht er es schließlich mit der letzten Instanz, der Angst.

Ich beobachte sein Tun von außen, es hat keine Bedeutung mehr für mich. All seine verzweifelten Anstrengungen, das Entstehen von etwas Neuem in mir aufzuhalten, haben keinen Erfolg. Da ist eine so starke Kraft in mir, die mir unwiderrufbar sagt: Es ist alles gut, lass es geschehen.
In mir ist ein inneres starkes Wissen, das mir unentwegt hilft, zur Ruhe und in ein tiefes Vertrauen zu kommen.

✧

Vor vielen Jahren hatte ich eine Phase, in der ich Vertrauen zur geistigen Welt lernen durfte.
Mein Verstand war zu dieser Zeit noch sehr groß und mächtig. Er versuchte damals schon, wie auch heute noch, mich von meinem ursprünglichen geistigen Findungsweg abzuhalten.

✧

Dadurch fand ich zu einer speziellen Meditation, die mich bis heute in Gedanken und in ihrer Essenz begleitet.
Alles begann mit einer schamanischen Reise.
Ich war gerade in der Anderswelt angekommen und aus dem Tunnel getreten. Inmitten dieser wundervoll weiten, grünen, hügeligen Landschaft sah ich einen freundlichen alten weißen Mann stehen.
Ich kannte ihn. Ich war ihm schon einige Male begegnet.

Er trug einen weißen Bart und ein weißes Gewand. Mit einem kurzen Fingerzeig bedeutete er mir, ihm zu folgen.

Wir gingen eine ganze Weile durch Wälder und Schluchten. Mit der Zeit wurde der Weg steiler und die Vegetation nahm ab. Wir bestiegen einen Berg, es ging immer höher hinauf.

In keinem Moment hatte ich auch nur den Anflug eines Gedankens. Er ging einfach immer weiter, und ich folgte ihm, ohne den Drang, Fragen zu stellen.

Als wir auf einem schneebedeckten Berg angekommen waren, hieß er mich mit einer Geste, Platz zu nehmen.
Nachdem er sich ein paar Meter entfernt niedergelassen hatte, sagte er nur ein Wort: „Vertraue!"

So saßen wir einige Zeit da und schauten in die Weite.
Plötzlich wurde mir klar, dass ich auf einem riesigen Berg inmitten von tiefem Schnee saß und nicht fror!
Wir saßen in einem mächtigen Schneetreiben, aber ich empfand keine Kälte!
Im Gegenteil: Mir war wohlig warm.

Und ich verstand, was sie mich lehren wollten:
Wenn ich ihnen vertraue und mich von ihnen führen lasse, ist alles gut. An diesem Tag fing ich an, meinen geistigen Führern bedingungslos zu vertrauen.
Was auch immer sie mir zeigen würden, war von großer Bedeutung für mich oder für andere.
Ich hinterfragte das Gesehene nicht mehr.

Ich nahm endlich an, dass etwas außerhalb unserer Vorstellungkraft existierte, was uns begleitete und uns wohlgesonnen war.
Wenn ich einmal wieder von meinem Verstand durcheinandergebracht wurde, ploppte dieses Bild auf, und gleichzeitig machte sich ein großes Vertrauen in meinen ureigenen Weg in mir breit. Bis heute hilft mir das Erlebnis von einst, in den Weg und meine Begleiter zu vertrauen.

✧

Auch jetzt, in diesem Sitting, kann ich deutlich die Liebe spüren, die mich in diesem Leben begleitet. Das beruhigt mich sehr, und es hilft mir, mich zu erinnern, warum ich hier bin. Zusätzlich hilft es mir, neue Kraft für meinen Weg zu schöpfen.

✧

Während ich meine Augen schließe, um mich in die Geistige Welt zu begeben, sehe ich Sklaven, die in einem Steinbruch arbeiten.
Sie sind mit Handschellen aus Eisen gefesselt und tragen riesige runde Steine umher. Diese sind extrem schwer, deshalb können die Sklaven nicht aufrecht gehen.
Sie werden von dem Gewicht der Steine förmlich zu Boden gezogen.
Die Sklaven wirken leer. Es hat den Anschein, dass sie ausschließlich funktionierten. Da ist nichts mehr an Lebendigkeit oder innerem Feuer zu erkennen.
Man übermittelt mir, so seien die Menschen, wenn sie an ihrer Kontrolle festhielten.

Tagein, tagaus sind sie in der Schwere gefangen, die sie durch ihr Sicherheitsbedürfnis selbst erzeugt haben.
Das hat schließlich dazu geführt, dass sie nur noch in der Lage sind, die Kontrolle aufrechtzuerhalten.
Kontrolle war so wichtig für sie, dass dies über allem stand.
„Es muss im Leben doch so und so sein, sonst ist es nicht richtig", sagen dann die Menschen.
Das Tragen dieser schweren Fesseln namens Kontrolle und der Steine namens Verantwortung hat sie ganz und gar unfrei gemacht.

Gleichzeitig bedarf es einer enormen Kraft, jeden Tag aufs Neue das Konstrukt, das sie sich geschaffen haben, aufrechtzuerhalten, gar für die Kontrolle zu kämpfen.
Durch Kontrolle bekamen sie sehr viel Macht, bürdeten sich aber ebenso viel Verantwortung auf.

Dabei geht es schon lange nicht mehr nur um sie alleine, sondern auch um viele andere Menschen um sie herum.
Das Ganze Konstrukt wird größer und größer und wiegt immer schwerer. Die Lebensenergie schwindet, das Feuer in den Menschen wird weniger.
Einfach lebendig sein und den Moment unbeschwert genießen ist nicht möglich. Alles wird nur noch danach beurteilt, ob es „richtig" oder „falsch" ist.

Wir allein haben uns irgendwann die Fesseln der Kontrolle angelegt und tragen jetzt gebückt wie Sklaven diese unendlich schweren Steine voller Urteile und Verantwortung.
Unser Verstand will alles richtig machen. Sein größter Wunsch ist es, dass nie etwas Schlimmes passiert und wir uns in ständiger Sicherheit befinden.

Letztendlich gibt es die Sicherheit, die sich unser Verstand wünscht, nicht.

Eines ist aber klar: Wir sind mit allem ausgestattet, was wir brauchen, um mit Situationen zurechtzukommen und Lösungen zu finden. Wir werden fallen und lernen wieder aufzustehen. Wir sind begleitet von so vielen geistigen Wesen, die unser Bestes wollen.
Die einzige Sicherheit ist der Tod.

Und genau der ist das größte Geschenk, das wir bekommen können. Er ist ein Übergang in andere Sphären, in denen der gewöhnliche Verstand keine Rolle mehr spielt, und dies macht ihm Angst, das kann er nicht erfassen.
Trotzdem ist diese Welt fühlbar für uns alle.
Wir alle können wieder lernen, die geistige Welt, aus der wir kommen und in die wir wieder zurückgehen werden, mit unseren Sinnen zu erfassen.
Sie ist nicht außerhalb von uns, wir sind ein Teil von ihr.
Im Tod liegt oft die größte Heilung, die uns geschenkt wird.

✧

Genau dazu erhielt ich eines Tages während eines Jenseitskontakts eine wichtige Botschaft für alle.
Eines Tages war ich für einen Jenseitskontakt verabredet.
Wir hatten kaum begonnen, da sah ich, wie die Tür aufging und ein großer, schlaksiger Mann hereinkam.
Er trug legere Kleidung sowie eine Baseball-Kappe und er kam mit einem Fahrrad. Er sagte mir, dass er nur auf der Beerdigung seines Vaters einen Anzug getragen habe.
Er liebte das Fahrradfahren. Das war seine Leidenschaft.

Als er seine Kappe hob, konnte ich sehen, dass er kaum noch Haare hatte. Da war nur ein kleiner Flaum.
Er zeigte mir, dass er angeschlossen war an viele Maschinen und Schläuche, aus denen Flüssigkeiten in seinen Arm liefen.
Er hatte Krebs und bekam eine Chemotherapie.
Bevor er krank wurde hatte er viel Sport gemacht, nun konnte er nur noch gebückt gehen.

Warum war er heute hier?
Er sagte: „Es geht mir gut. Ich fühle mich frei.
Der Tod war die totale Erlösung für mich.
Es gibt wirklich ein Leben nach dem Tod.
Im Sterbeprozess bin ich spirituell geworden.
Es war alles ganz weit.
Ich sah mehr hinter den Schleiern und spürte intensiver.
Ich fühlte mich zunehmend sicherer.
Ich wurde so getragen und geführt, die ganze Zeit über!
Plötzlich sind alle Ängste von mir abgefallen.
Mich überkam eine große innere Ruhe sowie tiefes Vertrauen.
Deshalb konnte ich einfach loslassen.
Ich habe am Anfang, als ich die Diagnose erhielt, sehr am Leben gehangen. Dabei hatte ich gar kein schönes Leben.
Erst im Sterbeprozess habe ich wirklich begriffen, was Leben bedeutet.
Es bedeutet, anzunehmen, was ist.
Es ist nicht gut oder schlecht, es ist das Leben.
Würden wir nichts erleben, wären wir Maschinen.
Es pulsiert ständig.
Als der Prozess weiterging, fühlte ich, wie ich langsam weicher wurde und förmlich zu zerfließen begann.
Irgendwann konnte ich meinen Körper nicht mehr wahrnehmen.

Es war ein fließender Übergang. Ich habe in dem Moment nicht gleich verstanden, dass ich jetzt gehe. Das war aber nicht schlimm für mich. Letztendlich musste ich nur noch loslassen, und weg war er. Seine Erklärungen waren für uns unglaublich. Wir staunten und ließen ihn weiterreden.

„Der gesamte Krankheitsprozess war für mich die vollkommene Heilung. Ich konnte unendlich viel gehenlassen, und genau das war meine große Heilung im Leben.

Es ist wichtig, dass die Menschen verstehen, dass solche Prozesse wie der, durch den ich gegangen bin, eine große Heilung sind.

Bitte versteht das!

Harte Situationen haben das Potenzial zu tiefer Heilung.

Bitte öffnet euch dafür.

Bitte verschweigt diese wichtige Information nicht!

Deshalb bin ich heute hier.

Ich habe am Ende keinerlei Bedauern mehr empfunden, gehen zu müssen.

Es war wie ein lichter Wind, mit dem ich mich von der Welt verabschiedet habe.

Ich wusste tief in meinem Innern, dass ich alles, was ich brauchte, irgendwann wiederfinden würde.

Ich bin im Frieden und mit Erkenntnis und Wissen gegangen."

Nachdem wir erst einmal Luft geholt hatten, gab er uns noch eine Botschaft für seine Schwester mit:

„Bitte grüß meine Schwester. Sie soll sich keine Gedanken machen. Ich bin in großem Frieden gegangen. Du kannst jetzt auch deinen Frieden finden und, wenn es so weit ist, leicht gehen. Ich werde dich abholen!"

Nun wandte er sich mir zu. Er legte seine Hände um meine. Ich konnte seine Berührung deutlich als Wärme fühlen.
„Bitte vertraue noch mehr und lass los!“, sagte er.
„Die Möglichkeit der Menschen und jenseitigen Seelen, miteinander Kontakt zu haben, ist ein großer Segen und eine große Heilung. Du blockst vieles ab. Lass die Angst und die Kontrolle los. Es wird dir nichts geschehen!

Deine Tür ist oft verschlossen. Du machst förmlich die Augen zu, weil du Angst hast, es könnte dich überrollen.
Du bist so beschützt! Dir wird nichts geschehen!
Viele klopfen an, und du hast die Türe zu.
Es ist wie bei zwei Verliebten: Die Frau liebt, der Mann liebt, und doch ist die Tür zwischen ihnen verschlossen.
Jeder von ihnen möchte Kontakt. Sie möchten die Tür öffnen, aber es geht nicht, obwohl sie zusammen sein wollen.

Nur du kannst die Tür öffnen. Da ist ausschließlich Liebe! Das, was hier ist, ist ins Licht gegangen, hier ist nur Liebe!
Eine Besetzungsenergie ins Jenseits mitzubringen ist nicht möglich.
Wir alle gehen durch einen Schleier des Lichts.
Hinter dem Schleier ist eine lichtvolle Energie, die so hoch ist, dass sich eine Besetzung in diesem Moment ablöst.

Wenn wir wiedergeboren werden, werden wir schwer.
Falls wir eine Vereinbarung mit der Besetzungsenergie hatten, werden wir auch im nächsten Leben wieder mit ihr zusammen sein, bis die Vereinbarung gelöst ist.
Dort oben ist eine solch hohe Schwingung, da kann eine niedere Besetzungsenergie nie sein.“

Ich spürte, dass ich ruhiger wurde. Meine Blockade löste sich. Es war, als würde er mir auch energetisch helfen, meine Tür endlich zu öffnen.
Ich spürte, dass ich die Kontrolle loslassen konnte.
Ja, er hatte recht, ich hatte einfach noch Angst, es könnte mir zu viel werden.
Aber dies war nur eine alte Erinnerung, weil ich all die Dinge als Kind nicht hatte einordnen können.
Deshalb war die Angst in mir entstanden, nicht damit umgehen zu können. Das war jetzt vorbei. Ich war erwachsen und hatte die Möglichkeit, meine Türen zu öffnen und zu schließen.

All das lag nun in meiner Hand.
Er sprach weiter und erzählte uns, dass er Musik gemocht und früher gerne mit seiner Frau getanzt hatte. Sie habe dann ihren Kopf an seine Schulter gelegt, und so hätten sie getanzt. Überhaupt war er ein lustiger Mensch.

Ich verabschiedete alles, was an Angst in mir war.
Ich überließ der geistigen Welt die Führung.
Es ist wie ein Tanz, in dem die Frau völlig loslässt und sich der Führung des Mannes hingibt. So ist das Miteinander mit der geistigen Welt.
Führung und Vertrauen – dies war der Weg für mich!
Ich dankte ihm für all die Informationen und Momente der tiefen Erkenntnis und Liebe. Wir verabschiedeten uns, und er ging zurück in seine Sphäre.

✧

Im Steinbruch beobachtete ich weiter die gekrümmten, Steine schleppenden Menschen. Einmal mehr fragte ich mich, was die Botschaft für mich bereithielt.

Denn das Thema Kontrolle zog sich auch durch mein Leben. In den letzten Wochen hatte ich oft überlegt, wie ich mich künftig organisieren sollte. Letztendlich war ich immer zu dem Schluss gekommen, dies zum aktuellen Zeitpunkt nicht entscheiden zu können.
Als ich die Sklavenbilder sah, wurde mir bewusst, dass auch ich einmal mehr die Kontrolle über meinen weiteren Weg und all das, was darin verborgen lag, abgeben musste.
Was konnte ich denn zu diesem Zeitpunkt schon wissen über das Neue was auf mich wartete?

Hingebung, dazu gehörte es, die Vorstellung, wie etwas ablaufen sollte oder wohin mich etwas führen würde, völlig aufzugeben. Das tat ich nun. Das war der Weg für mich.
Ich befreite mich auch hier von einer weiteren alten Fessel Kontrolle.

Plötzlich überkam mich der Gedanke: Es war egal, was in der Zukunft kam! EGAL!
Es war mir gleichgültig, wo es mich wie hinführen würde.
Ein Gefühl großer Befreiung durchzog mein gesamtes System und öffnete mein Herz wieder. Tränen der Erleichterung rannen über mein Gesicht.
Ja, ich musste auch schmunzeln. Es war mir tatsächlich egal.
Ich wollte mein Leben nicht mehr hierhin oder dahin fügen.
Ich wusste, wer ich war, und der Rest, da war ich mir absolut sicher, der würde sich finden, ganz von alleine.
Seit diesem Moment fühle ich mich völlig neu aufgestellt.

Meine Kraft kommt zurück. Mein Herz ist wieder klar und deutlich spürbar. Außerdem ist der Drang zu schreiben wieder sehr stark.

Herauszukommen aus meiner Höhle und anzunehmen, was in meinem Leben auf mich wartet.
Ich kann wieder das Licht um mich herum und in allem sehen.
Meine Verbindung zum Großen BewusstSein ist klarer und stärke denn je. Ich lasse mich führen.
Einmal mehr habe ich verstanden, was die geistige Welt für uns tut, damit wir erkennen können, wer wir in Wahrheit sind.

✧

Und schon ging es weiter.
Gestern war ich auf Bitten meiner Tochter im evangelischen Weihnachtsgottesdienst.
Dieser Gottesdienst war natürlich geprägt von Aussagen wie: „Wir sind klein, Gott aber ist groß und mächtig", „Bittet Gott, euch zu helfen, bittet ihn um Brot/Frieden/kleine Geschenke/Erlösung oder Gnade".
Wenn wir verstehen könnten, was und wer Gott ist, bräuchten wir uns nicht zu fürchten.
Wir würden uns erinnern an seine und an unsere eigene Kraft, die in uns wohnt.

An ein Wesen, das keinerlei Macht ausüben muss oder will.
An ein Wesen, das uns nicht erlösen kann oder uns Buße tun lassen will.
Ein Wesen, das uns nicht nach „gut" oder „schlecht" beurteilt.

Dieses unendlich friedliche Wesen, erinnert uns an die große Liebe, zu der auch wir in der Lage sind.
Es wäre ein Anfang uns selbst zu vergeben, dass wir geglaubt haben wir wären klein und hilflos.
Ich wünsche jedem von euch, dieses Große BewusstSein zu erleben, wie ich es erleben durfte.
Dann würdet ihr erfahren, wer ihr wirklich seid und zu was jede und jeder Einzelne von euch fähig ist.
All die Kraft und Güte, die Liebe und Kreativität, die in jedem von euch steckt.
Was wäre das für eine Welt!
Es würde Unmögliches möglich werden lassen.
Wir bräuchten uns und andere weder zu unterdrücken noch zu bestrafen.

Wenn wir nur erkennen könnten, wer wir sind, dann könnten wir aufhören zu glauben, dass es ein mächtiges Wesen gibt, welches urteilt, straft und seine Macht ausübt.
Ein Wesen, von dessen Wohlwollen wir abhängig sind, dass wir unbedingt benötigen, um unseren Weg der Veränderung zu gehen.

In unseren Gebeten haben wir nur Bitten.
Wie wäre es, einmal zu danken für all das, was wir haben, für all die Liebe, die uns durch das Große BewusstSein zuteilwird, für alles, was wir erleben dürfen, für all das, was uns weiterbringt und uns verstehen lässt?
Wie wäre es, ausschließlich um Erkenntnis und Klarheit zu bitten?
Würde uns das letzten Endes nicht am meisten voranbringen?

Ich habe ein Wesen getroffen, das eine grenzenlose Kraft besitzt und trotzdem sehr sanft ist.
Dieses Wesen ist nicht daran interessiert, uns klein zu machen.
In den letzten Monaten, in denen wir immer wieder in Kontakt standen, habe ich gesehen, dass „ES" unendlich gütig ist.
Es gibt nichts zu fürchten.

Warum sollten wir die unendliche Liebe fürchten?
Ein Wesen, das uns liebt, aus dem wir stammen und zu dem wir wieder zurückkehren werden?
Sein größter Wunsch ist es, dass wir aufwachen.
Durch dieses Wesen habe ich verstanden, dass Macht nur derjenige ausüben muss, der nicht in seiner Liebe ist.
Der nicht weiß, wer er eigentlich ist.
Ich habe erkannt, wie viel Kraft in jedem Einzelnen von uns steckt.
Wir brauchen nicht länger dazusitzen und auf etwas zu warten.

Warum wollen wir immer noch mehr?
Warum können wir nicht sehen, was wir bereits alles haben?
Was uns gegeben worden ist?

Ich sehe die Welt, die möglich ist, es ist eine neue Realität.
Wie ein Erbauer, der mit einer Vision beginnt. Indem er sie zu Papier bringt, beginnt sie lebendig zu werden. Irgendwann wird ein neues, ungewöhnliches, wunderschönes Gebilde entstehen, das bis dahin jenseits der menschlichen Vorstellungskraft lag.
Und doch ist es entstanden und zum Leben erweckt worden.
Das gibt mir Kraft und Zuversicht.

Unser BewusstSein ist unendlich reich und wundervoll.
Es ist grenzenlos.

Im Vergleich dazu ist unser Verstand nur eine kleine bunte Murmel.
Warum also geben wir ihm ununterbrochen die Macht, uns zu leiten und uns zu sagen, wo es langgeht?
Warum lassen wir das nicht das BewusstSein machen?
Warum geben wir dem Verstand nicht eine neue wichtige Aufgabe?
Hilf mir, eine neue Welt zu kreieren.
Hilf mir, zu erschaffen, was ich dir in meiner unendlichen Kreativität vorgebe.
Hilf mir, Lösungen zu finden.
Nur bitte sag nie wieder: „Es geht nicht“ oder „Ich kann es nicht“!
Denn dies ist nicht die Wahrheit!
Wir haben keine Zeit mehr, uns damit aufzuhalten, denn unser aller Kreativität, Liebe und Kraft werden benötigt, um etwas Neues, Gutes zu erbauen.

Letzten Endes ist auch die Kontrolle und all das, was aus ihr folgt, nur ein weiterer Kristall an unserem Seelenkleid.

Die Frage lautet:

Was und wie wollen wir leben?

✧

Die Bibliothek des Jenseits

✧

Heute ist ein Tag, an dem ich fühlen kann, wie stark ich begleitet bin und vorangetrieben werde, um an diesem allumfassenden Projekt weiterzuschreiben.
Seit heute Morgen sitze ich hier zum Schreiben, und alles ist einfach im Fluss.

Außerdem kann ich, seitdem ich aufgestanden bin, um mich herum eine extreme Kälte wahrnehmen. Sie ist so stark, dass ich das Gefühl habe, innerlich zu frieren, obwohl es im Raum sehr warm ist.
Viele geistige Wesen haben sich also um mich versammelt, um mir beim Schreiben für euch zu helfen. Ihre Energie ist so hoch, dass man automatisch zu frieren beginnt. Je mehr es sind, umso kälter wird es. Nun sitze ich hier und habe schon die nächste Begebenheit für euch im Kopf.

✧

Weiter geht's:
Eines Tages im September hatte ich ständig ein Bild in meinem Innern.

Ich sah den ganzen Tag über, wie ich an meinem Küchentisch saß und malte. Der Drang, dies tatsächlich zu tun, wurde zunehmend größer.
Ich hatte aber keine Lust, alles Notwendige rauszusuchen, schließlich waren meine Farbutensilien irgendwo in den letzten Umzugskartons verschollen.

Also versuchte ich, den Drang zu unterbinden, und sagte mir: nicht heute. Ich ignorierte ihn einfach.
Das war der geistigen Welt wohl nicht recht. Sie versuchte alles, damit ich endlich anfing zu malen.

Als ich mir abends etwas zu trinken holte, stand ich mit dem Rücken zur Küche im Raum. Ich konnte spüren, wie voll der Raum war mit Jenseitigen, und sie sahen mich alle an.
Selbst für mich war das im ersten Augenblick etwas gewöhnungsbedürftig.

Ich verließ den Raum und nahm mir einen Moment Zeit, um mir die Situation aus der Distanz anzuschauen.
Ich sah sehr viel Licht in den verschiedensten Farben, das dort in meiner Küche leuchtete.

Die geistigen Wesen sagten mir, dass sie gekommen seien, um mir bei dem Cover für mein Buch zu helfen.
Jetzt galt keine Widerrede mehr.
Sie hatten sich alle für diesen einen Abend verabredet, um mich zu unterstützen. Also ging ich los und suchte meine Farben, Pinsel, Stifte und einen Block zusammen.
Innerhalb von zehn Minuten war ich auch schon dabei, zu malen. Ich ließ mich treiben.

Erst versuchte ich es mit dem Pinsel, dann testete ich verschiedenes mit den Fingern aus.

Schnell wurde mir klar, was zu tun war. Ich malte wie automatisch, obwohl ich gar nicht wusste, wie es ging.
In meiner Küche herrschte nun so viel unterstützende Energie, dass ich das Gefühl hatte, in einer Sauna zu sein.
Die Energie stand förmlich im Raum.
Mein gesamtes System war komplett nach oben gefahren, und ich war im Flow.

Der zweite Versuch war schon besser und kam dem Bild in meinem Kopf sehr nahe. Doch es war bereits 23 Uhr, und ich war sehr müde. Ich wollte aufhören, weil mir beinahe die Augen zufielen.

Sie baten mich: „Nur noch einmal! Noch ein Versuch, bitte!"
Wieder war da dieser starke Drang.
Ich ergab mich und startete einen dritten und letzten Coverversuch. Am Ende war es genau das Ergebnis, das ich die ganze Zeit im Kopf gehabt hatte.
Ich musste lachen. Meine Helferhatten es mal wieder geschafft, mich zu führen.

Ich dankte ihnen und ging ins Bett, da ich die Augen kaum noch offenhalten konnte.
Allerdings hatten sie andere Pläne mit mir.
Kaum waren meine Augen geschlossen, sah ich einen alten Mann neben mir stehen. Unaufhörlich versuchte er mir etwas zu zeigen.

Aber ich konnte ihm einfach nicht mehr folgen. Ich schlief immer wieder kurz ein.
Irgendwann setzte ich mich auf und erklärte meinen geistigen Begleitern in Ruhe: „Ich habe bemerkt, dass ihr mir etwas mitteilen wollt. Ich werde euch gerne zuhören.
Aber Menschen müssen im Gegensatz zu euch schlafen, um ihr Gehirn zu regenerieren. Damit ich euch hören kann, brauche ich jetzt Ruhe. Ich habe vernommen, dass ihr mir etwas erzählen möchtet, und deshalb werde ich morgen früh zu euch kommen und euch in Ruhe zuhören! Bitte, hört jetzt auf damit."

Meine Bitte war wohl angekommen, denn es wurde schlagartig ruhig um mich.
Bei mir gibt es eine wichtige Regel: Niemand, der abends an meinem Bett steht, wird gehört. Sie können sich alle früh morgens nach dem Aufstehen zeigen, und dann sehen wir, was los ist.
Im Halbschlaf irgendetwas zu sehen oder zu tun, sollte man tunlichst unterlassen. Ich bin bei meiner Arbeit sehr aufmerksam, und das geht nur, wenn ich völlig wach bin.
Schließlich sank ich in einen ruhigen erholsamen Schlaf.

✧

Am nächsten Morgen sah ich direkt beim Aufwachen den alten Mann wartend an meinem Bett.
Ich setzte mich auf, schloss meine Augen und machte mich bereit, ihm zuzuhören.
Er stand an meiner linken Seite. Ich konnte ihn jetzt deutlich erkennen. Er hatte einen Buckel und war sehr schmal, dadurch wirkte er viel älter, als er wirklich war.

Sein Gesicht war knochig, sein Blick streng.
Er war ungeduldig, schließlich hatte er lange gewartet, was ihm nicht gerade gefiel.
„Ich habe viel zu tun und kann nicht ewig auf dich warten“, sagte er grimmig zur Begrüßung.

Je mehr ich mich darauf einließ, umso mehr kam ich auf dieser Ebene an.
Um mich herum zeigte sich langsam der Raum, in dem ich mich befand.
Der Alte ging los und bedeutete mir mit seinem dürren Zeigefinger, ihm zu folgen.

Als Erstes sah ich einen langen, uralten dunklen Holztisch, der blank poliert war. In regelmäßigen Abständen standen Leselampen in der Mitte.
Überall waren überdimensionierte Regale, gefüllt mit vielfältigen Büchern aller Art.
Ich sah mich um und erkannte, wo ich war: in einer majestätischen Bibliothek im Jenseits.
Sie war riesengroß, x-mal so groß wie ein Schloss, sie hatte eine Gewölbedecke und Rundbögen, die von Pfeilern gestützt wurden.

Die Regale befanden sich auf etlichen Ebenen, die durch Wendeltreppen miteinander verbunden waren. Sie wirkten wie Emporen. Auch hier war alles hell und klar.
Bücher über Bücher. Ich hatte gar nicht gewusst, dass es so viele Bücher überhaupt gab.

Der Alte war der Bibliothekar hier. Er führte mich in der Bibliothek herum. „Jedes Buch, das je auf der Erde geschrieben worden ist, gibt es auch hier in geistiger Form“, erklärte er mir.

Als er bemerkte, dass er meine volle Aufmerksamkeit hatte, wurde er freundlicher.
Wir gingen an dem großen Tisch entlang, und er zeigte mir verschiedene Regale. Er holte ein Buch hervor, das so groß war, dass es über den großen Tisch hinausragte.
Um es zu öffnen und darin zu blättern, benötigte er eine Leiter. Ich fragte mich, wie er es überhaupt schaffen konnte, dieses Buch zu halten.

Es staubte in alle Richtungen, als er es aufschlug.
„Alles altes Wissen“, sagte er. „Nach diesem Wissen handeln die Menschen heute noch, es ist immer noch in ihnen.“ Er zeigte auf all die Regale, in denen diese uralten Bücher standen. Unendlich viel altes Wissen, das bis jetzt Energie besaß. Das machte mich nachdenklich. Ich konnte kaum erfassen, was das weiterhin für uns alle bedeutete.
Dann gingen wir weiter und kamen an eine übergroße zweiflügelige Tür, die über und über mit wunderschönen goldenen Ornamenten bedeckt war.
Er stieß sie auf.

Ein weiterer Raum mit buntem Gewölbe kam zum Vorschein, etwa so groß wie ein Dom.
Auch dieser Raum war gefüllt mit Regalen. Dort lagen unzählige Schriftrollen.
Diese Schriftrollen trugen Informationen über alles, was je auf der Erde geschehen war, und über jeden einzelnen Menschen auf unserem Planeten.

Auch sie waren gefüllt mit uraltem Wissen. Ich stand da und staunte.
Allein die Herrlichkeit, mit der diese Bibliothek gebaut und angelegt war, übertraf alles, was ich bisher auf der Erde gesehen hatte, ganz zu schweigen von den Dimensionen des Wissens und des Erlebten, was hier aufbewahrt war.
Nichts ging verloren.
Irgendwie brauchen wohl unsere Welten das Konservieren von Informationen, schoss es mir kurz durch den Kopf, und ich fragte mich, warum.

Mein Begleiter wurde nun gelassener und leichter.
Es hatte den Anschein, als hätte er sich verändert.
Sein Buckel wirkte kleiner, und er war lebhafter. Er führte mich ein Stück zurück, an dem großen Tisch entlang, der die Mitte dieses weitläufigen Raumes einnahm.
An einem Regal mit der Aufschrift „Neues Wissen“ blieb er stehen. Er zeigte mir den Platz, an dem das Buch, das ich schreiben sollte, stehen würde.
Ich sah ihn ein Buch in das Regal stellen.
In dem Moment, als das Buch dort ankam, entlud sich die Energie daraus in die komplette Bibliothek bis in den Raum mit den Schriftrollen und veränderte die ganze Energie der Bibliothek.
Das neue Wissen war angekommen und durchflutete die Welten, so wie es das alte Wissen getan hatte.
Alles ist Energie.

Ich brauchte einen Atemzug, um all das zu erfassen.
Wir standen einfach da. Ich ließ die Informationen zunächst bei mir ankommen, und eine Weile lang geschah nichts.

Normalerweise bekomme ich ein Signal, wenn eine Reise beendet ist. Genauso wartete ich auch an diesem Tag darauf, aber nichts dergleichen deutete sich an.
Auf einmal ging mein Begleiter weiter und führte mich an eine andere Stelle.

Ich stand vor zwei Fenstertüren, die genauso riesig waren wie der Rest dieses imposanten Bauwerks. Irgendwie ist in dieser Ebene alles deutlich größer und weiter.
Ehe ich mich versah, stieß er sie auf, und ich trat hinaus auf einen kolossalen weißen Balkon.
Ich war sprachlos.

Erst jetzt, als ich mich umdrehte, sah ich die ganze Gewaltigkeit dieses Bauwerks, das von außen genauso wie von innen wie ein überdimensionales Schloss wirkte.
Über mir und unter mir befanden sich unzählige Etagen.
Überwältigt von der Größe und Schönheit dessen, schaute ich mich um und sah eine wunderschöne grüne weitläufige Hügellandschaft.
Ich trat noch ein Stück näher an die Brüstung heran, um sehen zu können, was unter mir lag.
Da erblickte ich einen riesigen Platz, vollständig gefüllt mit Seelen.

Im ersten Augenblick sah ich nur die Masse an sich und war so sehr beeindruckt davon, dass ich zunächst einen Schritt zurücktrat.
Nun stand ich da, und sie schauten mich an.
In meinem Rücken konnte ich liebevolle Begleiter spüren, die mich ermutigten zu bleiben. Ich konnte ihre Wärme und

unterstützende Kraft deutlich fühlen. Es tat mir gut, auf diesem riesigen Balkon nicht allein zu sein.
Inzwischen schauten alle zu mir hoch, als warteten sie auf etwas.

Ich ließ mich darauf ein und hörte auf zu denken. Was hier geschehen sollte, würde sich offenbaren.
Sogleich bekam ich einen inneren Impuls, zu ihnen zu sprechen. Ich erklärte ihnen das Seelenkleid und unser BewusstSein. Und als ich an die Stelle gelangte, an der ich ausführte, wer wir sind und dass wir ursprünglich keinerlei Themen haben oder brauchen, ging ein Raunen durch die Menge.

Dann erklärte ich ihnen, wie wir leicht und einfach aussteigen und nach Hause gehen können zum Großen BewusstSein. Genau in diesem Augenblick verstanden sie alle hier auf dem Platz die Essenz.

Alles um sie herum fiel plötzlich ab, löste sich auf, und ein riesiger Schwarm aus Licht setzte sich in Bewegung, machte sich auf den Weg nach Hause.

Ich konnte meinen Augen kaum trauen, so unglaublich war das, was hier gerade geschehen war. Der Platz war leer.
Als ich mich wieder gefangen hatte, trat ich noch näher an die Brüstung heran, um noch einmal über den Platz zu schauen. Er war tatsächlich leer.
Sie konnten alle gehen, weil sie verstanden hatten, dass sie nicht ihre Themen waren und auch nicht die Energie ihres Seelenkleides.
Sie mussten nicht mehr ausharren oder wiedergeboren werden.

Es war vorbei.
Sie konnten endlich nach Hause zum Großen BewusstSein zurückkehren.

Als ich noch einmal nach unten schaute, sah ich dort ein kleines Mädchen stehen. Es stand da ganz allein und schaute zu mir herauf.
Ich fragte es, ob es nicht mit den anderen gehen wolle. Es wollte schon, aber es hatte seiner Mutter auf der Erde versprochen, da zu sein, wenn sie zurückkommen würde.
Was bedeutete das?
Alles, was wir sagten oder versprachen, galt bis hierher!
Außerdem machte es die Seele unfrei.

Wenn wir beim Abschied sagen „Ich bin für dich da in der geistigen Welt", „Ich warte drüben auf dich" oder „Ich hole dich ab, wenn du kommst", sind das Versprechen, an die wir uns auch in der Welt des Jenseits halten.
Diese machen uns unfrei.

Das Mädchen erklärte: „Bitte mach dir keine Gedanken wegen mir. Es ist für mich nicht so schlimm, noch zu bleiben. Die Zeit geht ja hier viel schneller. Ich warte noch auf meine Mama, und dann gehen wir gemeinsam. Ich wollte es dir nur erzählen."

Ich war überrascht, welche Wirkung solche Sätze auch noch hier oben auf die Entscheidungen mancher Seelen hatten.
Ich bedankte mich bei ihr für die Erklärung.

Als ich das nächste Mal über den Platz schaute, war er leer. Das Mädchen war zu ihrer Beschäftigung zurückgegangen.

Ich trat wieder in den Raum und bedankte mich bei meinen Begleitern, die mich unterstützt hatten.
Ich allein musste auf den Impuls warten, um das zu tun, was gerade dran war, aber sie hatten mich dabei mental sehr unterstützt, und genau das ist die Essenz unserer geistigen Begleiter.
Ich danke euch!

Ich sah auch den alten Bibliothekar noch einmal.
Neben ihm stand ein deutlich jüngerer Mann.
Der Alte sprach mich zum ersten Mal direkt an.
„Ich bin unendlich lange hier gewesen", sagte er.
„Jetzt ist es Zeit für mich, zu gehen. Ich danke dir!"
Er machte mir klar, dass der junge Mann sein Nachfolger war.

Und da löste er sich aus der Form eines alten Mannes und ging als Licht zurück zum Großen BewusstSein.
Auch für mich war diese Reise beendet.
Ich verabschiedete mich und öffnete die Augen.

Teil 4

Tagebuch der Erkenntnisse

✧

Ein Geistwesen

✧

Sitting am 28.11.2019
In den letzten Tagen gab es in mir gedanklich und in meinen Gefühlen viel zu ordnen.
Es war mal wieder eine Zeit des Umschwungs, und das ging an mir nicht spurlos vorüber.
Ich war zwar inzwischen schon sehr klar und gut bei mir in meinem Leben, trotzdem begegnete mir hier und da eine spezielle Situation, in der ich abrupt das Muster Selbstzweifel lostrat.

Da ich der Meinung bin, dass man zuerst bei sich selbst schauen sollte, fange ich in solchen Situationen an zu glauben, dass ich irgendetwas falsch gemacht habe, und versuche, den Fehler zu finden.
Das Resultat davon ist, dass mir jedes Mal meine Energie verloren geht, und etwas in mir tatsächlich glaubt, ich wäre nicht „richtig".
Der Zweifel in mir wird dann so groß, dass ich nicht mehr an mich selbst glaube, geschweige denn daran, irgendetwas schaffen zu können.
Woher kam das nur?
Es war mir oft so gegangen, und letztendlich hatte ich mich jederzeit fangen können.

Ich beschloss, einen Spaziergang mit meinem Hund zu machen, um einen klareren Kopf zu bekommen und die Muster von außen zu betrachten.
Das hilft im Normalfall stets gut. Ich weiß, wie wichtig es ist, Ruhe in meine Gedanken zu bekommen, um erreichbar zu sein für meine geistigen Begleiter.

Denn durch ein dichtes Feld von Gedankenwirrwarr oder heftigen Gefühlen ist es ihnen fast unmöglich, mit uns zu kommunizieren, um uns zu helfen.
Dieser Zustand ist vergleichbar mit einer dicken Eisschicht, die sie dann irgendwie zu durchdringen versuchen.
Und zusätzlich müssen sie noch unsere Aufmerksamkeit erlangen, was für sie Schwerstarbeit ist.
Deshalb ist es wichtig, ihnen dabei zu helfen.

Auch wenn es manchmal noch so schwer erscheint:
Versucht eure Gedanken zur Ruhe zu bringen, vielleicht durch Sport, Ablenkung oder Meditation. Und öffnet euch gleichzeitig für die Hilfe eurer geistigen Begleiter.
Wichtig ist, dass ihr ergebnisoffen seid.
Auch in welcher Form die Hilfe zu euch kommt, solltet ihr in eurer Vorstellung möglichst offen lassen.
Bei mir sind es die Natur und das Schwimmen, die mir helfen, gedanklich frei zu werden.

So war es auch an diesem Tag. Mit jedem Schritt in der Natur wurde es stiller in mir.
Und es wurde langsam klarer: Sie riefen mich zu einem Sitting. Das konnte ich sehr stark spüren.
Ich hatte plötzlich den Drang, nach Hause zu gehen und mich zu setzen.

Sie nutzten jeden Moment, denn bereits auf dem Rückweg bekam ich die ersten Bilder der Reise übermittelt.

Ich sah die ganze Zeit meinen wartenden Geistführer. Zusätzlich war alles in rosafarbenes Licht getaucht.
Als ich zu Hause angekommen war, zündete ich meine Kerzen an und machte es mir auf meinem Meditationsplatz gemütlich.
Sobald ich meine Augen geschlossen hatte, war ich direkt in der geistigen Welt.

✧

Sogleich sah ich meine liebe Anne und meinen Geistführer neben mir stehen. Sie sind bei mir, und ich kann oft spüren, wie sie mich begleiten.
Es tut jedes Mal gut, sie zu sehen und mit ihnen in Kontakt zu sein.
Ich konnte die Berührung meiner Begleiterin körperlich deutlich wahrnehmen, als eine große Herzenswärme meinen ganzen Körper durchfloss, beginnend bei meiner linken Schulter, auf die sie gleich zu Beginn ihre Hand gelegt hatte.
Nach einer kurzen, herzlichen Begrüßung sagte mein Geistführer mit seiner dunklen, beruhigenden Stimme: „Es ist alles gut so, du wirst sehen!“, und spielte damit auf meine momentane intensive Findungsphase an.
Gleichzeitig zeigte er mir mit einer Armbewegung an, dass ich weitergehen sollte.

Vor mir auf der rechten Seite tat sich eine Rolltreppe auf, und ehe ich mich versah, befand ich mich auch schon darauf.

Sobald ich dort stand, veränderte sich die ganze Welt um mich herum.
Ich sah große Fenster mit Stahlrahmen wie auf einem Flughafen. Dieses Bild hatte ich schon einmal in einer Meditation gesehen. Ich erkannte es jetzt wieder.
Je höher die Treppe fuhr, umso mehr konnte ich von der oberen Etage erkennen. Oben angekommen sah ich als Erstes eine riesige stählerne Tür, die nach draußen führte. Auf der linken Seite waren große Fenster zu sehen.
Hinausschauen konnte ich nicht, da war nur dichter Nebel.
Links gab es eine gläserne Seitentür, durch die ich jetzt hinaustrat.
Alles ging wie von allein, ich benötigte keine Führung.

Draußen stand ich auf einem weitläufigen Platz mit unendlich vielen Stufen.
Vielleicht kennt ja jemand von euch den heiligen indischen Pilgerort Vārānasi am Ganges.
Dort, am Fuße des Ganges, gibt es viele hohe und lange Stufen. Die Stufen hier waren noch zwanzigmal größer.
An ihrem Ende war Wasser. Von dort aus fuhren Boote ab.
Mehr bekam ich erst später zu sehen.
Überall auf den Stufen saßen Jenseitige, die wohl erst angekommen waren. Die Stufen waren voll davon.

Manche saßen nur da, einige hielten ihre Köpfe gesenkt.
Da waren andere Seelen, die ihnen etwas zu erklären schienen.
Diese Situation war so vielfältig und bunt, dass ich nicht alles auf einmal erfassen konnte.
Ich war hier in einer völlig neuen Welt im Jenseits, die mir trotzdem irgendwie bekannt vorkam.

Ich blickte mich in Ruhe um. In weiter Ferne sah ich große fliegende Felsen, auf denen die tollsten Bäume und farbenprächtigsten Pflanzen zu wachsen schienen. Sie flogen dort wie sanfte Riesen. Alles war trotzdem feinstofflich.

All dies war für mich völlig normal. Ich kam nicht einen Moment dazu, mich zu hinterfragen. Es gab keine Fragen.
An einer anderen Stelle erklärte jemand einer Gruppe von Seelen, wie sie sich hier selbst ihre eigene Welt entstehen lassen oder an der bestehenden teilhaben konnten. Allein, nur aus dem Geist heraus. Das was sie sich wünschten und sich vorstellen konnten, würde sich wie durch eine unsichtbare Kraft formen, wie Farben auf einem Gemälde, die man jederzeit verändern kann.
Wir waren also auch hier in der Lage, zu erschaffen und zu wünschen.

Jetzt erst nahm ich den Himmel über mir wahr. Er war blau und von kleinen Wolken durchzogen. Das fiel mir erst in diesem Augenblick auf, als von der Uferseite her ein starker Nebel aufzog und ich den Himmel dort nicht mehr sehen konnte. Nun wandte sich meine Aufmerksamkeit wie von alleine von dem bunten Treiben ab, hin zu dem Nebel.
Ich hatte das Gefühl, gleich würde daraus etwas sichtbar werden. Es war wie eine Ahnung.

Nicht lange danach sah ich ein großes Holzboot aus dem Nebel auftauchen. Es hatte keine Segel, sondern schwebte einfach nur durch die Luft. Das Holz war alt und grob gehauen. Es hatte fast noch seine Ursprungsfarbe, ein Eichenholzbraun, es sah aus, als wäre es nie gealtert.

Das Ganze wirkte eher wuchtig, wie aus einem Stück. Es hatte keine Beschläge und keinen Bootsführer.
Es war, als wüsste es von ganz alleine, wo es hin wollte.
In das Boot waren einige Stege eingelassen, auf denen die Gäste Platz nehmen konnten.

Ich staunte noch über das, was ich beobachtete, und merkte dadurch nicht, dass ich von einem Moment auf den anderen auf einem großen Hangar zu stehen schien, von dem aus ich sofort in das Boot geschoben wurde.

Auch das war für mich irgendwie selbstverständlich.
Wir waren nicht viele, als wir abhoben. Wer noch mit mir in dem Boot saß, konnte ich nicht wahrnehmen, da ich zu gespannt darauf war, was gleich geschehen würde.

In meinem Inneren wusste ich aber, dass die Wesen in dem Boot schon lange in den Welten im Jenseits lebten und genau wussten, wohin sie wollten. Wir hoben ab und verschwanden im Nebel.
Ich sah noch wie von oben auf das Boot herunter und sah uns alle dort sitzen, drei in jeder Reihe.
Trotzdem wirkte das Boot riesig.

Ich spürte, wie mich unaufhaltsam Leichtigkeit umfing.
Alle Gedanken und Gefühle, die mich noch beschäftigt hatten, entschwanden und waren plötzlich ganz weg.
Die Fragen in meinem Kopf lösten sich auf.
Es war, als wären sie nie da gewesen.
Je höher wir stiegen, umso weniger konnte ich mich noch an mein menschliches Leben oder Denken erinnern.

Alles löste sich in Wohlgefallen auf. Selbst meinen Körper nahm ich nicht mehr wahr.
An meinem Zielort war alles Menschliche von mir abgefallen, und ich war nur noch ein geistiges Wesen, unendlich leicht und fein.
Den Nebel nahm ich die ganze Zeit über als sehr leicht und gar nicht unangenehm wahr. Tatsächlich hatte ich ein Gefühl, als würden wir durch Wolken gleiten, und selbst diese Wolke war eine Materie für sich.

Ein eigenes intelligentes Wesen. Ich fühlte mich umfangen und absolut sicher.
Bald schon würde sich etwas verändern, das konnte ich erahnen.
Noch bevor ich diesen Gedanken zu Ende gedacht hatte, glitten wir bereits aus dem Nebel heraus.

Die Welt um mich herum war in ein einziges rosafarbenes Licht getaucht.
Dieses Licht war sehr zart, vielleicht vergleichbar mit einem wunderschönen Sonnenuntergang, wenn die letzten Lichtstrahlen einen kleinen Platz noch kurz in helles Pink tauchen.
Das Licht umfing mich. Ich fühlte mich bereits zu Hause.
Eine große Wendeltreppe tat sich vor uns auf. Auch sie war in dieses wunderschöne rosafarbene Licht getaucht.
Unser Boot glitt hinein und hielt an einem kleinen Podest direkt an der Treppe an.
Ich wusste innerlich: Dies ist mein altes Zuhause.
Alles war die ganze Zeit über irgendwie unterschwellig bereits klar, ganz von allein. Ich stieg aus. Es war nur ein Gedanke, dann war ich auf dem Podest.

Das Boot legte ab und glitt genauso ruhig weiter in andere Ebenen.
Die Wendeltreppe war riesig. Es gab kein Geländer, alles war offen. Ich hatte auch nicht das Gefühl, ein Geländer zu brauchen.

Um mich herum war nur rosafarbenes Licht und Nebel. Der Nebel hier war aber noch einmal anders als der Nebel, durch den wir geflogen waren.
Dieser Nebel hier hielt die Energie dieser Ebene umwoben.
Je höher ich stieg, umso mehr veränderte ich mich.
Ich sah mich nun schmaler und weicher, und ich trug ein sehr feines, leichtes Kleid. Es war, als würde sich alles in und an mir nochmals angleichen an diese neue Ebene.

Das Treppensteigen glich einem Emporschweben, da ich so unendlich leicht war. All das war mir sehr vertraut. Ich wusste sicher, dass ich diese Treppe schon einmal hochgestiegen war.

Oben angekommen, war ich nur noch eine feine, leichte Form. Jetzt offenbarte sich ganz langsam die neue Ebene. Auch hier war alles in Rosa getaucht.
Ich spürte, dass ich Klarheit und Heilkraft besaß wie alle hier. Eine große Güte und Liebe erfüllte uns und verband uns miteinander, denn das hatten alle gemeinsam. Hier gab es nur uns und diese Materie. Ich würde es fast Wattebausch Materie nennen.

Ich wurde von meinen Freunden begrüßt. Auch sie waren nur noch als leichte, sanfte, feinstoffliche Formen erkennbar.

In ihrer Energie war alles genauso klar und liebevoll wie in meiner Präsenz. Ich konnte sehr viel Freude spüren, als wir uns wieder trafen.

Je länger ich hier war, umso mehr erfuhr ich, wo ich einst hergekommen war und wer ich hier in dieser Welt gewesen war. Diese fühlbare Erkenntnis ging so tief in mich hinein, dass ich vor lauter Erlösung weinen musste.
Die Tränen rannen mir unaufhaltsam übers Gesicht.

Jetzt konnte ich endlich verstehen, warum ich anders gewesen war. Ich erkannte, dass ich einst ein Wesen dieser Ebene gewesen war, bevor ich mich auf der Erde inkarniert hatte. Ich wollte den Menschen mit meiner Energie helfen, zu heilen. Und absurderweise kamen oft die Menschen, die es am meisten wollten, nicht mit dieser Energie zurecht.
Jetzt erst machte so vieles einen Sinn. Ich würde nie wieder an mir zweifeln oder den Menschen Glauben schenken, die aus ihrer eigenen Verletzung heraus handelten oder sprachen. Ich konnte für niemanden etwas anderes sein als die, die ich war, so, wie ich war!

Irgendwann erklärten sie mir auch, was wir hier taten.
Inzwischen hatte ich keinerlei Zeitgefühl mehr. Wir waren wie in einer Blase, weit weg, wo nichts mehr eine Rolle spielte.
Wir befanden uns in einem unendlichen Moment.
Auch die Zeit spielte keine Rolle. Warum auch? Wofür?
Perspektivenwechsel finden im Jenseits innerhalb einer Millisekunde statt. Eigentlich verläuft hier alles gleichzeitig. Aber sie ließen mir für meinen Verstand die Möglichkeit, mir

alles nacheinander anzuschauen. Und deshalb wechselten wir hin und her.

In einem Augenblick war ich noch in meiner rosafarbenen Wolke, und im nächsten stand ich erneut auf dem Empfangsplatz an den Treppen. Hier war die Energie wieder deutlich schwerer als in meiner Wolke.

Ich muss sagen, im ersten Moment nach dem Wechsel war die Schwere, die hier bei der Ankunft der Seelen im Jenseits noch herrschte, für mich nicht ganz einfach auszuhalten.
Ich war förmlich von einer Ebene, wo all das nicht mehr existierte, zurück in eine Ebene katapultiert worden, die zwar geistig, aber mit den Energien des menschlichen Lebens noch stark durchdrungen war.

Nach einem kurzen gefühlten Durchatmen und einer Art Anpassung sah ich mir wieder diese bunte Situation an.
Ich beobachtete, wie meine Begleiter aus der rosafarbenen Wolkenebene überall standen und den Ankömmlingen halfen. Sie hielten ihre Hände, spendeten ihnen Trost oder gaben ihnen heilende Energien. Sie versuchten auch, ihnen zu helfen, diese neue Situation zu verstehen.

Mir wurde gezeigt, wie viele Jenseitige auf dem Wasser in Boote stiegen und zu anderen Ebenen gebracht wurden, wohin auch immer sie wollten.
Beim nächsten Wechsel fand ich mich in meiner Wolkenebene wieder. Ich hatte gesehen, dass wir sanfte geistige Wesen waren, die auf unserer Wattebausch Ebene keinerlei Bezug mehr zum menschlichen Leben hatten.

Wir waren mit Liebe, Güte und Heilkraft ausgestattet, diese nutzten wir, um den Neuankömmlingen zur Seite zu stehen.

Als wir uns in unserer rosafarbenen Ebene wiederfanden, erlebte ich sie als wunderschön, aber komplett abgekapselt. Hier gab es nichts mehr als diese wunderbaren Gefühle und das hohe Sein.
Es war eine sehr hohe Schwingung, die anderen half, aber auch ausschließlich nur dies konnte.

Es gab keinen Anschluss an das Große BewusstSein, oder an Wissen oder Weisheit. Selbst diese hohe Ebene hatte ihren direkten Zugang zum Großen BewusstSein vergessen!
Ich öffnete mich und dachte an das, was wir wirklich waren. In diesem Moment öffnete sich der Himmel, und mich berührte das mir bekannte wundervolle Licht.
„ES" zog mich nach oben, und ich verschmolz mit dem Großen BewusstSein.
„ES" war da, in mir, um mich, und ich war „ES".

Dies war ein Wiedersehen wie von alten Freunden, die sich überschwänglich freuten. Ich spürte Euphorie, und erneut liefen mir die Tränen. Mein Herz wurde überflutet mit Liebe. Kurze Zeit später spürte ich, wie ich in meinem BewusstSein mit allem, was ist, langsam hinabglitt bis zum Eingangspunkt an den Treppen. Ich fand mich oben auf der letzten Treppenstufe wieder und schaute meinen Freunden, den Geistwesen, zu.

In diesem Moment erkannte ich, dass wir ihnen zum einen mit unserer Energie helfen, sich im Jenseits und in der neuen Situation zurechtzufinden, dass jedoch andererseits auch die

Wesen auf dieser Ebene nicht allumfassend in Verbindung waren.

Und im selben Augenblick breitete sich wie von selbst mein ganzes Sein aus. Ich wurde unendlich groß. Sehr weit. Alle konnten sehen, wer ich wirklich war und wer sie wirklich waren.
Ich wurde innerhalb eines kurzen Momentes so groß wie die Riesenwesen, die ich besuchen durfte. Ich musste innerlich schmunzeln, weil ich jetzt gänzlich bei mir angekommen war, was sie mir zeigen wollten:
Es ist ein Annehmen von dem, was ist.
Bei jedem von uns!
Jetzt begann sich auch auf dem Platz einiges zu verändern.
Die Engel nahmen ihre wahre Größe an und gaben mir ein bestätigendes Gefühl. Sie waren angekommen.
Vor uns hoben viele Seelen die Köpfe und hörten aufmerksam zu.
Ich erklärte allen das Gewand und was es mit den Themen und Kristallen auf sich hat.
Sogleich rollten die ersten Kugeln: Themen, die abgelegt wurden und, in bunte Kugeln verpackt, nun die Treppen herunterrollten und ins Wasser fielen.
Infolgedessen nahm ich viele Seelen deutlich erleichtert wahr.
Sie brauchten jetzt Zeit, um anzukommen in der geistigen Welt und all das Neue zu verstehen.
Nun konnten auch meine Freunde ihnen helfen.
Die Schwere hier hatte sich gelichtet.
Viele von ihnen standen auf und wurden beweglicher. Sie gingen los und stiegen in die bereitstehenden Boote.

Ich fragte mich kurz: Warum vergessen wir uns als solch großartiges BewusstSein, solch wunderbare, leuchtende, wissende Wesen?

Ich stand da und blickte aus meiner Präsenz auf die Erde.
Dort war eine unendlich große Schwere zu spüren.
Ich spürte einen Sog, der mich auf die Erde hinunterzog.
Dabei wurde ich von der bleiernen Schwere und betonfesten Gedankenwelt der Erde völlig übermannt und eingenommen.
Ich konnte wieder einmal erleben, wie wir Menschen an dieser Materie nicht nur festhalten, sondern sie auch noch mehr verfestigen.

Oft schockiert mich diese Erkenntnis.
Denn ich spüre wie die Menschen förmlich in diesem Gedankenmeer ertrinken und der Energie des Leidens und dem Glauben an den Mangel. Ich nehme wahr wie die Menschen sich nicht mehr fühlen und letzten Endes kapitulieren sie.
Mein wahrer Kern ist ein wundervolles, riesiges friedliches Wesen, das weit entfernt ist von dieser schweren, bleiernen Energie.

Mir wurde wieder einmal klar: Wir Menschen bauen uns selbst ständig unsere Dualität und halten diese fest.
Wir bestätigen es uns dauerhaft selbst, indem wir versuchen, Antworten in spirituelle Gesetzte zu fassen, und diese dann in Stein meißeln.
Dann können wir uns unaufhörlich sagen: „So ist die Welt eben“ oder „Das ist doch ganz normal so“.

✧

Und warum gibt es dann auf anderen Planeten keine Dualität?
Auf der Erde „ist es eben so"?
Warum denn?
Weil wir es kontinuierlich, jeden Tag, in jedem Gedanken leben.

Es geht für mich nicht mehr nur darum, dass wir verstehen, dass wir wundervolle Wesen in einem menschlichen Körper sind, sondern auch darum, uns zu ermöglichen, dass sich unsere Körper erholen können und unsere Felder sich öffnen.
Dass wir trotz unseres menschlichen Körpers energetische Wesen werden können, indem wir unsere Schwingungen leichter werden lassen.

Dazu müssen wir daran arbeiten zu heilen und in erster Linie unsere Einstellungen ändern, um dann damit beginnen zu können, unsere Welt endlich neu aufzubauen.
Von innen nach außen.

Wenn wir weiter aus dieser Schwere, die uns Abgrenzung und Schmerz bringt, leben und Entscheidungen treffen, können diese nicht zu unserem Wohle sein.
Wir werden weiterhin weit weg sein von uns und uns davon abhalten unser Potential zu erkennen.
Das ist schade und nicht nötig.

Ich übe jeden Tag weiter, mich zu erfahren, in meiner natürlichen Substanz, dieses Wesen unablässig da sein zu lassen.
Ich muss schmunzeln: ich schreibe, dass unser BewusstSein erfahren möchte, wie es ist eine Form zu sein.

Und nun erfahre ich in meiner menschlichen Form wie es ist BewusstSein zu sein.

Ich genieße mein neues, leichtes Leben.
Wenn sich noch einmal etwas aus dem alten Zellbewusstsein zeigt, dann erinnere ich mich und lasse es gehen.
Es hat keinerlei Bedeutung mehr für mich.
Ich gebe ihm diese nicht mehr, weil es nicht mehr meine Wahrheit ist.

Mit dem nächsten Schritt fand ich mich im Jenseits wieder.
Ich verabschiedete mich und dankte dafür, dass ich all das erleben durfte.
Dann kehrte ich ganz langsam auf die Erde zurück.
Ich saß noch eine Weile so da und öffnete dann in Ruhe die Augen.
Ich fühlte mich leicht und beseelt und war glücklich über all die Geschenke, die mir in meinem Leben zuteil wurden.
Mir war tief in meinem Inneren noch einmal klarer geworden, woher ich komme.
Außerdem spielte das Thema zu Beginn der Reise nun keinerlei Rolle mehr für mich und mein Leben.
Als ich so saß, wurde ich ruhig und gelassen.
Ich spürte, wie mir die Tränen über die Wangen rannen. Es machte mich so froh, dass es für alles eine Lösung gibt.
Der Gedanke, dass wir es selbst in der Hand haben, unsere Welt zu verändern, machte mich sehr friedlich und glücklich.
Wir können unser Leben hier und vor allen Dingen unseren weiteren Weg nach diesem Leben selbst verändern und bestimmen.
Und wir können jetzt damit beginnen.

Träume

All das, was ich einst über Gott, unseren Vater, gelernt habe, hat sich für mich in den letzten Monaten von Grund auf verändert.
Das, was ich einst gehört habe, hat seit meiner ersten Begegnung mit dem Großen BewusstSein, keinerlei Relevanz mehr für mich.

Das Große BewusstSein ist weder ein Vater noch jemand, vor dem ich niederknien oder demütig sein müsste.
Ich fühle mich nicht mehr klein und etwas oder jemand Größerem ausgeliefert.
Für mich ist es ein großer Freund, der mich liebt und den ich liebe. Wir kennen einander schon unendlich lange, und wir sind uns wohlwollend zugetan. Wir haben eine freie, unabhängige Verbindung. Diese funktioniert deshalb so gut, weil ich fühle, dass das Große BewusstSein mir nichts geben soll oder muss und dass ich nichts von „IHM" benötige, um mein Leben zu leben und die Herausforderungen zu meistern.
Ich befinde mich in keinerlei Abhängigkeit von „IHM", weil ich verstanden habe:

Ich trage ALLES bereits in mir, was auch immer mir das Große BewusstSein geben könnte.

„ES“ IST, und dadurch BIN ich.

Deshalb ist unsere Verbindung ganz natürlich für mich täglich spürbar.
Es ist eine Verbindung, die auf Liebe beruht.
Wir sind Freunde. Wir haben gelernt, miteinander zu kommunizieren.

Das Einzige, was ich dem Großen BewusstSein geben kann, ist mein Zurückerinnern an das, was ich wirklich bin!

Und mein Bemühen, dies zu leben, um zu helfen, dass auch ihr euch zurückerinnert und damit in eine wirkliche und wahre Verbindung zum Großen BewusstSein kommen könnt.

Wenn wir dies tun, werden wir uns automatisch zu unserem Besseren verändern, weil wir nicht anders können.
Aber nicht, weil uns durch einen Regelverstoß die Hölle oder negatives Karma droht, sondern weil wir es fühlen und wollen. Wir können dann nicht anders.
Diese tiefe Freundschaft unseres Miteinanders spiegelt sich allseits auch in meinem Alltag wider.

Nachdem ich vor einigen Tagen das nächste Kapitel geschrieben hatte, meldete sich wieder einmal mein Verstand.
Da ich die Informationen, die ich bekomme, wahrnehmen kann, noch bevor ich sie überhaupt in einen Gedanken oder Bilder erfasse, weiß ich tief in mir, dass es für mich meine Wahrheit bedeutet.

Nun können Menschen, die mein Buch lesen, nicht fühlen, was ich fühle. Dementsprechend hat mein Verstand versucht, über diese Ebene wieder einmal Zweifel in mir zu säen:
Die Leute denken, du bist total verrückt. Die halten das bestimmt für Fantasie oder Science-Fiction.
Damit versuchte mich mein Verstand komplett aus dem Konzept zu bringen.

Da ich das bereits kannte, entschied ich mich, eine Schreibpause einzulegen, außerdem beschloss ich, diesen Gedanken keinerlei Aufmerksamkeit zu geben.
Ich saß einfach in meiner ungebundenen grenzenlosen Präsenz. Dort spielen solche Gedanken absolut keine Rolle, da sie nicht der Wahrheit entsprechen.
Dieses Sein ist frei von jeglicher Illusion.
Hier existiert kein klassisches Ich.
Während ich dort weilte, bekam ich einen Impuls.
Ich änderte meine Intension und meine Ebene und war auch schon bereit für ein Sitting.

✧

Es gibt Theorien, die besagen, wir würden Informationen im Schlaf bekommen. So meinen die Aborigines zum Beispiel, der Schlaf sei die eigentliche Realität, und wir würden in einem Traum leben.
Ich konnte dies lange Zeit nicht verstehen, doch heute verstehe ich es. Im Schlaf sind wir unserem BewusstSein sehr nahe, da der Verstand schläft.
Natürlich leben wir hier in einem Traum, in dem Traum der Illusion, da wir denken, dies hier, die Menschheit, wäre die wahre Realität, unsere wahre Identität.

Die Wahrheit ist jedoch, dass wir BewusstSein sind und dass dies alles hier eine Kreation von uns ist, um etwas auszuprobieren.
Wir nehmen uns zu wichtig.
Deshalb bauen wir uns selbst sehr viele Widerstände auf und machen uns von dem Wohlwollen eines Gottes abhängig, der nur gibt, wenn wir gehorsam sind.
Als ich das erste Mal vor Jahren davon gehört hatte, dass wir vielleicht Licht sind und irgendwann ins Licht zurückkehren, dachte ich noch:
Was soll das denn? Dann hätte ja das Leben auf der Erde hier keinerlei Bedeutung. Ich kann doch nicht „nur" Licht sein. Das ist doch viel zu wenig.
All dies brachte mein Ego aus lauter Widerstand hervor. Ich war schließlich wichtig! Das Ganze hier musste doch für mich einen Grund haben. Einfach nur Licht sein, was sollte das denn?

Inzwischen weiß ich, wie viel wichtiger all das hier ist, wer ich tatsächlich bin, und was es wirklich bedeutet, Licht zu sein.
Es ist eben nicht einfach nur Licht.

„ES" IST ALLES.

Mit ALLEM gefüllt und erfüllt.

Das Große BewusstSein ist Heimat.

Diese Kraft, diese Liebe, diese Wahrheit, diese Wirklichkeit, die ich in mir und im Großen BewusstSein wiedergefunden

habe, ist essenzieller, sinnhafter, erfüllter, als die Identität Mensch für mich je gewesen war.
Ich hatte mich so klein gefühlt und gleichzeitig mein Sein als Mensch überdimensional wichtig genommen.
Das Ego hatte ganze Arbeit geleistet.

✧

Seit ich dieses Buch schreibe, liest meine engste Freundin die Kapitel mit, und auch sie konnte spüren, wie ihr Ego ab und an in den Widerstand gegen die neuen Informationen ging.
Sie bemerkte, dass sie ihr Vorankommen stets selbst blockiert hat, indem ihr Verstand verrückt spielte.
Deshalb durchlief sie noch einmal den neuen BewusstSeins Prozess.

Dabei bekam sie auf der Seelenebene ein Bild:
Sie sah, wie sie als Elfe in einem Glas gefangen war und dass viele Wesen mit ihr dort ausharrten. Sie kam aus diesem Gefängnis nicht heraus.
Sie konnte förmlich den Widerstand spüren, wie es ist, eingesperrt und nicht frei zu sein.
Als sie aber aus der Seelenebene ausstieg und die Ebene ihres wahren Seins betrat, konnte sie von dieser Ebene aus all das, was vor ihr lag, anschauen.
In diesem Zustand hatte sie eine tief befreiende Erkenntnis.
Das alles hatte von hier aus keinerlei Bedeutung für sie.
Es war nur in ihren Gedanken.
In Wahrheit gab es keine Grenzen.
Sie verstand, dass sie nicht die Elfe in dem Glas war, dass es nur ihre Gedanken und damit erschaffene Energie war, die sie sich selbst einst kreiert hatte.

Sie war BewusstSein und war frei.

In dem Moment löste sich die Elfe auf und war von keinem Glas mehr zu halten, da sie letzten Endes eine andere Identität hatte, als sie bisher geglaubt hatte.
Sie war freies BewusstSein.
Der letzte Schritt hatte ihr geholfen, die Energie ihres wahren Seins zu erfahren und aus ihm heraus zu sehen und zu erkennen.

✧

Ab und zu helfen mir Träume dabei, Dinge zu verstehen.
Wie letzte Nacht.
Vorangegangen waren die stetigen Bemühungen meines Verstandes, mich am Weiterschreiben des Buches zu hindern.

Ich war gerade in der „Ich-nehme-es-wie-es-gerade-ist-Phase“, schließlich weiß ich ja nach all den Jahren, dass dies auch wieder aufhört, oder es kommt von allein die Lösung dafür. Ich war also im Vertrauen und legte mich schlafen.
In dieser Nacht hatte ich zwei Träume, die mich bis heute berühren.

✧

In dem ersten Traum war ich ein Farmer.
Ich hatte einen völlig neuen Pflug erfunden und gebaut.
Er sah ganz anders aus als all das, was ich bisher kannte.

Als ich den anderen Bauern dieses neue Gerät vorstellte, erklärte ich: „In der oberen Schicht sind unsere Böden alle tot, darauf kann keine Pflanze mehr wachsen.

Es gibt tief in der Erde eine Schicht, in der alles noch enthalten ist, was die Pflanzen brauchen, um zu wachsen.
Dieser spezielle Pflug holt diese tiefe, reichhaltige Erdschicht nach oben und vermischt gleichzeitig die leeren oder verbrauchten Erdschichten miteinander, sodass zum Schluss in jeder Erdschicht alles mit guten Stoffen angefüllt und durchdrungen ist.
Gleichzeitig nimmt der Pflug den oberen toten Boden mit und verteilt ihn, damit auch er sich über die Zeit wieder erholen und füllen kann.
Wenn wir gleichzeitig darauf verzichten, den Boden mit Dingen zu zerstören, die wir meinen zu brauchen, und ihn stattdessen in Ruhe tun lassen, bekommen wir langfristig einen stabilen, gesunden Boden durch alle Schichten hindurch, auf dem alle Pflanzen gut gedeihen."
Die anwesenden Bauern betrachteten das neue Gerät argwöhnisch.
Sie sagten: „Wir meinen, dass es nicht gut ist, wenn wir diese tiefe Ebene in der Erde nach oben holen.
Wir legen etwas frei, was in der Erde bleiben soll. Damit zerstören wir die Erde nur noch mehr.
Was ins Dunkel gehört, sollte auch dort bleiben."
Daraufhin antwortete ich ihnen: „Diese Meinung kenne ich, und danach haben wir von jeher gehandelt.
Schaut euch um: Wir haben jetzt hier tote Böden, auf denen nichts mehr wächst.
Aber wenn wir diese tiefe Erdschicht, welche mit allem gefüllt ist, nach oben holen würden, um in Zukunft mit dieser

Fülle mehr Schichten durchfluten zu können, können sich noch mehr Schichten bis in den obersten Boden erholen."
Das konnten sie verstehen.

Diesen Traum träumte ich in einer Dauerschleife, etliche Male in dieser Nacht.

✧

Ein zweiter Traum kam noch dazu: Ich stand in einem großen Büro auf der riesigen Etage eines Wolkenkratzers und sah viele Menschen an ihren Schreibtischen arbeiten.
In dem Traum wusste ich, dass ich einen bestimmen Auftrag hatte (nur nicht, welchen), und ich sagte zu jemandem, den ich nicht sehen konnte: „Ich habe den Auftrag ausgeführt. Es ist alles vorbereitet."
Die Kommunikation lief gedanklich ab. Es war niemand im Raum.
Im nächsten Augenblick spürte ich eine gigantische Druckwelle, die von außerhalb des Gebäudes kam.
Danach sah ich nur noch unendliches Licht überall hinströmen.
Durch die Druckwelle gingen auf einen Schlag alle Fensterscheiben zu Bruch, und die Leute versuchten sich unter ihren Schreibtischen in Sicherheit zu bringen.
Ich legte mich genauso automatisch auf den Boden, als das Glas der Spiegelfenster umherflog.
Dennoch fühlte ich mich die ganze Zeit sicher und wusste, das was gerade geschah war richtig so.
Es wurde alles mit dem unendlichen Licht durchflutet, was so einzigartig war, wie ich es bis jetzt nur bei dem Großen BewusstSein wahrgenommen hatte.

Ein zweiter Gedanke war: Wenn ich das gewusst hätte, hätte ich es nicht gemacht.
Auf diesen Gedanken antwortete mir jemand: Es ist alles gut. Es ist alles richtig.
Wir brauchen alle keine Angst zu haben.
Dieses Licht durchflutete nun alles und jeden um mich herum, und „ES“ war einfach Frieden.
Keiner war verletzt. Alle waren wohlauf.
Diese Druckwelle war wichtig, um eine Scheibe, eine scheinbar unsichtbare Grenze zwischen „IHM“ und uns aufzulösen.
Dieses Licht, diese Größe, ein Wesen, das einfach wieder mit uns in Kontakt stehen und im Austausch sein möchte.
Denn wir waren nie getrennt vom Großen Bewusstsein oder „ES“ von uns.
Wir haben uns eine scheinbar undurchdringliche Mauer aufgebaut, die wir, um weiterkommen zu können, auflösen dürfen.

Zwischen dem Großen BewusstSein und uns, steht nur der Gedanke und damit die Energie, dass wir glauben, die zu sein, die wir zu sein scheinen – nicht die, die wir wirklich sind!

Es ist der Wille zur Veränderung, der zum Verstehen führen kann und der uns dadurch die Kraft schenkt, Berge zu versetzen.

Das Große BewusstSein ist wie ein Körper: Dort ist jede Zelle über ein informatives Feld mit anderen Zellen verbunden und im Austausch.
So ist es auch in dem bewussten Feld, das uns alle umgibt, überall, und das ursprünglich aus dem Großen BewusstSein heraus alles durchdrungen hat.

Wir sind BewusstSein in einem bewussten Feld und dadurch immer und überall mit dem Großen BewusstSein verbunden. Sich stetig zu öffnen heißt, diese Informationen intensiver wahrnehmen und nutzen zu können.

Das Gedankenfeld, das uns davon abhält, wirklich BewusstSein in einem menschlichen Körper zu leben, ist nur und ausschließlich eine Vorstellung, eine Idee und damit erschaffene Energie, der wir immer wieder aufs Neue glauben – so ist die Welt.

Und so ist sie eben nicht!

✧

Ein neuer Tag

Ich lerne im Moment viel aus mir heraus, da ich mich seit meiner Erleuchtungserfahrung nicht mehr an eine Person im Außen wenden kann.
Ich möchte mich aus mir heraus entwickeln, ganz ohne alte, überholte, weitergetragene Informationen.
Ich möchte endlich die ganze Wahrheit wissen über mich, über uns und über das große Ganze.

Mit Hilfe des Großen BewusstSeins, das mir regelmäßig Informationen gibt und mir hilft, diese durch mein BewusstSein in meinem inneren Urwissen zu entdecken.
Ab und zu fühle ich mich auf dieser Ebene kurz allein auf weiter Flur, doch schon im nächsten Moment umgibt mich unendliche Liebe.

Es sind kurze Gedanken, bei denen ich erneut kurz daran erinnert werde, dass ich nicht allein bin.
Ich meine nicht „einsam" – einsam fühle ich mich nie, da ich nie einsam bin.
Hier, wo alles für mich noch einmal neu gezeigt und geordnet, zurechtgerückt wird, gibt es in dieser Zeit des Umbruchs nicht viele Menschen, mit denen ich mich überhaupt austauschen kann.

Während der letzten Tage bin ich in etwas Altes zurückgefallen, das mich einfach aufgehalten hat.
Es war, als würde ich mir erneut Gedanken machen, über diese verrückt klingenden Zeilen.
Heute weiß ich: Es ist nicht wichtig! Es spielt keine Rolle.

All dies hier sind meine ureigenen Erfahrungen, und es sind meine Erkenntnisse daraus und all die Erlebnisse danach. Ich könnte es für mich behalten oder dieses Wissen und die Erfahrung mit der Welt teilen.
Natürlich wird vieles neu sein.
Aber wenn ich mich regelmäßig in das Alte zurückfallen lasse und es aus dieser Perspektive betrachte, wird es keinerlei Neues geben.
Und genau dies ist der springende Punkt.
Ich habe verstanden, dass ich nur aus mir heraus ich selbst sein kann.
Genau das kollidiert im Moment stark mit dem alten Wissen, das wir von jeher bis heute für wahr angenommen und gelebt haben.
Ich kann das nicht mehr.
Ich kann mich nicht dahinter verstecken, auch wenn sich das Neue noch so fremd anhören mag.

Das hat Neues von jeher getan.
In dem Moment, in dem ich diese Zeilen schreibe, springt mein Herz förmlich aus meiner Brust, als würde es sich auf einen neuen Schlag einstellen.
Ich habe so Wunderbares erlebt.
Das ich jederzeit auf meine BewusstSeins Ebene gelangen kann, ist für mich heute normal und ein großes Geschenk.
So kann ich selbst dauerhaft spüren und wissen, wer ich wirklich bin.
Das beeindruckteste ist für mich: Ich brauche weder einen Meister noch endlose Meditationstechniken dafür.
In dem Moment BIN ich einfach nur.
Es ist nicht nur ein Sein.

Es ist eine dynamische, intelligente, grandiose Kraft.

Das BIN ich, und das BIST du!

Das SIND wir alle!

Diese Essenz ist nicht über die Verstandesebene zu erklären.
Das Verstehen dieser Substanz gilt es einzig und allein zu erleben.
Heute bin ich mir noch tiefer und klarer der Dimension bewusst, die die neue Methode für jeden bereithält.
Ihr könnt auf einem einfachen Weg erleben, was es heißt, BewusstSein zu sein. Auch wenn ihr nicht meditiert oder schon jahrelang Yoga praktiziert.

.

✧

Großer Boykott

✧

Im Moment liest mein Freund Piet die fertigen Kapitel meines Buches gegen, was uns außerdem zu geistig sehr produktiven Treffen verhilft. Oft diskutieren wir dabei über meine neuen Erkenntnisse.
Piet kennt viele Theorien und hat gute Fragen, die er mir dann stellt.

Kürzlich fragte er mich: „Ist ein Mensch, der nie meditiert hat, überhaupt in der Lage diesen Schritt durchzuführen?"
Meine Antwort war ein eindeutiges Ja:
„Ja, es geht. Es braucht lediglich Offenheit für das, was möglich ist."

Er fragte mich, warum ich ab und zu Zweifel habe, obwohl ich diese ganzen wunderbaren Dinge erlebt und das Große BewusstSein getroffen hatte.
„Ich habe einen großen Frieden in mir", sagte ich.
„Dennoch existiert ein Teil von mir ebenso auf der menschlichen Ebene. Mein Verstand versucht ab und zu, die Oberhand zu erlangen. Das wird sich nur mit Geduld verändern, und das ist auch okay so. Er hat das so viele Jahrzehnte lang gemacht und war völlig anders programmiert.

Dass ich hier und da mal zweifle, zeigt, dass er noch nicht alles verstanden hat und das ich auf dem richtigen Weg bin. Ich bin trotzdem noch Mensch mit einem Alltag, und darum geht es ja schließlich. Wir wollen Menschen sein mit all unseren Stärken und Schwächen und das Leben genießen. Es geht darum, die Möglichkeit zu bekommen, freier zu sein und inneren Frieden zu finden.
Und genau den habe ich gefunden."

Ich nahm vielfach Zweifel an meiner Zukunft wahr, obwohl ich innerlich Klarheit habe, dass es keinerlei Bedeutung hat.
Also warum war es dann noch da?
Die Antwort auf meine Frage erhielt ich, als sich meine Freundin bei mir meldete, die sich regelmäßig mit Ängsten und Panikattacken herumschlug.
Ich erkannte, dass dieses Boykottprogramm sie ständig beschäftigte. Sie hatte dadurch keine Kapazität, sich überhaupt um irgendetwas anderes zu kümmern.
So oft wir miteinander redeten oder klassisch miteinander arbeiteten, permanent sagte sie dieselben Sätze – wie in einer Schleife oder wie eine Schallplatte, die festhing. Dadurch kümmerte sie sich laufend um ihr Problem, also um sich, um ihr Ego. Das Ego bekam fortwährend Aufmerksamkeit, kontinuierlich ging es um ihre Verletzung darin und dass sie dort nicht herauskam, wie schwer alles war und wie sie litt.
Die Angst wurde ihr Begleiter. Hatte sie Ideen für ihr Leben, wurde sie von ihrer eigenen Angst gebremst.
Der Verstand leistete ganze Arbeit.
Ich erklärte ihr das Boykottprogramm.

Daraufhin fing sie an, mit ihrem Verstand und ihrem Ego zu sprechen. Das Ego hatte einfach Angst, keine Aufmerksamkeit mehr zu bekommen im Innen sowie im Außen.
Sie machte ihrem Ego klar, dass es eine neue Aufmerksamkeit geben würde, wenn sie beide glücklich wären mit einer Aufgabe, die sie erfüllte, und dass dies viel schöner sein würde. Auch mit ihrem Verstand redete sie.

Bald kam sie zum Prozess, der vorher nicht so leicht möglich gewesen wäre. Ihr Boykottprogramm hätte es unmöglich gemacht, ihr BewusstSein zu erreichen.
Durch ihre Geschichte erkannte ich, dass mein Verstand, obwohl ich keine klassischen Themen mehr hatte, über das Boykottprogramm „Zweifel“ versuchte, mich von dem Neuen, für ihn noch nicht Fassbaren abzuhalten.
Er versuchte nach wie vor auf einer Ebene Einfluss zu nehmen, die er nicht mehr innehatte.

Also nahm ich mir einen Moment. Ich setzte mich und war ganz in meinem BewusstSein.
Ich spürte, wie groß ich wurde.
Ich spürte meine Urkraft. Hier gab es keinen Zweifel.
Ich sah den Zweifel wie eine Wand vor mir stehen und fühlte ganz klar, dass mir dies alles fremd war und keinerlei Bedeutung für mich hatte.
Ich sah, wie ich mich erhob und einfach darüberstieg.
Im gleichen Moment fiel die Mauer, sie war verschwunden.

So saß ich noch eine Weile da und war nur BewusstSein.
Ich befand mich in einer großen Leere, dem Nichts.

Nicht etwa, weil dort nichts ist, vielmehr bedeutet dieses Nichts die Abwesenheit von allem was wir hier oder aus dem Seelenkleid kennen.
Wenden wir uns aber der Leere zu, und nehmen sie an, wird aus der Leere unsere Essenz offenbart. Die Liebe und Fülle erfahrbar.

Dann stieg eine Vision in mir auf, die sich wie ein Videofilm abspulte. Ich war diese Vision.
Ich spürte mich in dem Augenblick, als ich etwas Wunderschönes tat. Mein BewusstSein zeigte mir, wo es hin wollte. Es offenbarte mir seinen neuen Plan.
In mir stieg eine unglaubliche Kraft auf, direkt in mein Herz. Ich war ausschließlich diese Vision und BewusstSein.
Da entwickelte sich eine völlig neue Wärme und Kraft in meinem Herzen. Es gab weder Zweifel noch Frustration, ich wusste nun, wohin ich wollte.

Es war verrückt: Unmittelbar davor hatte ich zu meinem Mann gesagt: „Mir fehlt eine Vision, damit ich mich neu auf das einstellen kann, was auf mich warte, egal wohin der Wege für mich geht.
Und dann dieses Erlebnis.
Im nächsten Moment begann in mir das alte Lied von Celine Dion, „I am your Angel", in einer Dauerschleife zu spielen.
Da begriff ich, dass wir zwar als BewusstSein alles in uns tragen und zu allem fähig sind, aber als Menschen manchmal an den Punkt kommen, unsere geistigen Helfer zu brauchen, um uns anzulehnen und zu wissen:
Es gibt Energien, die uns helfen, solange wir hier auf der Erde Formen sind.

Für uns Menschen sind das Geistführer und Helfer, Engel oder Krafttiere und vieles mehr, ebenso wie für die Tier- und Pflanzenwelt.

Alles ist durchdrungen von BewusstSein in vielfältiger Form.

Es ist die Liebe, die heilt, und die Liebe, die letzten Endes von allem bleibt.

Ich habe noch einmal besser verstanden, warum es wichtig ist, dass die geistige Welt, die uns umgibt, so mannigfaltig ist. Weil wir sie in dieser Zeit noch genau so brauchen.
Auch das wird sich verändern, wenn wir weiterhin die Möglichkeit nutzen, zu uns zu kommen und unsere Wahrheit zu leben. Dann kann sich auch die geistige Welt um uns verändern.

Das, was ich durch meinen Wandel inzwischen erlebe, hat eine völlig andere Qualität als das, was ich je zuvor gehört oder gefühlt hatte.
Und ich bin überzeugt, das ist jedem Menschen möglich.

Ich habe gesehen, was wir sind und was dadurch möglich ist!

✧

Materie

✧

Eines Tages – ich behandelte gerade eine Klientin - geschah etwas Kurioses.

Ich war in einen tiefen Entspannungszustand versunken, als ich permanent das Gefühl hatte, die Buddha Statue, die mein Freund in seinem Zimmer aufgestellt hatte, würde ihr Gesicht verändern.
Erst dachte ich, es wäre eine optische Täuschung.

Nachdem ich mir die Augen gerieben hatte, versuchte ich es mit schließen und öffnen. Das erzielte aber nicht das gewünschte Ergebnis.

Als Nächstes beobachtete ich, wie sich die Handhaltung, die Finger, alles an der Statue anfing zu verändern und zu bewegen.
An diesem Punkt dachte ich, ich sei vielleicht kurz vor dem Einschlafen, und meine Augen seien schwer. Aber ich war hellwach.

Plötzlich begann sich der Raum zu bewegen. Zuerst wurden die festen Strukturen um mich herum weicher. Linien waren nicht mehr gerade, sie waren wellenförmig.

Diese Strukturwellen wurden immer größer und weicher. Sie veränderten sich zu einer weichen Masse, wie ein Kuchenteig, den wir mit dem Löffel hin- und herschieben können. Dann wurde auch diese Masse durchgehend schwammiger und leichter, bis sie schließlich gänzlich zerfloss.
Die Wände um mich herum taten dasselbe: Sie zerflossen.
Der gesamte Raum mit seinem Inventar löste sich auf.
Ebenso unsere Körper lösten sich auf.

Am Ende war da nur noch unser beider BewusstSein im Universum, dem bewussten Raum des Großen BewusstSeins.
Da war nichts, und doch war es ALLES.

Nach einer Weile lief der ganze Prozess wieder rückwärts. Ich beobachtete, wie sich erneut Materie bildete und sich peu à peu wieder verdichtete, bis sich schließlich der ganze Raum um uns wieder zu der festen Materie geformt hatte, die er vorher gewesen war.

Und genau deshalb gebe ich die Hoffnung niemals auf!

Erkenntnis

Während der letzten zwei Wochen hatte ich eine große Systemumstellung.
Ich kann es jedes Mal spüren, wenn ich wenig Energie habe und zu nichts zu gebrauchen bin.
Sollte dieser Zustand länger als einen Tag anhalten, dann weiß ich, dass sich meine Zellen und andere Ebenen meines Systems verändern.
Dieses Mal war es besonders intensiv.
Das ist im Alltag oft hart für mich. Etwas schaffen zu wollen und nichts erledigen zu können, stehen sich oft konträr gegenüber.

Inzwischen weiß ich damit umzugehen. Trotzdem gibt es Tage, an denen mein Verstand mit allen Mitteln versucht, die Oberhand zu gewinnen.
Tief in mir drin gibt es jedoch ein Wissen, das unumstößlich ist und mir sagt, dass in diesen Augenblicken nichts notwendig ist, außer es geschehen zu lassen.
Damit danach etwas Neues da sein kann. Oft ist im Anschluss einer solchen Phase mein Wissen tiefer, oder die Erkenntnis klarer.
Diese vertraute Kraft in mir, hilft mir, wenn mein Assistent mal wieder alles versucht.

Mein Verstand kennt mich schließlich sehr genau. Er kennt alle Tricks, die er anwenden muss, um mich unter Kontrolle zu bringen, wenn ich mal wieder dabei bin, einen größeren, für ihn nicht zu fassenden Schritt zu machen.

Ich hatte ja bereits erwähnt, dass er besonders gerne versucht Zweifel an meinem Vorhaben oder an dem Geschehenen zu säen.
Damit hatte er in meinem Leben lange Zeit durchschlagenden Erfolg.
Auch während dieser Tage hat er es einige Male versucht.
Aber je mehr Kontakt ich mit meinem BewusstSein pflege, umso weniger kommt er ans Ziel. Sobald ich mich mit meinem wahren Sein verbinde, spüre ich eine immense Kraft und Klarheit.

In diesen Momenten ist es, als befände ich mich im Auge eines Wirbelsturms:
Alles um mich herum ist wie weggeflogen, in mir ist Ruhe und Stille, und ich kann lange von diesem eindrücklichen, kraftvollen Gefühl zehren.
Gestern Morgen bin ich erwacht und nach Tagen der totalen Ruhe und des Rückzugs hatte ich das Gefühl, viel mehr Klarheit zu haben.

Ich machte den Abwasch, und als ich so dastand, in meinen Garten schaute und über die Dinge nachdachte, wie ich sie früher betrachtete, wurde mir etwas ganz klar:
Noch vor einem Jahr dachte ich, wir würden all unsere Themen und Erlebnisse benötigen, um zu lernen, und könnten nur dadurch Erkenntnis erlangen.

Je länger ich aber in Kontakt mit meinem und dem Großen BewusstSein bin, umso klarer wird mir, dass dies nicht mehr meiner inneren Wahrheit entspricht.

Inzwischen weiß ich, dass wir Themen haben, weil wir auf einer bestimmten Ebene glauben, dass es für uns Menschen hier auf der Erde so üblich ist.

An diesem Morgen, in diesem Moment, in dem ich so weit weg war, wurde mir noch einmal bewusst, dass wir all die Themen nicht benötigen, um zu erkennen.
Denn wahre Erkenntnis kann nie aus der Verstandesebene kommen.
Sie kann nur aus der BewusstSeins Ebene geboren werden.
Und genau dazu benötigen wir keine Probleme oder die Beschäftigung damit.

Je weiter weg wir von den Kristallen des Seelengewands sind und je näher wir unserem wahren Sein kommen, umso klarer werden wir zum passenden Zeitpunkt unsere Erkenntnisse erhalten.
Nicht, weil wir sie erlernt haben.
Sie werden einfach da sein, wenn wir sie benötigen.
Sie werden geboren aus unserer eigenen, ursprünglichen, wahren Kraft und Intelligenz.
Als ich so dastand, konnte ich meinen Geistführer deutlich neben mir wahrnehmen.

Ich stelle mir die Frage, was er wohl tut, wenn ich aus den alten Strukturen ganz und gar herausgewachsen bin.
Ist ihm schon alles klar, oder wächst er mit mir mit?

Die Antwort kam prompt aus meinem Innern, denn mit einem Mal wurde das BewusstSein in mir sehr groß.
Zeitgleich schwoll die Kraft in mir stark an.
Es war, als würde der Geistführer mit mir mitwachsen.
Als würde mein Prozess ihn beflügeln, mitzugehen.
Auch er wurde riesig, und wir trafen uns auf einer neuen Ebene. Wir waren beide BewusstSein.
Ich fragte ihn, ob es ihm vorher auch klar gewesen sei.
Er erklärte mir, dass er mit mir gemeinsam wieder begonnen habe, sich zu besinnen.

Vorher habe er ein großes Wissen und eine breite Palette an Möglichkeiten gehabt, mir von der geistigen Welt aus zu helfen.
Aber er habe sich noch nicht an seinen Ursprung erinnert.
Er sei auf einer Ebene gewesen, auf der er mir eine bestimmte Unterstützung geben und mich begleiten konnte.
Er zeigte mir das Bild von der Engelreise. Auch da waren wir weit weg von dem, was wir einst hier auf der Erde gelebt hatten. Wir waren auf der Ebene der Liebe, jedoch nicht frei, so wie er bis jetzt nicht frei gewesen war, obgleich er einen großen Zugang zu Wissen hatte.
Wir waren jetzt beide frei, und ich fragte ihn, ob er nun gehen wolle. Er antwortete, er würde noch bleiben, es sei ja nicht so lang.

Obwohl eine große Kraft in mir ist und das unumstößliche Wissen, alles zu schaffen, ist es für mich trotzdem schön, von ihm begleitet zu sein.
Für viele von uns kann unsere geistige Begleitung ein großer Trost sein. Wir dürfen jedoch nicht zu viel erwarten. Denn wir sind diejenigen, die den Weg gehen.

✧

Während ich ein anderes Kapitel schreibe, bekomme ich Bilder zu vielen Fragen, die ich zu unserer geistigen Führung hatte.

Ich sehe Bilder von anderen Welten, die solche Konstrukte wie wir nicht haben, da sie diese nicht benötigen.
Ich sehe erneut die Welt der sanften Riesen, sehe, wie sie sich einfach auflösen und gehen. Sie sind sich ihrer wahren Identität bewusst und leben im Einklang mit ihr.

Deshalb ist bei ihnen auch der Inkarnationsprozess anders.
Sie kommen und gehen viel leichter als wir. Und wenn sie gehen, kehren sie zum großen BewusstSein zurück, aus dem sie sich offenbar jederzeit wieder lösen können, um eine neue Form anzunehmen.
Bei uns ist es ganz anders.

Dieses große, beinahe geschlossen wirkende Konstrukt von Diesseits, Jenseits und mannigfaltigen geistigen Ebenen des Seins ist speziell für unsere Lebensform von uns erschaffen worden.

Es ist gut für uns, geistige Begleiter oder auch Engel zu haben als Hilfe für unsere menschliche Ebene.
Wenn wir uns jedoch fortwährend aus unseren uralten Strukturen lösen, aussteigen aus dem Rad der Wiedergeburt, wenn wir erkennen, wer wir sind, werden wir auch unseren geistigen Begleitern die Möglichkeit geben, sich zu finden in ihrem freien Sein.

So können auch sie zurückgehen zur Urquelle allen Seins.

Sie wollen uns helfen, weil auch sie wissen, wie schwierig das Leben auf der Erde sein kann, da sie genauso wie wir einst hier gelebt haben.

Die geistige Welt um uns herum ist unendlich mannigfaltig, dass es scheinbar nichts gibt, was es nicht gibt.
Ich frage mich, ob sie durch das ursprüngliche Vergessen unserer wahren Natur entstanden ist.

Ich durfte die verschiedenen Energien der „Engel“ wahrnehmen. Diese reine Energie ist wunderschön und kann jedem von uns sehr helfen, dennoch ist auch ein Teil von ihnen in ihrem Sein begrenzt und nicht frei.

✧

Tagebucheintrag

In meinem Leben spielt ein ganz anderes Spektrum eine Rolle.
Es ist, als würde ich zwei Leben auf einmal führen:
das irdische mit allem, was dazugehört, und mein geistiges Leben.
Ich habe erfahren, dass die große geistige Welt zu mir und zu allen Wesen im Universum gehört. Ebenso, dass ich die Dinge völlig anders betrachte, gehört zu mir.
Meine geistige Welt ist offen, bunt und sehr vielschichtig. Eine wundervolle, lebendige, kreative Welt.
Ich erlebe Momente in der geistigen Welt, die sich wie ein Augenblick in der irdischen Welt anfühlen.

Für mich ist beides gleich, beides gehört in mein Leben, in unser aller Leben, wenn wir das möchten.

Als Kinder konnten wir oft stundenlang „träumen“ oder mit unseren „Fantasiefreunden“ reden.
Da Kinder noch durchlässig sind und die geistige Welt deshalb noch einfacher wahrnehmen, ist es auch für sie völlig normal, mit ihren unsichtbaren Freunden und Begleitern zu reden und zu spielen.
Sie leben im Gegensatz zu uns das Vollkommene in diesen Momenten, wissen intuitiv, was es heißt, ein geistiges Wesen in einem menschlichen Körper zu sein.
Da bin ich wohl Kind geblieben, oder ich habe es mir vielmehr zurückerobert.

Für mich gibt es nichts Selbstverständlicheres und Wahreres als die geistige Welt, die Kommunikation mit ihr und das Leben als geistiges Wesen.
Das kann ich mit meinem Leben im Alltag wunderbar in Einklang bringen. Ich brauche nicht den Stress und die Hektik zu übernehmen, es geht auch ohne das.

Ich bin gerne mit Menschen zusammen und auch gerne allein. Über die Jahre hat mein übermächtiger Verstand sich beruhigt. Immer mehr und mehr hat er sich an das Wesen in mir gewöhnt, Frieden damit geschlossen und akzeptiert, dass wir jetzt anders ticken. Inzwischen unterstützt er mich mehr denn je, nur eben anders.
Es war ein langer Weg bis hierher, aber ich habe mich nicht davon abbringen lassen.

Der größte Schrei des Zweiflers ist verebbt.

Die Angstschiene funktioniert nicht mehr.
Es gibt nichts mehr, was er mir entgegenzusetzen hat, sodass ihm letzten Endes nur noch die Kapitulation übrig blieb.

Er war unerbittlich gewesen, er hatte aus seiner beschränkten Perspektive seinen Job grandios erfüllt, hatte jahrelang versucht, mich aufzuhalten, im Alten zu halten, die Kontrolle zu behalten und mich so zu beschützen.
Bis ich begonnen hatte, aufzuräumen und ihn zu überhören.
Dann schlossen wir Frieden, und eines Tages schloss mein Verstand sich meinem wahren Wesen an.
In diesem Moment entstand etwas Neues.
Ein inneres Verstehen, ein Zuhören und Hilfe bei der Übersetzung.

Ich habe jetzt einen gleichwertigen Freund, der mich bedingungslos unterstützt und ermutigt, unablässig weiter zu gehen.
Er hilft mir dabei, meine Aufgaben zu erfüllen und meine Ideen in die Tat umzusetzen. Wir sind jetzt ein unschlagbares Team, dessen Beziehung auf gegenseitigem Respekt und Achtung beruht.
Dadurch sind eine Balance und eine immense Kraft in mein System eingekehrt.

Mein Verstand kann jetzt ruhen, wenn er nicht gebraucht wird, und damit kehrt auch Ruhe in das gesamte System ein. Außerdem spiegelt sich diese neue Geisteshaltung in meinem Alltag wider. Ich bin deutlich ausgeglichener, gelassener im Umgang mit meiner Familie und habe neue Kapazitäten, ihnen meine ungeteilte Aufmerksamkeit zu schenken.

Wer mich kennt, weiß, dass ich im Alltag ein völlig „normaler“ Mensch bin, der über eine gute Bodenhaftung verfügt. Dank dieser Basis ist es mir möglich, mich der geistigen Welt ganz und gar zu öffnen.

Wer keine „Zentrierung“ hat und nur in geistigen Sphären schwebt, hat es oft schwer. Das Leben auf der Erde will erfahren sein. Die eigenen Grenzen zu erfahren und die der anderen zu respektieren ist ebenso wichtig.

Wie wäre es, sich aus einer neuen Perspektive mit dem Leben auseinanderzusetzen, wenn wir schon mal hier sind?

✧

Freier Wille

✧

Ich höre aus verschiedenen spirituellen Kreisen traditionell Sätze wie:
„Wir haben alle einen freien Willen. Damit können wir auch entscheiden, wann und wo wir uns inkarnieren";
„Wir sollen uns mit dem Leben hier aussöhnen und lernen, ein Mensch zu sein. Das haben wir schließlich so gewollt."
Dazu habe ich bereits einiges geschrieben.

Außerdem ist auch gemeint, dass wir frei sind in unseren Entscheidungen und unserem Tun bis in alle Seins Formen.
Das bedeutet auch: Niemand aus der geistigen Welt zwingt uns zu etwas.
Nach allem, was ich in den letzten Monaten erlebt habe, gibt es für mich hier und da doch Einschränkungen dieser Aussage.

Vollumfängliche Freiheit gilt für mich einzig und allein auf unserer ursprünglichen Ebene des BewusstSeins.
Sind wir bereits auf der Seelenebene angekommen, können wir zwar etwas entscheiden, aber diese Entscheidung wird nie frei sein, sie wird unabdingbar auf den Energien unseres Seelenkleides basieren oder der Verstandesebene.

Damit habe ich den Zugang zum großen Ganzen verloren und kann nicht mehr allumfänglich und aus unserer ursprünglichen Weisheit heraus frei entscheiden.

Somit gibt es für mich auch keinen „freien Willen“, denn auch der Wille unterliegt den Erfahrungen und manipulierten Informationen der Seelenebene.
Erst wenn ich diese Ebene vollständig verlassen habe und meinem tiefsten Innern begegnet bin, kann ich meinen freien Willen wirklich ausüben.

Was wir tun können, ist, endlich für unsere Gedanken, Entscheidungen und unser Handeln Verantwortung zu übernehmen.
Denn das ist der erste Schritt auf dem neuen Weg.

✧

Als meine Freunde erfuhren, welche Erlebnisse ich hatte, stellten die meisten von ihnen mir diese Frage:
Suchen wir uns tatsächlich vorher im Jenseits den Plan für unser neues Leben auf der Erde aus?
Wie es auf der Ebene des BewusstSeins ist, habe ich bereits beschrieben.

In unserem wahren Sein gibt es solche Pläne nicht, dieser Präsenz geht es im Ursprung einzig und allein um das Erfahren.
Der Impuls aus dem BewusstSein führt schließlich zur Schaffung der Materie, in der sich das BewusstSein verkörpert und somit erfährt.

Dieses Wesen selbst ist vollkommen, so wie auch das Große BewusstSein eine vollkommene Kraft ist.

Es braucht nichts zu lernen, um sich in seiner Weisheit zu vervollkommnen, es enthält bereits alles, was IST.

Veränderungsprozess oder Lebensplan der Seele

Und schon werde ich wieder „gerufen".
Ich nehme wie so oft den Sog und die innere Ungeduld wahr, die sich ankündigen, wenn ich wichtige Informationen bekommen werde.
Den ganzen Vormittag lang habe ich über Geistführer und Inkarnation geschrieben, und nun zieht es mich erneut ins Jenseits zur Seelenebene.

Dort beobachte ich, wie zwei Seelen in Kontakt miteinander treten. Die eine Seele ist in einem Findungsprozess, die andere begleitet sie dabei. Es ist, als würde sich ein Teil der informellen Energien lösen, als würden wir von einem an Götterspeise erinnernden Zustand in einem gasförmigen Zustand übergehen. Es scheint, als würde alles aufweichen und sich neu mischen.

Ja, die Informationen der alten Identität lösen sich zum Teil und besetzen eine andere Stelle an unserem Seelenkleid.
Dafür treten andere Informationen an ihren Platz.
Es findet ein Tausch der Energien statt, der auf mich willkürlich wirkt, als würden sich alle Informationen um die Seele bewegen, und sie sagt irgendwann: „Ja, das Thema nehme ich."

Es ist eine intensive Wandlung, dem sie sich vollständig hingibt, und nur dadurch kann die Energieveränderung stattfinden.
Diese ist so stark, dass sie danach ihr Erleben im Jenseits und ihr einstiges Erdenleben vergessen haben wird.
Es ist zunächst nicht mehr existent für sie.
Sie wird förmlich eingezogen in diesen Auflösungs- und Veränderungsprozess.

Es scheint hier nicht um Pläne zu gehen, nicht um was, wie oder wo, vielmehr geht es darum, sich für eine Qualität, eine bestimmte Energieschwingung zu entscheiden.
Ich sehe niemanden, der sagt, ich will A oder B, oder ich will diese und jene Eltern.
Es ist, als würde das, was energetisch zusammenpasst, voneinander angezogen.

Dieses Wesen, das sich hier vor meinen Augen im Veränderungsprozess befindet, hat sich einfach aus den unendlich vielen Möglichkeiten der Kristalle der Seelenkleider etwas ausgesucht, eine bestimmte Schwingung, diese zu leben.
Ich sehe nichts, was dieses Wesen erreichen oder unbedingt leben will.
Darum geht es in diesem Moment nicht.

Es geht hier einzig und allein um die Veränderung und die Manifestation der neuen Energieschwingung auf Seelenebene.
Ich weiß nicht, warum manche von uns irgendwann geglaubt haben, wir hätten hier auf der Erde Aufgaben und sollten diese erfüllen.

Warum?
Weil wir nur so wichtig sind?
Weil nur so unser Leben einen Sinn erhält?
Warum wollen wir Zeit unseres Lebens auf der Suche nach einer Lebensaufgabe sein, anstatt das Leben einfach zu leben?
Lebendig zu sein.
Nichts zu erfüllen.
Frei zu sein.
Das zu tun, was einem Spaß macht, und daraus vielleicht etwas Gutes zu machen.
Zu lieben.
Zu genießen.

Nicht unaufhörlich einer Aufgabe hinterherzulaufen.
Viele Leute zu brauchen, die uns sagen, was wir tun sollen.
Macht einfach das, was euch inspiriert und was ihr liebt.
Bleibt stehen und lebt in aller Lebendigkeit, die in euch zu finden ist.

Darum geht es hier!

Kein Baum, kein Planet fragt sich, warum er ein Planet ist oder ein Baum und was seine Aufgabe ist oder ob er Hilfe von außen braucht.
Nur der Mensch, der muss etwas Besonderes sein.
Kein Wesen in anderen Welten, das ich getroffen habe, hat sich nach einer Aufgabe oder einem Lebensplan gefragt.
Kein Wesen bat um Hilfe für etwas oder hatte die Vorstellung, von Hilfe abhängig zu sein.

Es kam immerfort auf einen Punkt heraus:

Das BewusstSein erschafft sich seine Form um des Erfahren Willens.

Nicht mehr und nicht weniger.
Außerdem bringt es alles, was es dazu benötigt, in die jeweilige Form mit.
Der Seelenveränderungsprozess, den ich beobachten durfte, ist sicherlich nur ein Teil.
Vielleicht gibt es auch noch viele andere, mannigfaltige Vorgänge auf dieser Ebene.
Nichtsdestotrotz ist es ein Geschehen auf Seelenebene, das sich sicherlich mit der Veränderung des BewusstSeins auch verändern wird.
Denn dann benötige ich keinerlei menschliche Pseudothemen mehr, um mir auf der Erde eine Form zu geben.
Es geschieht einfach.
Es geschieht schon jetzt!
Schon jetzt gibt es BewusstSein, das sich neu in eine menschliche Form bringen möchte, und zwar aus sich heraus: ein Teil unserer Kinder.

Sie haben weder Interesse daran, irgendwelche Befindlichkeiten ihrer Eltern zu übernehmen, noch streben sie danach, sich anzupassen.
Sie SIND einfach!
Sie sind Liebe, und sie sind sich ihrer Selbst bewusst!
Sie handeln aus sich heraus.
Sie sind unser Geschenk der neuen Zeit.
Sie sind wahres Sein, Wesen des Ursprungs.
Und damit sind sie der Beweis dafür, dass wahres Sein auch hier auf der Erde möglich ist und dass die Seelenebene auf der Erde nicht essenziell benötigt wird.

Heute Morgen dachte ich darüber nach, dass Gedanken unsere Welt verändern. Natürlich tun sie das. Sie bringen uns unter anderem unentwegt dazu, in den alten Mustern zu bleiben, in unserer alten Schneekugel, in der selbst aufgestiegene Meister und geistige Wesen ihren Platz haben.
Und all dem liegt die Energie des Glaubens zugrunde.
Was wäre, wenn wir beginnen würden, die Welt aus unserer wahren Essenz zu erfahren und sie aus dieser Perspektive zu betrachten?
Wir würden völlig neue, noch nie da gewesene Informationen erhalten. Wir würden unsere Welt komplett neu erfahren.
Im Moment unterliegen viele Channelings noch alten Informationen, die wir als wahr angenommen haben, deshalb werden sie auch häufiger eine ähnliche Botschaft enthalten.
Erst wenn wir uns für ungeahnte Welten und Informationen öffnen, erst dann kann etwas wirklich Neues entstehen.

Wer bist du wirklich?“

In dem Augenblick, in dem du diese Frage aus deinem ursprünglichen Wesen beantworten kannst, findest du auch die Antwort auf neue folgende Fragen.

Für mich ist es ein gravierender Unterschied, ob dein Verstand einfach umdenkt und Gutes zu integrieren versucht, oder ob dein Denken Ausdruck und Impuls deiner natürlichen Essenz ist.
Das sind zwei völlig verschiedene Energien, die auch hier in der Welt sehr Unterschiedliches bewirken werden.
Wenn ich meinem BewusstSein Raum gebe, sich zu entfalten, und der Verstand zur Ruhe kommt, beginnt die eigentliche Magie unserer Schöpferkraft.

Es ist, als würde sich ein gigantischer energetischer Raum öffnen, in dem alles möglich ist.
Wenn wir wollen, dass sich wirklich etwas verändert, und wir die Führung erhalten, die sich viele von uns so wünschen, dürfen wir beginnen, unser BewusstSein übernehmen zu lassen.

Es ist unsere Führung, die einzige, wahre Führung.

Eine Welt, die nur vom Verstand geführt wird, kann sich letzten Endes nur in sehr beschränkten Bahnen verändern, da der Verstand kontinuierlich versuchen wird, uns so klein wie möglich zu halten und unsere Fortschritte so sicher wie möglich zu gestalten. Vieles ist in seinen Augen unmöglich.

Auf der Ebene des BewusstSeins jedoch spielt dies keine Rolle mehr. Es ist die wahre, kreative Kraft, die Lösungen finden wird, weil es unsere ureigene Intelligenz ist.

Nur aus ihr heraus können wir wirklich unsere allumfassende Natur leben.
Wir sind Wesen der Liebe, und das dürfen wir wiederentdecken.
In unserem Ursprung ist es uns fremd, Kämpfe auszufechten, oder andere Wesen nicht mit Respekt zu behandeln.
Wir lehren dies unsere Kinder, dabei haben alle diesen Kern in sich.
Je mehr ihr zu euch selbst findet, umso weniger werdet ihr kämpfen wollen, umso mehr werdet ihr das wahre Sein auch in eurem Gegenüber erkennen.
Und dann geschieht Heilung auf allen Ebenen.

Viele von euch sind ununterbrochen auf der Suche nach Antworten, diese werdet ihr nur in den Tiefen eures Innern finden.
Euer wahres Wesen hat in seiner Substanz absolut alles, was ihr benötigt, um Antworten zu finden.

Ich sehe jeden Tag, dass es möglich ist ein geistiges Wesen auf dieser Erde zu sein, wenn man endlich aufhört, an das zu glauben, was uns unser Verstand erzählt.
Ich bin davon überzeugt, dass es auch euch möglich ist, auf diese Ebene zu kommen und euer System peu à peu umzustellen.

Der erste Schritt auf dem Weg besteht darin, offen zu sein. Deshalb habe ich auch dieses Buch zuerst geschrieben.

Nach dem Verstehen folgt das Erfahren der wahren Identität. Infolgedessen ist der neue Wandlungsprozess entstanden. Dieser Prozess wird Möglichkeiten bieten, mit unserer Essenz Kontakt aufzunehmen und damit zu arbeiten.
Versucht einmal, nicht nur die Worte zu lesen, sondern auch die Essenz zu verstehen und die Dimensionen, die all dies für uns möglich macht.

Es ist ein neuer Anfang!

Die Zukunft ist frei

Vor einiger Zeit besuchte ich meine Freundin. Sie erzählte mir von einem Buch, das gechannelte Zukunftsszenarien beschrieb.
Darin wurde sehr genau geschildert, wo was in den nächsten Jahren geschehen würde.

Wir unterhielten uns lange darüber, und irgendetwas daran kam mir merkwürdig vor. Ich konnte es nicht erklären, aber wenn für mich etwas nicht stimmig ist, geht dieses mit einem ganz bestimmten Körpergefühl einher.

Und genau das war jetzt der Fall. Ich ließ es erst einmal so stehen, weil ich zunächst nicht erfassen konnte, warum mich dieses Gefühl beschlich.
Nachdem ich darüber geschlafen hatte, nahm ich das Buch, um darin zu lesen. Vielleicht konnte ich so herausfinden, was die Ursache für mein Gefühl war. Kaum hatte ich das Buch in die Hand genommen, wurde mir extrem schwindelig, und ich musste mich festhalten, um nicht nach hinten zu fallen. Was war das denn?
Irgendetwas stimmte hier für mich ganz und gar nicht.
Als ich es kurz darauf meiner Freundin erzählte, wurde alles fassbar und sehr deutlich.

Im nächsten Augenblick konnte ich wieder dieses Gefühl der unendlichen Liebe spüren, die mein Herz überfließen lässt, wenn das Große BewusstSein mit mir in Kontakt tritt.

Zeitgleich wurde es ganz still in mir, und Frieden kehrte ein. Ich hatte in den letzten Monaten gelernt, bei diesem Zeichen augenblicklich alle Gedanken und alles, was ich gerade tat, sein zu lassen. Dies war wichtig, um bereit zu sein für das, was in diesen Minuten folgte.

Beständig breiteten sich Frieden und Licht in meinem ganzen Körper aus. Kurze Zeit später hörte ich eine klare, unendlich warme innere Stimme, die ich bereits von anderen Begegnungen kannte.
Jetzt folgte eine wichtige Botschaft.
Sie bestand nur aus einem Satz. Er war so eindrücklich, dass ich ihn niemals vergessen werde.

„Die Zukunft ist frei!"

Ich hatte die Stimme selten gehört, würde sie aber jederzeit wiedererkennen. Es war genau die gleiche Energie, die ich schon während meines Erleuchtungserlebnisses gefühlt hatte.
Diese Energie hatte genau die Schwingung, durch die alles mit einem Satz klar wird, unumstößlich, bis in jede Zelle, sodass sich selbst mein Verstand nicht mehr traut, irgendetwas zu hinterfragen.

Die Zukunft ist frei!

Sie ist nicht festgeschrieben, egal, was irgendjemand channelt oder sagt.

Mit jeder unserer Erkenntnisse und Entscheidungen verändern wir in jeder Sekunde die Zukunft.

Alles ist wandelbar.

Nichts ist, wie es scheint!

Sollten wir finstere Prognosen bekommen, dann kommen diese NICHT, NIEMALS aus der Kraft der Liebe.

Auch das wurde mir jetzt noch einmal ganz klar.
Versucht euch zu öffnen für neue Ideen!

Alles ist möglich!

Nur weil wir bis jetzt oft noch alte Wege beschreiten, heißt das nicht, dass wir dies nicht ändern könnten.
Wenn wir düsteren Voraussagen glauben, werden wir in ein Feld der Angstenergie gezogen. Wir werden starr, steif und im gleichen Moment völlig handlungsunfähig.
Außerdem geben wir einer bloßen, leeren Ansammlung von Informationsenergie Macht über uns.
Wir übergeben die Macht also an etwas, das nicht wirklich existiert!

✧

Am Anfang ist es nur eine Information, die ins Feld gegeben wird, welche wir als wahr annehmen.

Damit kommt die Dunkelheit, an die wir glauben, und wir beginnen uns nach dieser düsteren Prognose auszurichten.
Im gleichen Zuge beginnen wir bereits jetzt schon, nach ihr zu leben, obwohl es ursprünglich nur eine Information war.
Könnt ihr euch erinnern?
Bevor wir sie gehört haben, war alles in Ordnung in unserem Leben.
Kein Gedanke an Untergänge oder schlechte Prognosen, keine Ängste vor Unvorhersehbarem.
Wem ist das denn nicht schon so gegangen?

Wir haben die Möglichkeit, uns davon zu befreien und uns das Leben zu erschaffen, das wir möchten.
Lasst uns unsere Talente leben und beginnen, das Leben zu genießen.
Es geht nicht darum, wie lange wir leben, sondern darum, dass wir das Leben in allen Zügen leben.
Jeder hat es selbst in der Hand.
Denn:

Die Zukunft ist frei!
Wenn wir bereit sind, neu zu beginnen, besteht ein erster Schritt darin, zu verstehen:
Egal was wir einst gelernt haben.
Nimm es an, dass du gar nichts weißt.
Erst diese Erkenntnis schafft die Bereitschaft, neue Felder zu eröffnen.

Diese Felder aus Informationen, Kreationen oder Ideen waren schon längst da. Sie waren in uns und um uns herum. Wir konnten sie aber nicht sehen, da wir nur aus der Perspektive unserer alten, ausgetretenen Pfade geschaut haben.

Zum Beispiel sehen wir heute noch oft in den Himmel mit festen Erwartungen an das, was wir dort finden sollten.

Wir gehen wie ein Uhrwerk von der gleichen oder einer ähnlich festen Materie aus, wie wir sie hier finden, und glauben daran, dass nur so Leben möglich ist.

Wenn wir uns öffnen könnten für all die wunderbaren, unendlich kreativen Formen und Möglichkeiten, für die außergewöhnlichen Welten dort draußen im Unendlichen, dann würden wir wahrscheinlich sehr überrascht sein, wenn sich uns plötzlich Welten offenbaren, die seit jeher um uns waren, die wir nur mit dem Blick der alten Erwartung, wie etwas sein muss, nie sehen konnten.

So ist es in allen Bereichen unseres Lebens.
Wir formen uns das zurecht, was wir sehen wollen, anstatt für das bereit zu sein, was wirklich vor uns liegt.
Zu fragen, warum etwas nicht so ist, wie ich es erwarte, oder warum es so sein muss, wie ich es erwarte, wäre doch sehr interessant.

Es gab Zeiten, in denen Forscher allein um der Forschung willen, um der unentdeckten Plätze auf der Erde, um der Tier- und Pflanzenwelt, von vornherein dazu bereit waren, das Unbekannte zu erwarten.
Alles war neu.
Vieles unvorhersehbar.

Sie zogen los mit einer Offenheit und Klarheit, nichts wissend, etwas erahnend und in der Hoffnung, viel zu erfahren.
Wir haben viel Altes hingenommen und übernommen.

Auf dieser Grundlage meinen wir inzwischen, alles zu wissen und alles erreichen zu können, im Zeichen der Wissenschaft und im Zeitalter der künstlichen Intelligenz.

Wo sind Offenheit und Tatendrang geblieben?
Wo das Fühlen, Riechen und Schmecken?
Wo die Inbrunst des Verstehen Wollens, anstatt der festen Überzeugung, bereits alles zu wissen?
Oder dem Glauben, dass dies und jenes nicht sein kann, weil es nicht sein darf?
Weil es nach unserer Vorstellung grundsätzlich nicht möglich ist.
Na und?

Auch wenn wir etwas für unmöglich halten, existiert es trotzdem.

Es wartet da draußen eine so reichhaltige, mannigfaltige, unendlich kreative Welt auf uns, wie wir sie uns nie hätten vorstellen können.

Je mehr ich bereit bin mich von meinem alten Leben, das ich einst durch diese Vorstellung geformt habe, zu verabschieden, umso mehr komme ich auf meinen eigentlichen, wahren inneren Weg.
Und ich staune über das, was dort auf mich wartet und was ich nie erwartet hätte.

Zum Beispiel hätte ich niemals für möglich gehalten, dass ich irgendwann ein Buch schreiben würde.
Aufsätze haben mich nicht besonders interessiert. Außerdem war ich der festen Überzeugung, es gäbe schon genug Bücher.

Als meine Freundin mir vor ca. zwei Jahren erzählte, sie würde gerne in ihrem Leben noch ein Buch schreiben, war für mich ganz klar, dass so etwas kein erstrebenswertes Ziel für mich wäre. Warum auch?

Und heute sitze ich hier und schreibe meine Erfahrungen für euch auf. Ebenso hat sich mein Bild vom Entstehungsprozess eines Buches dadurch geändert. Schreiben ist eine harte kreative Arbeit.
Ich habe es nicht gelernt zu schreiben und eine Autorin zu sein. Und jetzt bin ich es doch.
Kürzlich las ich unterwegs einen Spruch, der für mich insgesamt für all die Erlebnisse des vergangenen Jahres steht:

„Man muss bereit sein,
sich von dem Leben zu lösen, das man geplant hat,
damit man das Leben findet, das auf einen wartet."
Von Joseph Campbell

Die Zukunft ist frei!

Und sie beginnt JETZT!

✧

Kollektives BewusstSein

✧

Der Begriff Kollektives-BewusstSein fällt in der spirituellen Gemeinschaft häufig. In diesem Zusammenhang höre ich oft Aussagen wie: Das ist im Kollektiven-BewusstSein verankert, oder das Kollektive-BewusstSein hebt sich an.

Diesen Aussagen zur Folge und meinem Erlebten in diesem Kontext, müsste das Kollektive-BewusstSein gewissermaßen eine bewusste, intelligente Kraft der unendlichen Liebe sein. Ein Wesen also, das bewusste Entscheidungen trifft und aus sich heraus handelt.

Nach meinen bisherigen Erkenntnissen, die ich in den letzten Jahren sammeln durfte, würde ich den Begriff dafür nicht mehr verwenden. Er führt in eine falsche Richtung.

Ein Jeder von uns ist ein eigenes BewusstSein und alles was uns an Pflanze und Tier umgibt ebenso, selbst die Mutter Erde IST ein eigenes BewusstSein.

Die geistigen Kräfte, die uns umgeben und helfen, sind alle, jedes für sich, ein eigenes BewusstSein, bis ins Große BewusstSein hinein, aus dem alles entstanden ist.

Das Kollektive-BewusstSein ist nach meinem Verständnis jedoch etwas ganz anderes.

Es ist vielmehr ein Informationsfeld, das wir selbst erschaffen haben und das über unendliche Zeiten gewachsen ist.

Jeder von uns lebt aus einem großen Pool verschiedener Informationen. Wir haben uns ein gigantisches Informationsfeld erschaffen, das uns umgibt. Das kollektive Informationsfeld trägt all diese Informationen in sich und durchflutet unsere Welt wiederum damit.

Diese Felder sind überall vorhanden. Angefangen im Kleinen in den Familien, über ganze Kontinente bis hin zum großen Feld, das wir als Kollektives-BewusstSein betiteln.

✧

Am Anfang nehmen wir erst einmal alle Informationen daraus als gegeben hin, übernehmen sie blind und leben sie.

Das ist in dem Familienfeld nicht anders als in dem großen Feld.
So ist es scheinbar für uns normal, dass wir hier auf der Erde nach der Geburt irgendwann vergessen, wo wir herkommen oder wer wir sind. Wir gehen außerdem davon aus, dass wir Themen von der Familie übernehmen müssen, um hier zu überleben.

Es ist eine Art Gefallen, die ich dem anderen tue, um eine Daseinsberechtigung zu erhalten. Aber auch, um eine Verbindung zu schaffen, die aus Verlustangst entstanden ist.

Wie viele von uns tragen immer noch Fluchtthemen in sich, obwohl sie dies nie erlebt haben?

Oder Verlustängste, die völlig unbegründet sind?

Wie viele von uns haben Gefühle oder Gedanken, deren Ursprung sie sich nicht erklären können?

Der Kreislauf funktioniert folgendermaßen: Ich helfe dir, indem ich etwas an Energie von dir übernehme. Dies sichert letztlich ebenso mein Überleben ein Stück mehr.
Wenn ich dich praktisch damit entlaste, wirst du leichter durch das Leben gehen.

Dieses Verhalten ist wie ein unbeschriebenes Blatt.
Ein stilles uraltes Muster, das in vielen von uns schlummert.

Diese Information ist in dem großen Informationsfeld geschrieben. Es ist Energie, die uns umgibt.
Diese nehmen wir auf einer tieferen Ebene, ohne es klar zu wissen, als gegeben hin.

Es ist als würden wir die Gemeinschaft schützen wollen, indem wir uns der Gemeinschaft anpassen.

Mit all den alten Wertevorstellungen oder anderen Informationen und Traditionen.

Ein Teil von uns scheint über lange Zeit geglaubt zu haben, dass wir allein ohne eine Gemeinschaft nicht überleben können.

Aus dieser Vorstellung heraus ist eine große Angst entstanden, die bis heute eine große Macht besitzt.
Diese uralten Informationen sind nach wie vor, in unseren Zellen verankert.

Nehmen wir einmal an, wir würden weiter einen Teil der Themen unserer Eltern oder der Gesellschaft übernehmen, dann würden wir weiterhin nie erleben wer wir wirklich sind.

Wir stecken in einem Teufelskreis von Themen, Erwartungen, Mustern und fragen uns:
Warum ist das so?
Und:
Wie komme ich da heraus?

Viele von uns sind damit beschäftigt einen Weg zu finden, um diesen Kreislauf zu erleichtern, zu verstehen und Lösungen zu finden, damit es uns endlich besser geht.

Andere beginnen eines Tages zu resignieren, weil diese Spirale doch nie aufhört.
Es scheint nie ein Ende zu geben.
Unaufhörlich kommt etwas Neues.
Ist ein Thema bearbeitet, zeigt sich das nächste.

Wie wäre es, herauszufinden, wen und was du da wirklich lebst, dein ganzes Leben schon?

Damit zu beginnen, du selbst zu sein?

Wir sind unser gesamtes Leben damit beschäftigt, uns an gesellschaftliche Normen anzupassen, oder diese an unsere Kinder weiterzugeben.
Zu schauen, wie ich wo weiterkomme, und zwar auf dem klassischen vorgegebenen Weg.

Unsere Entscheidungen treffen wir allzu oft mit dem Fokus auf die Gesellschaft, oder was uns erwarten könnte, wenn wir es anders machen würden.

Was mag dieser oder jener dazu sagen?

Dann verliere ich den Anschluss, ich werde nie wieder einen Fuß in diese Tür bekommen.

Wenn wir uns selbst weiter unterdrücken, indem was wir wirklich sind und uns versuchen weiterhin etwas Altem, längst nicht mehr dienlichem anzupassen, kann nichts allumfassendes Neues entstehen!

Oder, das Neue wird gehemmt und unterdrückt.

Ich sehe es an mir, wie stark die Wirkung eines übernommenen Themas ist.
Wir leben es als wäre es unser Eigenes.
Wir leben es in jedem Atemzug.
Wir speichern es in unseren Zellen ab und anschließend handeln wir danach.
Wir treffen aufgrund dieser Informationen oder Glaubenssätze unsere Entscheidungen.

So bestimmt ein Thema, das nie unser Ureigenes war, unseren gesamten bisherigen Lebensweg!

Es wird uns vehement in unserem ursprünglichen Vorankommen, uns zu erkennen und damit Gutes zu tun, blockieren.

Wir identifizieren uns mit der Welt um uns herum, weil wir unsere eigene Welt noch nicht wiederentdeckt haben.

Sie wartet auf uns!

So viel unendliche Schönheit wartet auf euch.
Da ist unbegrenzte Ideenvielfalt, Kreativität und unerschöpfliche Liebe in euch.
Es warten Lösungen auf euch, die ihr vorher nicht zu träumen gewagt hättet.

Eine Veränderung kann geschehen, wenn wir herausgehen aus dem Widerstand und dem Kampf gegen uns selbst und gegen die Welt. Wir können übergehen zu gegenseitiger

Achtung, Respekt und einem neuen freien unterstützendem Miteinander, ohne uns vehement an Schuld festzuhalten.

Als sich der neue Prozess entwickelte, lag darin die Hoffnung einen direkten, leichten Weg zur eigenen Quelle, zum eigenen BewusstSein und zum Erkennen zu offenbaren.

Ich habe diese Methode etliche Male bei Freunden und mir angewendet, und jedes Mal erschließen sich neue Informationen, die uns weiterhelfen können, uns zu verändern und vor allem uns zu verstehen.

Egal, was es ist, wir werden die Dinge aus unserem ureigenen Wesen, unserem BewusstSein heraus völlig anders und neu betrachten als aus den Augen des Verstandes.

Da wir auf dieser Ebene kein „Ich" mehr besitzen, können wir aus einer völlig anderen Präsenz erfahren.
So erschließen wir uns die Möglichkeit, neue Ansichten und Lösungen zu finden.

Dinge, welche uns vorher unerreichbar oder unüberwindbar erschienen, treten dadurch in machbare Reichweite.
Gedanken, die uns vorher noch gehemmt haben, verschwinden.
„HOPE – ein neuer Ursprung", ist für mich der Weg der Hoffnung, weil er uns die Möglichkeit bietet uns zu erkennen, zu fühlen, zu sein wer wir wirklich sind.

✧

Kollektiver Aufstieg

Der Kollektive Aufstieg ist eine Theorie, von der ich oft lese im Kontext unserer aktuellen Zeitqualität.

Manche sagen, wir wären gemeinsam in einem Kollektiv hier her auf die Erde gekommen, um letzten Endes gemeinsam aufzusteigen.

Ich habe in meiner Arbeit noch keine Bestätigung dieser Theorie gefunden.
Da ich nichts von dem, was ich höre, einfach übernehme, möchte ich gerne meine eigenen Beweise dafür finden.

Es kann sein, dass ich diejenigen, die einst gemeinsam hier auf die Erde in einer großen Gruppe gekommen sind, noch nicht getroffen habe.
Ich bin offen für alles, es gibt nichts, was es nicht gibt.

Ich habe wahrscheinlich genau diese Personen aus der Masse getroffen, die aus anderen Gründen hier sind.
Solche, die nicht ursprünglich mit ihrer Form auf der Erde starteten, genauso wie ich. Vielleicht ist dies der Grund, warum ich speziell gerade auf sie treffe.

Jedes Mal, wenn ich in den Sitzungen den Ursprung der Wesen erfahren durfte, waren es Menschen, deren Seelenebene ganz verschiedene Ursprünge ihrer Formen und Erlebnisse in unseren Universen hatten.

Im Großen BewusstSein waren wir alle gleich, unsere Geschichten, die danach folgten, sind aber unendlich mannigfaltig auf allen Ebenen.
Es gibt kein Schwarz und Weiß.

Ich glaube, dass hierfür mein Verstand auch noch viel zu „klein" ist. Ich durfte in den letzten Jahren einen minimalen Bruchteil von dem erahnen, der eigentlich auf uns wartet.

Für mich hat sich eines herauskristallisiert: Es gibt sehr viele verschiedene Ursprünge der Seelenebenen und all diese haben wir hierher mitgebracht, deshalb ist das Leben und die Formen, die es bietet auf dieser Erde unendlich reichhaltig und unterschiedlich. Es gibt viele Ideen, Gedanken und Lebensweisen. So viele Gründe, warum wir genau hier an diesem Ort sind.

Wenn wir die Idee einer festen Materie verlassen und beginnen in BewusstSein und Energie zu denken, werden aus Lichtjahren Wimpernschläge.

Eines jedoch haben sie alle gemeinsam. Sie haben alle eine Idee von einem großen Ganzen, das von uns sehr unterschiedlich interpretiert wird.

Viele von uns betrachten alles aus der Schöpfungsgeschichte, andere versuchen Antworten zu finden aus dem, was wir hier auf der Erde vorfinden und wieder andere in unserer aller Vergangenheit.

Warum tun wir das?

Warum öffnen wir uns nicht ganz und gar für die Antworten, die bereits in uns sind?

Dort ist viel mehr für uns, als wir bisher erahnen konnten.

Diese Antworten, kann uns nur unser wahres Wesen geben, damit wir verstehen, warum es so ist, wie wir dahin gekommen sind und was wir tun können.

All das liegt in uns!

Wir können viele Theorien wissenschaftlich nicht untermauern, aber wir können sie geistig erfassen.

✧

Einmal hatte ich einen Traum von Einstein.

Er hatte eine Ahnung von der großen Kraft in ihm und die Kraft, die alles durchdringt. Er wollte diese Idee in mathematischen Gleichungen erfassen und verstehen.

Er wollte diese Kraft, dieses unendliche Wesen mit dem Verstand verstehen und beweisen.

Ich sah ihn an seiner Tafel stehen und schier daran zu verzweifeln.
Ich kann ihn verstehen, ich suche unentwegt nach Worten oder Möglichkeiten, euch das zu offenbaren, was ich erlebt habe.

Es geht in Gänze nur durch das eigene Erfahren.
Nur darüber können wir versuchen die Komplexität unseres erschaffenen Konstruktes nach und nach zu begreifen.

Vielleicht können wir im Moment noch nicht alles wissenschaftlich belegen, aber wir können es erahnen und erfassen mit unserem Geist, wenn wir es zulassen.

✧

Wir unterliegen scheinbar einer Veränderung, in denen sich alte festgehaltene Schleier lüften können.

Für mich ist es allerdings kein Aufsteigen, sondern ein Herabsteigen zu seiner eigentlichen Identität oder auch ein Aussteigen, aus alten Mustern und Informationen.

Wenn wir aufsteigen, tun wir das mithilfe von Energien, die uns voranschieben.

Wir gehen kontinuierlich weiter, das ist auch gut so, denn ohne diese Energien wären wir wahrscheinlich auch nicht unbedingt losgegangen.

Was ich aber gelernt habe, durch all die vielen Reisen ist:

Wir nehmen die Seelenebene immer mit!

Vielleicht werden es weniger Kristalle, aber das Vergessen bleibt.

Selbst bis in höchste Instanzen im Jenseits sind wir nicht frei, weil wir uns nicht erinnern.
Und deshalb können wir noch so Hoch steigen, das Seelenkleid mit seinen Kristallen nehmen wir auf irgendeiner Weise mit.

Aber wenn wir uns erinnern und zu BewusstSein werden, dann werden wir aus uns heraus losgehen!

Dann bedarf es keiner Anhebung mehr, weil wir uns automatisch aus uns selbst heraus verändern werden.
Weil wir automatisch weitergehen, da etwas in uns es so will. Eine dynamische, friedliche, vollkommen intelligente und bewusste Kraft.

Weil wir in uns angekommen sind.

Wir werden uns aus uns heraus von allein verändern und nicht, weil uns irgendwelche Energien dazu bringen.
Sicherlich brauchen es einige von ihnen angestoßen zu werden, und das ist auch gut so.
Aber eben nicht getragen werden, darin liegt ein großer Unterschied zum selbst laufen.

Aus sich selbst heraus zu verstehen und sich dadurch zu verändern, wird eine vollständig andere Erkenntnis und Wandlung mit sich bringen.

Es ist ein Unterschied, etwas aus sich heraus zu entdecken, zu erwecken, zu erfahren, als in einem fahrenden Zug an ein Ziel gebracht zu werden, was wir bewusst aus uns heraus nicht selbst gewählt haben.

✧

Ich höre überall: Wir „möchten" aufsteigen in einem Kollektiv, aber machen weiter wie bisher.
Ich habe diese Erkenntnis selbst noch nicht erhalten, um diese zu bestätigen.

Im Moment erscheint das, was wir tun eher wie die Schwarmintelligenz von Staren.

Tausende finden sich durch eine bestimmte Intension zusammen in einem großen Schwarm.
Dann plötzlich verändert sich die vorher gleich schwingende Masse und es hebt sich zunächst eine Gruppe ab und schwirrt in eine neue Richtung.
Warum passiert das?
Zuvor hatte ein Individuum eine Idee/ eine Information ins Feld gebracht und spontan, ohne zu prüfen, fliegt ein Teil des Schwarms einfach dieser Information hinterher.

Bei den Staren sind es Entscheidungen eines einzelnen, die dazu führen, dass die gesamte homogene Masse in einem kurzen Moment aufgerissen wird und sich neu formiert.
So geht es stets weiter, wir bewegen uns auseinander, zueinander, in verschiedenen Formationen hin und her, schwirren Informationen nach.

Wir sind so verschieden und individuell, wir glauben an so viele unterschiedliche Konstrukte, Theorien, Ideologien, dass wir uns ständig in neuen schwirrenden Gruppen zusammenfinden, und die wildesten Formationen fliegen.

Wir fliegen nur Informationen oder Möglichkeiten nach, weil wir uns selbst noch nicht gefunden haben.
Wir besuchen Meditationen und Vorträge, auf der Suche nach etwas was wir bereits erahnen.

Wir glauben Worten, weil wir uns so gerne daran anschließen wollen.
Wir hören unser eigener Meister zu sein, aber können das alles gar nicht leben, weil wir es oft nicht fassen können.

Ich habe dies alles auch erlebt.
Ich habe über 20 Jahre Ausbildungen gemacht und war auf der Suche nach mir, nach der Essenz und nach Möglichkeiten, Menschen auf verschiedenen Ebenen zu helfen.
Es gibt da draußen unendlich viele Methoden und Wege uns voranzubringen.

Jedoch sind sie alle von der Seelenebene und der Theorie der Seele begrenzt.
Deshalb ist die Frage, ob du dabei letzten Endes findest, was du suchst.

Entspannung: Ja. Wohlbefinden: Ja. Frieden: Vielleicht. Erkenntnis: Vielleicht.
Seelenfrieden: Nein.

Ich weiß, es klingt vielleicht an dieser Stelle provokativ.

Jeder einzelne geht seinen eigenen Weg und wird finden, was auch immer er zu finden bereit ist.

✧

Das Große BewusstSein hat mich gefunden.
Warum auch immer „ES" mir diese Informationen gegeben hat.
Warum gerade ich?
Als ich keine Antwort auf diese Frage erhalten hatte, nahm ich es, wie es nun mal war.
Inzwischen habe ich verstanden, wohin meine Reise geht.

Ich weiß, dass das was ich sage, sehr konträr zu dem ist, was ihr bis jetzt gehört habt.
Aber es ist das, was ich euch entgegen allem, was ich jemals gelernt und erfahren habe, sagen kann.

Ich benötigte Zeit, um mich von all den Vorstellungen, Glauben und Konditionierungen völlig und allumfassend zu verabschieden.

Von dem was vorher meinen Alltag und mein Leben bestimmt hatte, was mein fester Glaube war!
Es hat sich in mir gewandelt von Glauben zu Wissen.
Zu unumstößlichem Wissen durch das, was ich sehen und erfahren durfte.
Das Ganze hat sich in mir, in jeder Zelle so tief eingebrannt, dass ich nicht anders kann.

All der individuelle Glaube auf unseren Wegen ist gut, solange wir nur schwirren wollen und nicht den Wunsch haben, wirklich anzukommen, aufzutauchen in uns selbst.

In der Schwarmintelligenz eines Starenschwarmes gibt es keine bestimmte Grundschwingung.
Es ist eher ein zusammengewürfelter Haufen, in dem jeder seine Erfahrung und Entscheidungen mit einbringt.

Dies bringt den Schwarm schließlich, nach vielem auf und ab an sein gemeinsames Ziel.

Diese Technik kann auch für uns sehr befruchtend sein, wenn wir beginnen würden, aus einer gemeinsamen Basis zu handeln und uns aus der Basis des BewusstSeins zu befruchten.

Zunehmend mehr Wesen könnten sich unserem neuen Schwarm anschließen, der letzten Endes eine völlig neue Schwingung hätte. Damit würde er sich in eine neue Vorwärtsbewegung verändern.

Wenn wir mit dem BewusstSein der Erde und ihrer Urenergie schwingen würden, hätten wir zwar verschiedene Ansichten oder individuelle Wege, aber trotzdem das gleiche Ziel.

Es geht um Individuen, die die verschiedenen Qualitäten, die sie leben möchten, einbringen können.
Die Qualitäten, die ihrer eigenen Wahrheit entsprechen und der neuen Basis ihres wahren Wesens.
Dann könnten wir gemeinsam zu BewusstSein werden und ein Kollektiv bilden aus einer wahren BewusstSeins-Identität in einem menschlichen Körper.

Entscheide du ganz in deinem Innern für dich allein, ob dieses auch für dich deine Wahrheit sein kann.

Ich will weder bekehren noch predigen, nur erzählen, was ich erlebt habe und euch daran teilhaben lassen.

Vor einem Jahr habe ich alles in einem unendlichen Augenblick gesehen und erfahren, es war für mich alles perfekt, nichts war danach noch in meinem Leben zu tun oder zu erreichen.

In diesem Moment hatte ich alles bereits in mir.
Ich entschloss mich, all das euch zur Verfügung zu stellen.

Vieles wird einfach von allein geschehen. Wenn wir bereit sind, unser wahres geistiges Wesen in einem Menschen zu sein, kann die Welt sich wirklich ändern.

In den letzten Monaten der Wandlung, bin ich durch das Zulassen dieser neuen Kraft in mir klarer, stärker und auch verständnisvoller geworden.

Es ist als würde mir mein BewusstSein völlig natürlich aus mir heraus zeigen und spüren lassen, was für mich der richtige Weg ist. Es ist nicht mehr das Hinterfragen aus dem Verstand heraus und abwägen aller Möglichkeiten.

Genau dieses ist überflüssig geworden, da mein Inneres mir klar zeigt, wo es langgeht ohne, dass es von mir noch einmal hinterfragt werden müsste.
Es ist, als würde ich ganz natürlich meine Selbstbefähigung für so viele Dinge erhalten, die ich vorher nie für möglich gehalten hätte.

Wenn der innere Impuls in mein Leben kommt, ist irgendwie alles klar. Wenn ich früher schon wissen wollte, wie es in ein paar Monaten weitergeht, ist es jetzt klar, dass allein das Heute das Wichtige ist.

Es ist gerade egal, was in ein paar Monaten ist, weil bis dahin noch viel geschieht und ich weiß, dass ich zum richtigen Zeitpunkt den für mich richtigen Impuls erhalten werde.

In den letzten Monaten hat mein Kopf verstanden, dass er nicht mehr planen muss und auch nicht entscheiden.

Natürlich hat er es am Anfang vehement versucht, aber anstatt ihn zu trainieren oder ihm Affirmationen zu geben, die er sowieso nicht geglaubt hätte, habe ich in den Momenten begonnen, BewusstSein zu sein.

Mein Kopf verstand mit der Zeit langsam, dass er loslassen konnte, und das gab mir eine große Befreiung.
Es war ein:

Tun durch Nichtstun.

Es ist eine große Veränderung geschehen.
Früher hatte ich unter anderem Probleme in Großstätten, es waren zu viele Informationen für mich auf allen Ebenen.
Ich konnte alles Mögliche versuchen, doch ich war nach ein paar Stunden völlig erschöpft. Ich dachte, es wäre der Preis für meine starke Auffassungsgabe.

Dieses Wochenende waren wir in Berlin, mittendrin. Wir haben viel unternommen, waren viel unter Leuten. Aber dieses Mal war es ganz anders.

All das hatte keine Bedeutung mehr für mich!
All das war nicht mehr meine wahre Identität.

Dadurch schien es mich nicht mehr zu tangieren und meine Energie ging dadurch nicht mehr verloren.

Ich hatte gelernt, mich größtenteils in der Ebene des BewusstSeins aufzuhalten, und das tat ich.
Inzwischen weiß ich, wie ich innerhalb von 2 Sekunden die Ebenen bewusst wechseln kann.

✧

Es ist als wären wir in unserem Leben zwei Rennfahrer:

Der Erste fährt Rennen, fortwährend auf der Überholspur und sein Ziel ist es, zu siegen. Er fährt nur aus diesem einen Grund. Nur das Siegen, verbunden mit Anerkennung und Geld macht ihn Glücklich.
Der Zweite fährt, um zu fahren. Er fährt und liebt es zu fahren. Ganz nebenbei siegt er auch, aber das ist nicht die Intension, warum er fährt. Er fährt, weil er es liebt das Brummen und die Geräusche zu hören, den Fahrtwind zu spüren, sich in die Kurven zu legen, er liebt den Geruch von Leder im Auto und die Geschmeidigkeit, mit der er die Bahnen zieht.
Es ist ein Fahren, um des Fahrens willen, nicht um des Siegens willen.

Wenn wir bei unserem BewusstSein angekommen sind, werden wir nicht fliegen.
Aber deine Welt wird sich nach und nach langsam verändern.
Es werden Dinge in dir zutage treten, die du noch nicht kennst, oder die du vielleicht gut kannst oder du wirst plötzlich tiefe Erkenntnisse erfahren.
Du wirst manche alten Sachen so nicht mehr machen können, weil es einfach nicht mehr geht.
Du kannst beginnen das Leben zu leben, um des Lebens willen, und zu Lieben, um der Liebe willen.

Ich weiß, dass sich Manches was ich schreibe und erlebe, völlig verrückt anhört. Es hat lange gedauert, bis mein Verstand aufhörte zu rebellieren. Ich schreibe einfach alles auf, was und wie ich es erlebt habe, um euch zu zeigen, dass jeder einen neuen selbstbestimmten Weg in seinem Leben finden kann.

Willkommen in deinem eigenen Leben!

Wahre Identität

Jede Erkenntnis geht tiefer.
In den letzten Wochen bin ich, wie viele andere auch, durch einen starken grundsätzlichen Prozess gegangen.
Ich hatte keine Lust zu nichts, nichts machte Spaß.
Selbst meinen Computer schob ich weit weg von mir.
Ich begriff nicht recht, was mit mir passierte.
Irgendwann fing ich an, diesen Zustand zu akzeptieren, wie er war. Es war ein Tauziehen zwischen Vorankommen wollen und dem Einlegen der Bremse, ein Ringen zwischen Losgehen und Stehenbleiben um jeden Preis.
Da beschloss ich, mich mit anderen Dingen zu beschäftigen, um sozusagen von der Leitung zu gehen. Schließlich werden Erkenntnisse nicht dadurch klarer, dass wir ununterbrochen darauf herumbrüten.

Gesagt, getan, ein neues Projekt war schnell gefunden: Wir renovierten das Zimmer meiner Tochter. Sie war jetzt kein kleines Mädchen mehr und wünschte sich schon länger eine Umgebung, die zu ihrem Alter passte. Das war genau die Ablenkung, die ich gesucht hatte.
Dabei wurde mein Kopf wieder freier. Er hatte endlich mal wieder die Möglichkeit, sich mit ganz banalen Dingen zu beschäftigen. Ein Stück Alltag bringt oft ganz schnell etwas Ruhe in die Wogen. Das kannte mein Kopf schließlich.

Schnell wurde meine Stimmung wieder besser und ich daraufhin auch geistig wieder beweglicher.

✧

Heute, am frühen Morgen, ging ich mit meiner Hündin spazieren.
Und da war sie einfach da: meine innere Erkenntnis!
Noch ein Stück tiefer.
Es machte einfach BOOM!

Ich BIN kein Mensch!
Ich BIN BewusstSein!
Allein das BewusstSein IST meine wahre Identität.
Nicht das Menschsein!

Ich hatte Zeit meines Lebens unaufhörlich versucht, mich an das Menschsein anzupassen und mich damit identifiziert.
Ich hatte meine wahre Identität weggedrückt und mich damit selbst verleugnet. Ich fühlte mich sehr oft fehl am Platz oder falsch.
Und genau damit war jetzt Schluss.

Es gab keinen Zweifel mehr: Ich bin BewusstSein und fähig dazu, aus dieser Ebene heraus Entscheidungen zu fällen und zu handeln.
Alles, was ich benötige, IST in dieser Ebene vorhanden.
Ich besitze hier auf der Erde einen Körper, aber dieser Körper ist nicht meine wahre Identität!
Bei dieser Erkenntnis ging mein Herz auf, und es stieg wieder meine Kraft in mir hoch.

Im nächsten Augenblick war ich viel größer als „ich“ hier in meinem Körper.
Mein Leben lang hatte ich gelernt, mich in meinem Sein zu unterdrücken. Damit war jetzt Schluss!
Leben, ich komme!

✧

Anschließend sprudelten so viele neue Informationen aus meinem Innern, dass ich es gar nicht schaffte, sie so schnell zu Papier zu bringen. An diesem Morgen wurde eine neue Arbeitstechnik für ein weiteres Programm geboren.
Ich konnte plötzlich wieder die Aura der Wesen wahrnehmen und hatte direkt eine erste Begegnung mit einer Seele aus dem Jenseits.
All das war wieder für mich offen. Auch wenn es Wochen gedauert hatte und ich nicht wirklich klar gewesen war während dieser Zeit, hatte ich jederzeit das Gefühl gehabt, begleitet zu werden. Ich war trotz alledem nie alleine. Und dafür bin ich all meinen Begleitern unendlich dankbar.
Das Leben auf der Erde ist nicht einfach, solange wir uns ursächlich damit identifizieren.
All die vielen Ausbildungen, die es gibt, sind meist darauf angelegt, dich als Mensch zu erden oder dich im Körper zu finden.
Eine Arbeitsweise ist: zu akzeptieren, dass ich nun mal ein Mensch auf dieser Erde bin.
Ich konnte es in mir spüren, es war nie richtig für mich!
Dieser Moment war eine unendliche Erlösung.
Was ist, wenn ich in einem menschlichen Körper bin, aber das Wesen lebe, das wirklich gelebt werden will?

Heraus aus der Schwere und hinein in die ureigene Kraft. Aufhören zu glauben, es ginge nicht oder man könnte nicht! Und aufhören, an all das zu glauben, was uns über ewige Zeiten erzählt worden ist.

Wir haben unsere eigene Wahrheit in uns, und es wird Zeit, diese zu leben.
Man hat mir gesagt, ich solle mich abgrenzen, damit ich nach der geistigen Welt in dieser Welt leben könne.
Dass es hier um andere Dinge geht und was ich wohl alles hier lernen wollte.
Ich muss mich nicht mehr abgrenzen von der geistigen Welt.
Ich darf sie auf die Erde holen. Endlich!
Lasst uns die geistige Welt auf die Erde holen!

Ich begann zu verstehen, dass ich mich durch die Identifikation mit dem Menschsein zu sehr auf die uns hier umgebenden feinstofflichen Felder, zum Beispiel aus Gedanken und Gefühlen, eingelassen hatte.
Das hatte fortwährend dazu geführt, dass ich zu viel davon aufnahm und verarbeiten musste.
Diese falsche Transformation hatte mich unzählbar aus der Balance herausgeholt, umgeworfen und mich meine Energie gekostet.
Jetzt war auch damit Schluss!

Dazu hatte ich auch eine Reise, die mir viel offenbarte. Aber davon später mehr.
Ich beschloss nun, mich loszulösen von all den Feldern, die nicht meiner inneren Wahrheit entsprachen und nicht meiner wahren Identität.

Und genau das brachte mich in eine immense Klarheit und Stärke.

Ich spiele das Spiel hier auf der Erde nicht mehr mit.
Ich inszeniere ein Neues: Lasst uns die wahre Identität spielen und herausfinden, was wir alles Wunderbares erreichen können, aus diesem unendlichen, freien, wundervollen Wesen heraus!
Mögen die Spiele beginnen!

Dazu kann ich alles tun oder auch nichts. Ich kann mich erfahren, als Tier, als Ingenieur genauso wie als Straßenkehrer oder als Couchpotato. All das ist in unserer inneren Natur nicht von Bedeutung. Es geht darum das wir es tun und wie wir es tun. Und nicht darum, ob wir damit Erfolg haben.

Wenn ich mich nicht mehr mit dem Menschsein als meiner Identität befasse, kann ich andere Gedanken und Impulse zulassen.
Ich muss nicht mehr in dem Gedankenfeld verhaftet sein und irgendwelche Dinge durchdenken, die ursprünglich nie meins waren. Die Schwere schwindet, und an ihrer Stelle ist unsere ureigene Leichtigkeit zu fühlen. Innere Zerwürfnisse und Ängste können gehen, weil auch das nicht unserer wahren Identität entspricht. Was andere darüber denken, hat keinerlei Bedeutung mehr. Alles, was uns früher vielleicht noch gekümmert hat, rückt nun in eine gewisse Ferne.
Wir können die Dinge jetzt leichter betrachten. Dadurch finden wir leichter Lösungen. Es entsteht eine Weichheit im System, ein Loslassen und ein Gefühl des nach Hause Kommens. Widerstand und Kampf von Ego und Verstand können aufhören, weil keiner mehr zuhört und sagt: „Das bin ich."

Es entwickelt sich eher eine Teamarbeit zwischen unseren Komponenten. Sich selbst zu akzeptieren und anzunehmen heißt, den uralten inneren Kampf loszulassen, die ewige Erwartung, dass es anders sein sollte.
Das sollte es eben nicht, denn genau das ist richtig, und es kann gar nicht anders sein.

Außerdem ist es ein Verabschieden der immerwährenden Suche nach sich selbst. In dem Moment, in dem ich das Große BewusstSein zum ersten Mal traf, hat es mich nicht nur in seiner Vollkommenheit überwältigt, sondern ich erkannte auch, wie vollkommen ich war!
Es war ein schier unbeschreibliches, wundervolles Gefühl.
Eine tiefe Freude und Zuversicht.
Ein nach Hause kommen nach unendlich langer Zeit.
Und es hieß mich willkommen.
Diese mannigfaltigen Gefühle, die es in mir auslöste, waren eine innere Explosion und Befreiung für mich.

Gleichzeitig war ich von der Schönheit und unendlichen Weisheit überwältigt. Jedes Mal, wenn ich daran denke, erschließen sich mir mehr und mehr Energien und Facetten dessen, was das Große BewusstSein wirklich ist, was es für uns alle bedeutet.

Schade, dass wir in unserer Sprache keine Worte haben, die dieses wundervolle, freundliche, liebevolle, alles enthaltende Wesen auch nur im Ansatz beschreiben könnten.
Und nicht nur das: Das Große BewusstSein gab mir über die letzten Monate so viel mehr.

Nicht nur unsere Liebe oder unsere Verbindung, welche ich seitdem jeden Tag spüre, sondern auch die vielen Erkenntnisse, die ich haben, und die Reisen, die ich machen durfte.

Dabei war das Schwerste und das, was die meiste Geduld erforderte, im Endeffekt, mich selbst anzunehmen.
Es gab so vieles, was bereits erlöst war nach unserer ersten Begegnung.
Doch etwas in mir hielt diese Dinge einfach noch fest. Jetzt nicht mehr.

Jeder, einfach jeder von euch, egal, was ihr tut, hat einen wahren Kern, und dieser ist einfach nur Liebe.

DIE LIEBE, DIE WIR SIND, IST UNERSCHÖPFLICH.

Wir sind aus der Liebe gekommen, und wir haben jetzt endlich die Chance, wieder dorthin zurückzukehren.

✧

Eine Letzte Reise für dieses Buch

✧

Feinstoffliche Felder

Ich war gerade dabei, mit einer Freundin etwas zu erarbeiten, als ich eine kleine Gestalt direkt vor mir wahrnahm, eine Art Gnom oder Zwerg, aber völlig anders als das, was ich bisher gesehen hatte.
Es hatte keine Haare, ein kugelrundes Gesicht und eine dicke, knotige Knollennase, die fast die Augen verbarg.
Es war ca. einen Meter groß und in seinen Bewegungen ungelenk. Wenn es lief, watschelte es wie eine Ente.
Alles an ihm wirkte klobig und grob. Es war einfach nur da. Es sagte nichts, tat nichts. Ich sah es Tag und Nacht, über Tage hinweg.

Es war wie in Stein gemeißelt und hatte eine schier undurchdringliche Schwingung.
Es war für mich schwierig, mich an seine Schwingung anzupassen, da es so wenig von sich preisgab.
Als es Tage später immer noch nichts von sich offenbart hatte, bat ich meine Freundin, mir zu helfen.
Wir versuchten einen Trick. Sie verband sich mit diesem Wesen, und ich konnte nun über ihr System Kontakt aufnehmen.
Endlich funktionierte es.

Dabei fungierte meine Freundin wie eine Art Brücke zwischen uns. Sie brauchte nichts zu sagen, sie musste sich nur dem Prozess hingeben und sich verbinden.
Das Eis war gebrochen, und es begann eine rege Kommunikation zwischen uns.
Es war, als hätte sich durch ihre Hilfe die Tür zwischen uns endlich geöffnet.
Danach war die Brücke nicht mehr notwendig, alles andere lief ganz von allein. Es war, als hätte sie dem Wesen ermöglicht, kurz in unsere Energiefrequenz zu kommen, um zu wissen, welche Vibration wir für die Kommunikation benötigten.

✧

Das Wesen ging los und nahm mich mit in seine Welt.
Ich sah raue Felsen und steinerne Strukturen.
Alles war hier sehr unwirtlich und ohne jegliches Leben.
Ein kahler Planet. Ein riesiger Steinklotz, dem man nie angesehen hätte, dass hier irgendeine Form von Leben möglich war.
Das Wesen ging durch die Steinwüste bis zu einem riesigen Felsen. Es zeigte auf einen Felsvorsprung.
Dort war eine enge Spalte zu erkennen, in die wir nacheinander hineinkriechen mussten.
Als wir hindurchgekrochen waren, zündete mein Begleiter ein wunderschönes hellblaues Licht an. Es erhellte den ganzen finsteren Raum.
Mit dem Licht kam auch eine weiche, feine Energie in die Höhle. Die Energie des Lichtes schien eine weitere, tiefer gelegene Höhle zu eröffnen.
Diese Höhle war sehr groß und hoch.

Immer tiefer und tiefer gingen wir in den Berg hinein.
Mein Begleiter führte mich, jedoch war seine Frequenz für mich noch nicht fühlbar.
So etwas hatte ich bisher noch nicht erlebt. Die meisten Welten offenbarten mir ihre Geheimnisse über das Gefühl, diese aber nicht.

Als wir um eine Kurve bogen, sah ich es: einen gigantischen blauen Ball, der aussah wie eine riesige eisblaue Blase. Er war unbeschreiblich groß, und seine Farbe war wunderschön.
Obwohl er eisblau war, hatte ich nicht das Gefühl von Kälte.
Alles um mich herum war weiterhin wie abgeschirmt.
Wir standen einfach da und betrachteten den blauen Ball.
Ich staunte, konnte aber nicht erfassen, warum ich eigentlich hier war. Von dieser Eisblase ging eine immense Energie aus.
Wie ein mächtiges Pulsieren.
Für heute hatte ich wohl genug gesehen.
Denn das Wesen brachte mich wieder zurück, aber damit war noch lange nicht Schluss.

In den nächsten Tagen sah ich das Wesen einige Male wieder.
Ich versuchte, mich so weit zu öffnen, wie es nur ging, um es meinem Gegenüber leichter zu machen, mich zu erreichen. Jeden Tag holte es mich ab, und wir gingen zu dem eisblauen, pulsierenden Ball.
Es geschah jedoch nichts, bis ich eines Tages etwas beobachtete: Das Steinwesen legte an dem eisblauen Ball seine Hülle ab und verschwand durch eine Art Membran direkt in den Ball.
Dann kam es wieder und nahm seine feste Hülle erneut an.
Danach verließ es diese wieder und ging über in das eisblaue Feld.

Jetzt verstand ich: Dieses Wesen zeigte mir, dass es hier seine feststoffliche Materie verließ, um in die Eiswelt überzugehen.

Da wurde ich auch schon hineingezogen.
Und aus einer eisblauen Kugel wurde plötzlich eine unendlich wundervolle, bunte, feinstoffliche Welt.
Eine Welt, in der es die mannigfaltigsten Kreationen gab.
Hier konnte ich alles wieder fühlen, was vorher wie abgeschnitten gewesen war.

Ich war jetzt in einer weichen, warmen, friedvollen Welt. Es war so bunt, in allen Farben. Ich sah wunderbare Pflanzen und Tiere, die ich noch nie gesehen hatte. Da waren schwebende Lichter und wunderschöne Blüten. Alles war ganz leicht und fein und schien wie in achtsamen Kreisläufen miteinander verbunden zu sein.
Ich sah sie nun, all die feinstofflichen Wesen, die so lichtvoll waren, dass sie sofort mein Herz berührten.

Sie erschufen die schönsten Schmetterlinge und Pflanzen. Diese Welt mutete an wie ein uriger Dschungel, der sich in zahllosen Etagen widerspiegelte.
Alles war mit allem verwoben und mit allem im Einklang.
Es war eine Welt in einer Welt.

Je länger ich dort war, umso mehr zeigte sich mir diese Welt. Ich spürte, wie ich mich immer mehr verlor in ihr, weil sie so groß, so schön und so friedvoll war, so reichhaltig und mannigfaltig.
Ich hatte das Gefühl, getragen zu sein. Ich wollte hier sein, ich wollte nichts anderes mehr.
Hier war alles erfüllt mit Güte und Frieden.

Im nächsten Moment war ich draußen und wieder zu Hause. Das ging ganz plötzlich. Wie ausgespuckt.

Ich war wieder hier auf der Erde und ließ all das, was ich erfahren hatte, erst einmal wirken. Diese Reise zeigte mir etwas. Ich hatte anfangs das Wesen nicht fühlen können, da es sich in dieser festen, undurchdringbaren Materie formiert hatte, dass es keinerlei Möglichkeit gab, über seine Schwingung in Kontakt zu kommen.
Erst als wir unsere feste Materie abgelegt hatten, konnten wir miteinander kommunizieren.

Es hatte sich vor langer Zeit dazu entschieden, solch eine Form zu leben.
Der Steinpanzer seiner Welt ermöglichte es ihm, seine feinstoffliche Welt sicher im Innern zu betreten.
So konnte sich diese Welt in Ruhe entwickeln. Ein erster Gedanke war: Mit den Augen hätten wir das nie gesehen.

Wir können Neues nur wirklich sehen, wenn wir uns mit allem, was wir haben, für alles, was möglich ist, hingeben.

So vergingen wieder ein paar Tage. Das Wesen war die ganze Zeit über bei mir. Als ich erneut das Gefühl bekam, gerufen zu werden, nahm mich das Wesen noch einmal in seine Welt mit. Auch dieses Mal fühlte ich mich dort unendlich sicher und wohl.
An diesem Tag fing es an, mit mir zu reden.

✧

Folgende Botschaft übermittelte es mir:
„Wir wollen nicht ausschließlich in einer festen Form sein. Deshalb haben wir uns den Wechsel erschaffen.
Außerhalb unserer eisblauen Energie sind wir feste, robuste Materie, innerhalb davon verlassen wir die feste Form und sind nur feinstofflich. Im Innern dieser eisblauen Energie ist unsere wahre, feinstoffliche Welt.

Ihr könnt das auch. Ihr nennt so etwas Meditation.
Wobei ihr nicht euer feinstoffliches Urfeld erreicht, sondern einen abgespaltenen Seins-Zustand.

Das ist nicht das Gleiche. Wir schöpfen aus unserer feinstofflichen Welt all unsere Energie und all unsere Kreationen. Wir leben im Einklang mit ihnen.
Das IST das, was wir wirklich sind.

Ihr habt eine unendliche feinstoffliche Welt um euch herum, ihr habt euch jedoch komplett von ihr abgeschnitten.
Wir leben in unserer eisblauen Energiekugel und haben so die Abgrenzung nach außen zur festen Materie geschaffen.
Ihr aber lebt in einem riesigen Feld, das sowohl feinstofflich, geistig, bewusst, als auch materiell ist. Das ist der große Unterschied zu uns.

Durch unseren Wechsel haben wir gelernt, unser feinstoffliches Feld und unser BewusstSein zu nutzen.
Ihr könnt das auch, indem ihr euch in eurer festen Materie für eure feinstofflichen/geistigen Felder öffnet.
Es ist, als würdet ihr so lange in einen Stein hauen, bis das Wasser ungehindert aus ihm herausfließen kann.

Ihr glaubt nicht, dass es möglich ist, deshalb sind eure Gedanken wie fester Stein.
Aber das stimmt nicht.
Tief in euch seid ihr alle feinstoffliche Wesen.

Ihr habt die fantastische geistige Welt verschlossen, die euch alle begleitet hat, als ihr noch Kinder wart.
Öffnet diese wieder. Findet den Zugang dazu. Es ist die euch eigene, tiefe, feinstoffliche Welt, mit der ihr wieder in Kontakt treten könnt. Aus ihr heraus könnt ihr erneut lernen, feinstoffliche Wesen in einem menschlichen, flexiblen Körper zu sein.

Nichts ist so starr, wie ihr es betrachtet.
Alles ist in Bewegung.
Es sind nur eure festen Gedanken, die alles zur Erstarrung bringen!
Öffnet eure inneren Welten wieder.
Nehmt Kontakt auf mit euren Erinnerungen, und findet heraus, wer ihr seid.

Die Erde ist einer der wenigen Planeten im Kosmos, auf denen unendlich viele mannigfaltige Wesen aus allen Dimensionen des Universums gemeinsam leben: in menschlichen Körpern, als Tiere oder Pflanzen.

Ihr habt alle ähnliche Formen, aber im Innern seid ihr so unterschiedlich, wie man es nur sein kann.
Jedes BewusstSein lebt andere Kreationen.
In jedem BewusstSein stecken unendliche Möglichkeiten.

Findet eure innere feinstoffliche Welt, dann werdet ihr sie auch im Außen verstehen, und dann werdet ihr euch selbst finden.
Ihr werdet finden, was euch ausmacht und wer ihr wirklich seid.

Ihr beherbergt Wesen, die in ihrem innersten Kern Wasser- oder Luftwesen sind, und ihr versucht mit aller Macht, Menschen zu sein.

Wenn ihr akzeptiert, dass der Mensch nur eine Hülle ist und das wahre Wesen sich in ihm offenbart, werdet ihr alle eine neue Freiheit finden.

Ihr habt gelernt zu vergessen, etwas in euch meint, es sei normal, zu vergessen. Das ist nicht die Wahrheit.
Warum solltet ihr vergessen, wer ihr seid?
Warum solltet Ihr eure eigene Welt, euer ureigenes inneres feinstoffliches Sein verleugnen?

Nur ihr selbst könnt es öffnen, denn ihr selbst habt es verschlossen.
Erinnert euch an eure phantastische Welt aus eurer Kindheit und tretet wieder ein in eure Welt. Dort findet ihr Trost, Wahrheit und Klarheit."

„Du hast eine Ahnung davon bekommen, welch wundervolle Wesen es im Universum gibt. Wir wissen, es hat dich sehr berührt. Du hast erlebt, wie schwierig es ist, durch die Gedankenwelt auf eine Schwingungsfrequenz zu gelangen und diese wahrnehmen zu können.

Das Ganze wird kontinuierlich leichter, wenn ihr eure feinstofflichen inneren Welten wieder für euch zugänglich gemacht habt. Es ist, als würden eure festen Körper mit der Zeit beweglicher werden.

Dieses Feld ist wie eine Beschreibung der Qualitäten, die dich als Wesen ausmachen, die in dir gelebt werden wollen.

Warum, meint ihr, sind einige von euch gemeinsam mit vielen anderen Wesen, aus vielen Teilen des Universums, hierher auf die Erde gekommen?
Es war in unserem Innern. Wir hatten, wie viele andere auch, von einem Planeten gehört, der sowohl feste Materie als auch ein großes feinstoffliches Feld generiert hatte. Auf diesem Planeten schien es möglich zu sein, ein feinstoffliches Wesen in einer scheinbar festen Materie (festen/beweglichen Form) zu sein.
So viele Wesen wollten dies erleben.
Also kamen wir alle aus verschiedenen Welten hierher auf die Erde.
Als wir uns in den Körpern wiederfanden, war das für die meisten von uns eine Katastrophe.
Das, was viele von uns kannten, der Wechsel, war nicht mehr möglich.
Wir wussten plötzlich nicht mehr, wie es geht.
Wir waren abgeschnitten, in einem Sumpf gefangen.
Und wenn wir den Körper letztendlich verließen, fanden wir nicht mehr nach Hause zurück, da selbst das feinstoffliche Feld um die Erde abgeschlossen war.

Wir waren durch all die Energien hier einem immerwährenden Zyklus unterworfen, der uns zu Gefangenen machte.

Wir waren geschockt und fanden den Ausweg nicht mehr.
Mit jedem weiteren Tag in der festen Gedankenmaterie hier auf der Erde identifizierten wir uns unaufhörlich mehr mit dem Menschsein und vergaßen darüber unser wahres Sein gänzlich.

Der Zwiespalt, in uns ein vages Gefühl zu haben, wer wir wirklich waren, mit den festen Gesetzmäßigkeiten auf der Erde, brachte uns schier alle zur Verzweiflung.
Wir alle betrachteten diese Zeit als Hölle, als Dunkelheit, die in uns war.
Sie machte uns völlig unfähig und starr.
Wir begannen auf vielen Wegen zu suchen und fanden nichts.

JETZT, wo die Wand aus Dunkelheit gefallen ist, können wir uns dir offenbaren.
Bitte hilf uns, unsere innere, feinstoffliche Welt wieder ganz und gar zu öffnen. Damit wir uns wieder erinnern.
So können viele unterschiedliche Wesen des Universums ein neues Leben in einer festen Form auf der Erde leben.

Wir danken dir, dass du dich entschieden hast, dich zu erinnern, und dass du den Menschen hilfst, sich zu erinnern.
Wir spüren, dass es für dich nicht einfach war, dich erneut für das Bleiben auf der Erde zu entscheiden, nachdem du in die Ewigkeit geblickt hattest, nachdem du alles verstanden und gesehen hattest.
Wir danken dir, dass du uns hilfst.
So konnten wir die Wand von Dunkelheit und Hölle, in der wir uns auf der Erde befanden, gefangen durch unsere Gedanken, erkennen und frei sein.

Dies hilft auch uns, zu verstehen, und es hilft uns allen, unseren Weg wiederzufinden. Wir danken dir.
Wir wissen, dass du oft verzweifelt warst. Aber erinnere dich, Lichtwesen, dies sind nur Gedanken von der Erde.
Wir sehen das, was in dir steckt, und das ist unendlich groß."

Damit verabschiedeten wir uns für den Moment, und ich kam hierher zurück.

✧

Es ist, als wäre die feinstoffliche Welt der Erde und um die Erde herum informiert und kreiert worden mit den zahllosen Wesen, die aus dem Universum hierhergekommen sind.
Jedes Wesen brachte eine andere Qualität und Schwingung mit.
Durch die feste Materie und den Verstand, der sich zunächst an der festen Materie orientierte, haben sich verschiedene Weltbilder entwickelt und weiter kreiert.
Irgendwann war das Wissen, wie es möglich ist, sich aus der Form zu erlösen und wieder in den Urozean zurückzugehen, nicht mehr greifbar.
Es war eine geistige Welt entstanden, die in sich fast verschlossen war und die sich in sich, aus sich heraus, nicht mehr erinnern konnte!
Es entwickelte sich eine grobe Eigendynamik.
Hierbei ging es mehr um die Erhaltung der Form, um zu überleben, als darum, zu verstehen, wer wir waren.
Die Menschen begannen sich wichtig zu nehmen und erschufen jeden Tag mehr festhaltende, erdgebundene Energien.

Wenn du schon lange suchst, ist es an der Zeit, dich wiederzuerkennen. Deine ureigene Schwingungsfrequenz zu entdecken und das Wesen zu leben, das du wirklich bist.
Zu wissen, dass du zurückkehren kannst, wohin es dich auch immer trägt.
Vielleicht würde ich es nicht ein gemeinsames, kollektives Aufsteigen nennen, als ein gemeinsames Aussteigen – aussteigen aus der festen und einzigen Überzeugung, dass wir nur Mensch, Tier oder Pflanze sind, um zu erkennen, dass wir Wesen sind.
Aussteigen aus der Illusion und der irdischen Realität, die wir unendlich lange geschaffen haben.
Aussteigen aus dem Rad der Wiedergeburten.
Aussteigen aus der Vorstellung, etwas lernen oder erleiden zu müssen.
Lasst uns Übergänge schaffen zu unserer inneren, feinstofflichen Welt und damit auch zu der äußeren, die uns umgibt.
Wir sind feinstoffliche Wesen, unendlich individuell, in einem feinen, flexiblen menschlichen Körper.
Nichts ist in Stein gemeißelt!
Aussteigen aus der Illusion Angst und Schrecken.
Aus der Illusion, zu klein zu sein.
Am Anfang war unser Bewusstseins Feld das, was das feinstoffliche Feld erschaffen hatte.
Daraus ist schließlich durch Schwingung Materie entstanden.
Selbst unsere Körper sind feine, wunderbare, eigene Systeme, die perfekt sind für das Leben auf der Erde.
Jede Zelle, und sei sie noch so klein, weiß, was sie im Zusammenspiel mit den anderen zu tun hat. Sie reagiert auf Felder und Informationen um sie herum.

Wir wunderbaren Wesen leben in einem fantastischen Körper, der in jeder Sekunde genau weiß, was er tut.
Er reagiert auf Veränderungen schnell und effektiv und erneuert sich ständig. Die Wand, die wir leben, existiert ausschließlich in unseren Köpfen, in unseren Gedanken.
Und diese schaffen unentwegt unsere informativen Felder.
Wollen wir ein perfektes Leben, einen perfekten Menschen?
Was bedeutet das alles überhaupt im Vergleich zu dem, was wir wirklich sind?
Wenn wir einst diese feste Materie verlassen und uns möglicherweise auf den Weg zum Großen BewusstSein machen, werden wir erkennen, dass dies alles keine Bedeutung hat.
Ich weiß, dass wir alle einen Sinn suchen in diesem Leben hier.
Den Sinn kannst nur du selbst dem Leben verleihen, nichts und niemand anderes.
Wie wäre es, wenn wir begännen, unser bestes Selbst, unser wahres Sein zu finden und dieses zu leben?
Dann wäre die Liebe die stärkste Kraft!

Und das Leben hat einen Sinn.

✧

Bei der nächsten und letzten Reise in die eisblaue Welt fand ich mich auf kurzem Wege dort wieder, wo alles so mannigfaltig grünte und blühte. Es war fantastisch.
Ich ging immer tiefer und tiefer hinein, und die Welt zeigte mir unentwegt neue Facetten, als würde sie niemals enden.
Von außen betrachtet, war der Ball gar nicht so groß, und im Innern gab es keinerlei Grenzen.

Alles wirkte wie eine abgeschlossene Schneekugel. Genau wie unsere Erde auch.
Man kann sich in ihren und unseren geistigen Weiten verlieren, und doch sind wir in der Schneekugel gefangen, die nur existiert durch unsere Vorstellung, die wiederum unsere Welt erst geformt haben.
Sie sagten mir, dass das feinstoffliche Feld der Erde gigantisch groß ist.
Und deshalb haben wir uns auch hier im Diesseits so viele verschiedene Felder erschaffen und begonnen, sie zu unserer Wahrheit zu machen.
Zum Beispiel Gedankenfelder. Wir dachten Gedanken und sagten: Aha, so ist meine Welt.

Haben wir jemals hinterfragt, ob dies überhaupt unsere Gedanken waren?

Das Gedankenfeld, das uns umgibt, ist so mannigfaltig und riesig, weil wir Meister im Denken sind.
Wir sind alle offene Wesen, die wie Antennen funktionieren.
Nur weil wir etwas denken, heißt das nicht, dass dies unsere ureigene Meinung ist.
Trotzdem machen wir den Gedanken, ohne ihn zu hinterfragen, zu unserer Realität.
Wir sagen: So ist die Welt!

Ebenso sind wir umgeben von unendlichen Feldern der Gefühle, wie zum Beispiel Angst.

Haben wir uns schon jemals gefragt: Ist die Angst, die ich spüre, ursprünglich meine?

Sie ist da, und wir machen sie zu einem Teil von uns.
Da schwelen die Felder der Glaubenssätze und der Themen, die wir Menschen leben.
Bevor wir sie bejahen und zu unseren machen:
Haben wir uns jemals gefragt, ob sie wirklich unsere sind?
Gehört dies alles, was ich fühle oder denke, in Wahrheit wirklich zu mir?
Ist das ursächlich aus mir entstanden und erschaffen?
Oder habe ich das eventuell blind übernommen aus den Feldern, die mich umgeben? Feldern der Familie, der Schule, des Ortes usw.

Wir übernehmen oft blind, ohne zu hinterfragen. Dann bestätigen wir es uns: Es ist eben so!

Außerdem gibt es Felder, die durch Rituale verändert wurden. In dem Fall kann man eine Energie spüren, die nicht mehr dem Ursprung entspricht, und da wir es nicht anders kennen, nehmen wir diese veränderte Energie als gegeben hin. Wir nehmen an Ritualen, Traditionen und Festen von Ostern bis Weihnachten teil, ohne uns zu fragen, was das mit uns macht. Traditionen sind genauso Felder, die uns festhalten, wie Rituale. Diese sind oft durch Traditionen entstanden.

Inwieweit sind wir also frei?
Inwieweit können wir Altes wirklich gehen lassen?
Wir haben uns für unsere eigenen geistigen Felder verschlossen, aber für die gigantischen Felder der Gedanken und Gefühle, das kollektive Informationsfeld, waren wir alle Zeit noch offen.
Und das ist der Grund, warum wir ständig deren Schwingungen unterlagen.

Wir können uns entscheiden, für was wir uns öffnen und für was nicht. Wir können uns entscheiden, uns abzugrenzen von dem Gedankenfeld oder dem kollektiven Feld.

Warum sollten wir mit der gesamten Masse mitschwimmen?
Denken, was alle denken?
Fühlen, was alle fühlen?
Obwohl unser Inneres vielleicht etwas anderes sagt.

Jeder hat die Möglichkeit, dies für sich selbst zu entscheiden.
Wir müssen es nur erst einmal wissen.
Der Rest ist ganz einfach: Ich entscheide mich jetzt klar dafür, mich von dem Gedankenfeld der Menschen abzugrenzen, da ich mich damit nicht identifiziere.
Für diese Energie schließe ich jetzt mein System.
So kann sich jeder von euch jederzeit selbst entscheiden und selbst handeln. Alles ist Energie.
Es reicht die klare Absicht, wie auch immer ihr diese kundtut.
Ich habe Menschen erlebt, die sich das ganze Leben lang verleugnet haben, mich eingeschlossen, und denen es schlagartig besser ging, als sie ihre geistige Welt wiedererkannt und für sich geöffnet hatten.
Es ist, als hätten wir irgendwann beschlossen, dass wir unsere eigene Welt verschließen müssen. Egal warum.
Nun können wir sie wieder öffnen.

✧

Es gibt unter anderem auch Pflanzenfelder, und auch sie sind miteinander verbunden.
Dies wurde mir eines Tages gezeigt.
Auf der Erde gibt es alles, was wir benötigen.

Die Natur tut ihr Bestmögliches dafür. Es gibt für alles ein Kraut. Wir leben in der absoluten Fülle und können es oft nicht sehen. Stattdessen zerstören wir diese Fülle und unseren Lebensraum. Wir schreien und suchen nach der Fülle in unserem Leben, obwohl wir sie direkt vor uns haben. Viele von uns fühlen sich leer und zerstören deshalb nur noch mehr.

Warum können so viele von uns die Fülle nicht annehmen? Sie nicht sehen, obwohl sie es wollen?

✧

Meine Freundin ist Pflanzenschamanin. Wenn sie mit Pflanzen arbeitet, wird sie absolut selig. Sie wird zu einem glücklichen Kind. Im Umgang mit den Pflanzen geht sie völlig auf. Jede Blüte, jede Pflanze ist ein Geschenk für sie. Pflanzen besitzen genau das gleiche BewusstSein wie die Tiere und wie wir auch. Ich habe darin keine Unterschiede festgestellt. Diese Wesen haben sich einfach eine andere Form gegeben. Alle sind wir Tropfen aus dem großen Ganzen.

Eines Tages erzählte sie mir, dass sie hört, wie die Pflanzen singen. Als sie mir das erzählte, war das für mich das Selbstverständlichste von der Welt.
Es war, als wüsste ich es bereits, als wäre die Information in mir, und sie würde sie lediglich aussprechen. Nichts an dieser Feststellung war mir fremd. Schließlich hatte ich ja auch die Vibration meiner Zellen als ein Summen wahrgenommen, als ich die erste Begegnung mit dem Großen BewusstSein hatte.
Na klar, Pflanzen singen.
Sie erzählte mir weiter, was sie erlebt hatte, und da wurde es interessant für mich.

Sie hatte bemerkt, dass sich die Schwingung der Pflanzen stark verändert hatte. Sie konnte diese Töne kaum noch ertragen. Es war für sie, als wären diese neuen Töne nicht mehr stimmig, die Frequenz schien verschoben.
Deshalb bat sie mich um Hilfe. Daraufhin setzten wir uns, um zu schauen, was da los war und wie ich ihnen und ihr helfen konnte.
Ich hatte schon viel erlebt, also warum nicht auch das Pflanzenfeld?

Als Erstes ging ich in meine Mitte, um gut in meiner Essenz zu sein. So konnte ich mich so weit wie möglich öffnen. In dem Moment bekam ich einen Impuls und wusste, was ich tun musste. Ich ließ alles los und machte genau das, was ich in den letzten Wochen von meiner Geistführung und mit dem Großen BewusstSein gelernt hatte.

Einen Moment später konnte ich wieder die unendliche, bedingungslose Liebe in meinem Herzen fühlen, die mich bei jeder Begegnung zu Tränen rührt. Es wurde heller und heller, auch dieses Licht kannte ich. Also wusste ich, dass ich nun freigeben musste – alles: meine Gedanken, meinen Körper bis hin zu jeder Zelle. Ich musste mich vollumfänglich der Energie des Großen BewusstSeins hingeben.
Was nun geschah, lag nicht mehr in meiner Hand.
Die Energie baute sich kontinuierlich auf, je mehr ich mich dem Großen BewusstSein überließ und mein System einfach nur zur Verfügung stellte umso stärker wurde die Intensität.
Diese Energie durchflutete mich erst wie ein Strahl, floss durch mein Kronen Chakra hinein bis zu meinem Herzen, dann unterhalb meines Herzens wieder hinaus und zu meiner Freundin mir gegenüber.

Ich konnte ihr nur noch kurz sagen, dass sie alles was jetzt kam geschehen lassen solle. Da war sie wieder, diese wunderbare Kraft, unendliche Liebe und tiefer Frieden flossen nun zu ihr. Sie wurde langsam ruhiger und friedlicher, als würden Tonnen alter Lasten von ihr abfallen. Auch sie gab sich nun nur noch hin und ließ es geschehen. Das Fließen wurde weiter stärker.

Aus dem Strahl, der unter meinem Herzen austrat, breitete sich die Energie großflächig über meinen gesamten Körper aus.
Ich beobachtete wie die Energie nun ebenso durch alle meine Zellen breitflächig aus meinem Körper ungehindert ausstrahlte. Zuerst floss alles weiter zu meiner Freundin; anschließend strömte die Energie weiter nach außen in die Atmosphäre.
Die Energie floss in die Pflanzenwelt und überallhin, wo das Große BewusstSein helfen wollte. Ich fragte es, warum es diese Energie nicht direkt überall hinschicken würde, und bekam die Antwort, dass die Energie für viele noch zu hoch sei. Ich fungiere wie eine Art Umspannwerk, durch das die Energie des Großen BewusstSeins so verändert wird, dass es hier auf der Erde wirken kann und die Wesen erreicht.
Durch seine Energie ist alles möglich. Sie ist so unendlich vielseitig, dass es möglich ist, zu geben, was auch immer ein Wesen benötigt.

Im nächsten Schritt begann ich Bilder zu sehen.
Ich sah Pflanzen und die Urmutter der Pflanzen. Sie war ausgelaugt, traurig und kraftlos.
Ich sah Bilder von Experimenten, wie sie schon sehr lange an Pflanzen gemacht werden, zum Beispiel Experimente mit

Schwingungen oder Wellen. Dies verändert das morphologische Feld einer Pflanze. Da alle Pflanzenfelder miteinander in Verbindung stehen, werden diese Informationen auch an alle anderen weitergegeben.
Folglich bringt dies das gesamte große morphologische Pflanzenfeld in seiner Grundschwingung durcheinander. Deshalb hatte meine Freundin diese Verstimmung der Töne wahrgenommen.

Mir wurde gezeigt, wie die Urmutter der Pflanzen versucht hatte, diese Schwingungsschwankungen auszugleichen.
Dabei hatte sie sich so verausgabt und war so entkräftet, dass sie kaum noch etwas machen konnte. Deshalb bekam sie nun vom Großen BewusstSein Energie gesendet.
Sooo unendlich viel Liebe! Es war wunderschön, dies spüren zu dürfen.
Sie wurde außerdem angeschlossen an eine spezielle Heilschwingung, die nur für das Pflanzenfeld da war.
Diese Schwingung konnte den Pflanzen im Moment am besten helfen. Ich sah, wie sich ihre Felder langsam wieder stabilisierten. Außerdem kam die Urmutter wieder zu Kräften und erholte sich langsam.

Der ganze Prozess dauerte ungefähr anderthalb Stunden. Ganz langsam zog sich die Energie zurück, genauso, wie sie sich aufgebaut hatte. Dies dauerte noch einmal eine Viertelstunde. Ich konnte noch lange die Vibration in meinen Zellen spüren.
Das Große BewusstSein und ich haben das noch viele Male miteinander geübt.
Inzwischen geht dieser Wechsel deutlich schneller.

Die Energie kann sich innerhalb kürzester Zeit auf- und abbauen.
Aber auch heute liegt es nicht in meiner Hand, wann dies geschieht oder für wen.

✧

Erfahrungen im Sitting: Ende September
Sie hatten mich gerufen. Ich konnte den Drang spüren, alles stehen und liegen zu lassen und mich zu setzen.
Also machte ich mich bereit und los ging es.
Kaum hatte ich mich eingelassen, sah ich eine riesige goldene Blase vor mir stehen. Sie erfüllte den ganzen Raum. Ich betrat die Blase und damit auch eine neue, wunderschöne Welt. Alles grünte und blühte.

Während andere Welten eher Urwäldern glichen, mit üppigen, übergroßen Blättern und einer immensen Vielfalt auf engem Raum, war diese hier ein feiner, zarter Frühlingswald, der durch wunderschöne, leichte und zarte Blüten bestach.
Die Stimmung beflügelte mich, der Ort hatte etwas Magisches. Es hatte den Anschein, als würde alles leuchten, selbst die Bäume und Pflanzen.
Sie waren schon alt, und doch wirkten sie leicht, und man fühlte sich hier sicher und geborgen. Es lag Magie in der Luft, als hätten die Wände Ohren oder man müsste ganz still sein, um den Bäumen beim Flüstern zuhören zu können.
Alles war belebt und leicht. Freude war überall, alles surrte und war ganz und gar lebendig. Schmetterlinge zogen in ihrem Spiel an mir vorbei.

Niemand wunderte sich über mein Kommen. Ich war ein Teil von ihnen, sobald ich diese Welt betrat. Ich hörte Vögel zwitschern, sie sangen ihr schönstes Frühlingslied. Eine absolute Fülle fing mich auf. Nach dem ersten Staunen ging ich weiter. Ich konnte die Tiere an meiner Seite wahrnehmen, die mich begleiteten.

Über allem schwebte Liebe.
Ich kam an einen Platz und sah zwischen zwei alten Bäumen ein weiches, feines, anziehendes Licht. Ich ging auf dieses Licht zu und konnte dort, geschützt in dem Licht, eine Gestalt stehen sehen. Als ich näher kam, sah ich eine wunderschöne, golden leuchtende Frau.
Sie strahlte Sanftmut aus und war sehr grazil. Da war wieder so viel Liebe für alles, und alles war im nächsten Augenblick eins. Alles hier war sich wohlgesonnen, vertraut und in Sicherheit. Es war, als trüge etwas mich ihr noch ein Stück näher. Sie schwebte, das konnte ich jetzt erst erkennen. Als ich ihr ganz nah war, nahm sie meine Hand und legte sie an ihr Herz. Ich konnte fühlen, dass sie mir in diesem Moment unendliche Dankbarkeit entgegen brachte. Sie war die Urmutter der Pflanzen und Tiere. Ich hatte sie vor einigen Wochen schon einmal getroffen, als es ihr sehr schlecht ging.
Inzwischen hatte sich ihre Energie erholt.

Hier und da huschten schwarze Fratzen über mein Bild, Fratzen, die ich ab und zu sehe.
Ich bat sie um ein klares Zeichen. Prompt konnte ich wieder die Liebe in meinem Herzen spüren. Ich fragte sie, warum ich diese Fratzen sehe. Sie erklärte mir, dass dies Gedanken aus meinem Kopf seien.

Die einzige Sicherheit liege im Herzen. Dort sei Liebe und Fülle, das ganze Spektrum der Farben. Das Herz ist nicht leer. Alles andere ist vom Verstand erschaffen und ist leer.
So wie die Fratzen.
Ich fragte sie noch, ob es in Ordnung sei, Kräuter zu sammeln. Dazu erklärte sie mir Folgendes: „Bitte fragt erst die Pflanzen, welche Teile geerntet werden dürfen.
Es ist wirklich wichtig!
Gibt die Pflanze etwas frei, leidet sie nicht. Sie zieht sich zurück, sodass der freigegebene Teil energetisch nicht mehr in die Pflanze integriert ist. So kann er leichter geerntet werden, ohne die Pflanze zu belasten.
Es ist, als würde ein Haar von dir ganz einfach ausfallen, weil es dein Körper freigegeben hat, anstatt schmerzhaft herausgerissen zu werden. Wenn die Wurzel der Pflanze entfernt wird, muss sie sterben. Dies wird sie unter Umständen tun – aber von allein und auch nur dann, wenn sie dringend benötigt wird. In dem Moment, in dem sie sich hingibt, hat sich ihr BewusstSein bereits völlig von ihrem irdischen Körper gelöst.
Bitte nehmt nur das, was ihr wirklich dringend benötigt.
Bei Heilkräutern ist es etwas spezieller. Falls eine Pflanze ihre Wurzel hergibt, dann tut sie das, weil genau diese Wurzel dringend gebraucht wird.
Es wird eine Art Sog entstehen, der den Menschen zur richtigen Pflanze führt. Oft wird sie die Wurzel von allein freilegen, sodass wir sie leichter finden können."
Ich dankte ihr für diese Informationen und verbrachte noch einige Zeit in dieser vollkommenen zarten Welt, bevor ich den Rückweg antrat.

✧

Seele und BewusstSein

✧

Ich habe erfahren dürfen, dass dieses Leben, dass dieser Moment uns die Möglichkeit bietet, zu erkennen.
Wir bekommen dadurch die Chance, uns zu befreien von all den selbst erschaffenen Illusionen und somit auch von der Dunkelheit.
Im Ursprung ist nur Licht!

Verändern wir uns, verändern sich das Jenseits und all die geistigen Welten, die wir kreiert haben.
Denn nur weil wir den Körper verlassen, legen wir nicht automatisch unsere innere „Schattenwelt" ab.
Für mich steht das Wort „Dunkelheit" einzig und allein für all das, was wir eigenhändig kreiert haben und was uns vom Licht – ergo von uns selbst – fernhält.
Diese Information nehmen wir mit, auch wenn die Seele in ihrem Kern reines Licht, reines BewusstSein ist. Zunächst bleiben alle Informationen, alle Verträge, alle Glaubensgrundsätze bestehen.

Aus diesem Grund ist der geistigen Welt so daran gelegen, dass wir uns verändern.
Auch dies ist ein Grund, warum wir so viele Helfer an unserer Seite haben.

Seele und BewusstSein sind für mich nicht das Gleiche.

Das BewusstSein ist reine Information und Teil des Großen BewusstSeins.
Die Seele ist ein Energiefeld und hat sich um das BewusstSein geformt.
Irgendwann ist daraus eine Eigendynamik entstanden.
All unsere Themen und alle Erfahrungen, die wir je gemacht haben, sind in einem Energiefeld um unsere reine Präsenz gespeichert, außerdem alle Informationen aus dem kollektiven Feld und auch alles, was der Mensch oder eine andere Form je gelernt oder gehört hat.
Dies alles wird im Energiefeld gespeichert, ebenso alle Inkarnationen.

Eines Tages begannen wir dadurch unsere Essenz nicht mehr wahrzunehmen, die Form begann sich damit zu identifizieren, und die Seele fing an, sich nur noch über die Informationen zu erfahren.

Der unerschütterliche Kern der Seele ist also unsere wahre Existenz. Was die Seele glaubt, wird sie beginnen, zu ihrer Wahrheit zu machen und danach zu handeln.
Beim Übergang verlässt die Seele den Körper und hat die Möglichkeit, zu gehen, wohin auch immer sie gehen möchte.
Sie wird sich nicht immer automatisch als BewusstSein erkennen.
Viele Seelen sind bis jetzt im Jenseits und kreieren weiterhin aus den alten Seeleninformationen.
Für jede Inkarnation hier auf der Erde muss sich die Seele eine grobe Form aussuchen.

Wer bin ich? Welches Thema lebe ich?
Es gilt, sich ein Leben auszusuchen aus dem großen Katalog der Erdinkarnationen.
Ich nenne das einen roten Faden, ich nenne es nicht Lebensaufgabe.
Wenn ich BewusstSein bin und alles kann, und alles weiß, ist es gut, mit einem roten Faden festzulegen, was ich erfahren will in diesem Menschenleben. Sonst würde ich mich wahrscheinlich heillos verzetteln, weil ich vom Ursprung her alles kann.
Nun erlebe ich dieses Leben aus der menschlichen Sicht.
Ich erinnere mich zunächst nicht mehr, wer ich bin.
Durch das Leiden verstricke ich mich mehr und mehr in Glaubensgrundsätze, die mich klein machen und mich unaufhörlich von meinem wahren Kern fernhalten. Wir beginnen also, uns selbst zu boykottieren oder uns zu bestrafen, weil wir es nicht schaffen, unser Licht zu sehen.

Gleichzeitig glauben wir:
Ich bin nicht richtig.
Ich kann nicht tun, was ich möchte.
Ich schaffe es nicht.
Ich bin nicht gut genug.
Unsere Abwärtsspirale ist dadurch endlos.
All das geben wir dann von Leben zu Leben weiter.
All das führt kontinuierlich zu neuen Kristallen an unserem Kleid.

Irgendwann können wir unser Licht gar nicht mehr wahrnehmen, ja wir haben nicht mal mehr die Idee vom Licht. In unserem Kleid glauben wir, es sei normal, auf der Erde ewig wiedergeboren zu werden.

Warum ist das in anderen Welten anders?
In unserem Kleid glauben wir, wir würden bestraft von einer höheren Macht. Wir glauben an die Existenz von Schuld und Sühne, an Karma, an eine Seele.
Warum existieren Welten, in denen das BewusstSein sich seiner selbst bewusst ist?
Reines BewusstSein in einer äußeren Form.

Wenn wir mit einer Seele aus dem Jenseits sprechen, die noch das gleiche Kleid trägt wie wir, erhalten wir oft dieselben Informationen von ihr.
Legen wir unser Kleid jedoch ab, wird von alldem nichts mehr existieren.
Dann sind wir bei unserem wahren Kern und können aus ihm heraus sehen und entscheiden.

✧

Heute, ein Jahr später, nach meiner ersten Begegnung mit dem Großen BewusstSein:

Inzwischen lernt mein Verstand sich meinem wahren Kern hinzugegeben. Ich nehme mich heute völlig anders wahr.
Vorher stellte ich mir oft die Frage:
Wer bin ich? Sie ist jetzt verschwunden.
Ich BIN einfach, es kommt aus mir heraus. Ich lasse mich nicht mehr mitziehen von Dingen im Außen. Es ist, als wäre das alles nicht mehr meine Realität. Es ist etwas, was geschieht, aber ich nehme nicht mehr daran teil, weil es nicht mehr meiner Wahrheit entspricht. Ich spüre, dass ich kein klassisches Ich mehr habe, dass sich ständig mit allem und

jedem um sich herum identifiziert und denkt und Probleme lösen will oder sich fragt, wie sich Dinge ändern könnten.
Es ist, wie es ist, es IST einfach. Ich merke, dass vieles ganz natürlich aus mir heraus geschieht. Im Moment schreibe ich. Wo es mich hinführt, weiß ich nicht, aber das ist nicht mehr wichtig. Ich tue es gerade, weil ich den Impuls dazu verspüre. Ich erwache jeden Morgen, mit der Verbindung mit mir und dem Großen BewusstSein und damit fühle ich eine große Freude.

Vor meinem Erlebnis hatte ich eine Zeit, in der es schwierig war, morgens zu registrieren, dass ich immer noch hier auf der Erde bin. Es dauerte ein bis zwei Stunden, bis ich bereit war den Tag zu beginnen. Heute ist das anders.
Ich sehe die Welt in einer anderen Dimension. Für mich ist sie wunderschön, und ich freue mich darüber, mich selbst als die Substanz, die ich bin, jeden Morgen aufs Neue zu erfahren und aus ihr heraus zu SEIN.

Die Schwere ist der Leichtigkeit und einer inneren Freude gewichen. Während ich noch vor einem Jahr gehadert und mich gefragt habe, warum ich noch hier auf der Erde bleiben soll, wo ich doch in diesem einen großartigen Moment alles gesehen hatte, macht es heute, nach dieser starken Transformation, keinen Unterschied mehr, wo ich bin.

Ich bin in meiner Essenz angekommen, und diese Essenz kann überall sein und ist überall gleich.

Und da ich schon mal hier bin, genieße ich es nun, in diesem Körper zu sein, und mache das Beste daraus.

All das wunderbare, all das BewusstSein ist um mich herum. Und ich bin in jedem Augenblick in der Allgegenwärtigkeit des Großen BewusstSeins.
Ich habe kein klassisches Ich mehr, dass sich wichtig nimmt und regelmäßig alles infrage stellt. Es hat keine Bedeutung mehr für mich. Warum auch, es entspricht nicht mehr meiner wahren Identität.

Für mich ist das Leben inzwischen lebenswert, weil es keinen Unterschied mehr macht, ob ich gehe oder bleibe. Ich bin ja immer und überall bei mir, in meinem wahren Kern. Ich lebe meine Essenz in jedem Augenblick und bringe sie auch durch das Schreiben zum Ausdruck. Und wenn sie mich irgendwann woanders hinführt, ist das genauso gut, und ich werde mitgehen. Aber ich frage mich heute nicht mehr, was wann zu tun ist oder wohin ich gelangen soll. Ich bin ja schon da. Wo sollte ich denn noch hinkommen wollen?

Vor genau einem Jahr hatte ich meine erste intensive Begegnung mit dem Großen BewusstSein. Diese Begegnung hat mein Leben und mein SEIN von Grund auf verändert. Mein Verstand rebellierte und versuchte alles, um mich zur Vernunft zu bringen. Aber dieses Erlebnis und meine Erkenntnisse über die Welt und über mich waren ab diesem Moment unumstößlich in meinem tiefsten Innern verankert.
Unaufhörlich ließ ich meinen Verstand dieses Wissen spüren, bis er schließlich all seinen Widerstand und alle Bemühungen, mich von der alten Realität zu überzeugen, aufgeben musste.

Heute lebe ich in meiner ureigenen Essenz, und aus der heraus handelt dieses Wesen in mir.

Ich weiß, dass alles heilen kann in uns aus dieser Essenz heraus. Dort finden wir all unser Wissen.
Ich spüre, dass ich freier bin.
Weder tangiert mich das Außen zu stark, noch muss ich irgendwelche Energien von anderen aufnehmen. Es gibt für mich nur noch eine Wahrheit, und die liegt außerhalb von alldem. Und diese lebe ich.

Oft höre ich von Selbstermächtigung oder Freiheit. In dem Moment, in dem ich bei meiner wahren Präsenz angekommen bin, benötige ich keine Selbstermächtigung mehr. Dieser Begriff ist einzig und alleine vom Verstand erschaffen und hat daraus eine Bedeutung.
Für unsere Essenz ist das fremd. In dem Augenblick, in dem ich angekommen bin, werde ich zu Essenz, und die wahre Essenz im SEIN benötigt keinerlei Selbstermächtigung oder Macht.

Macht braucht nur der Teil, der nicht im wahren Sein ist.
Wir suchen Freiheit im Außen und meinen damit Freiheit von äußerlichen Begrenzungen. Viele von uns führen dafür viele Kämpfe.

Für mich ist klar: Absolute Freiheit finden wir nur im Innern. Als mein Verstand seinen Widerstand aufgab und er akzeptierte, dass er nur der Assistent meines großartigen, vollkommenen Wesens ist und genau dies meine wahre Identität ist, war ich wirklich frei.

In diesem wunderbaren Augenblick entledigte ich mich all der Fesseln, die die Illusion des Erdenlebens und eines Ichs mit sich gebracht hatte.

Ich entstieg der Illusion,

- dass die Seele unser Ursprung ist,
- etwas ändern zu müssen, um würdig oder „richtig“ zu sein,
- irgendwo anders sein zu müssen oder im Tod erlöst zu werden,
- Probleme und Themen zu haben, die das Leben begleiten, und diese lösen zu müssen,
- dass dies hier die wahre Realität ist.

Als ich das erkannte, war ich wirklich frei.
Denn erst jetzt war es egal, wo ich war oder wie etwas war.

Ich war einfach.

Ein runder Abschluss

Sitting am 15.1.2020
Seit Tagen schon kann ich, während der Sittings spüren, wie eine Energie an mir arbeitet. Es fühlt sich an, als würden meine Zellen wieder ein Stück mehr umgebaut.
In solchen Zeiten empfange ich keinerlei Nachrichten.
Die Energie und wie die geistige Welt an mir arbeitet, ist dennoch sehr klar spürbar. Früher war das anders, damals saß ich in solchen Phasen mit der geistigen Welt und konnte nichts wahrnehmen. Das hat sich sehr verändert.

Ihr seht also, was sich entwickeln kann mit Geduld und Übung. Wichtig ist die Intention, also der Grund, weshalb ihr dies macht. Ich sitze, um in dieser Zeit mit der geistigen Welt zusammen zu sein. Der Rest kommt von ganz allein. Ich gebe meine Bereitschaft und sie die ihre. Jeder von uns tut das, was er kann. Ich gehe nicht in die Sittings, um Neues zu erfahren, das würde mich verkrampfen lassen, und dann würde nichts mehr fließen. In diesem Fall würde ich ihnen die Möglichkeit nehmen, mir das zu geben, was kommen soll. So sitze ich auch heute und kann die klare Essenz dieser Energie spüren, die mir jetzt von dieser Ebene aus hilft.
Oft geschieht es, dass sich das Große BewusstSein einfach mit anschließt. Dann fließt über einen bestimmten Ablauf dessen

unendliche Liebe in mich hinein und lässt mein Herz förmlich überquellen. Es ist ein Gefühl, das man auf menschlicher Ebene – auch wenn man noch so liebt – in dieser Intensität nicht selbst hervorrufen kann.
Glaubt mir, denn ich habe sehr geliebt in meinem Leben. „ES" übertrifft selbst die Liebe einer Mutter zu ihrem Kind. „ES" hat eine andere Qualität.
„ES" ist eine Liebe, die alles enthält, eine Fülle all dessen, was möglich ist, ein Frieden, der größer ist als alles und dem man sich nicht widersetzen kann.
Und in alledem liegt die Erinnerung daran, woher wir stammen und wer wir sind.
„ES" IST einfach, und „ES" IST jedes Mal wieder neu und ergreifend für mich. Diese Energie IST so überwältigend, dass mir auch heute noch jedes Mal die Tränen in den Augen stehen.

Das ist ein völlig neues Gefühl der Tiefe als das, was ich erlebe, wenn ich meine geistigen Helfer bitte, sich mir in einem Zeichen zu offenbaren. Auch sie lassen ihre wunderschöne Verbindung zu mir in Form von Liebe in mein Herz fließen, aber diese ist weicher und feiner als die des Großen Bewusst-Seins. So kann ich für mich erkennen, was gerade in meiner Nähe ist.

Sollte es eine Energie sein, die dieses Zeichen nicht geben kann, warte ich ab. Ich höre nicht auf ihre Worte. Ich lasse mich nicht von ihren Energien beeinflussen oder irgendwohin ziehen. Ich beginne in mein Herz und meine Liebe zu gehen. Ich lasse all mein Licht und meine Liebe aus mir heraus- und um mich herumfließen. Es ist mein Bereich, den ich mit Liebe fülle.

Aus dieser Perspektive kann ich dann besser schauen und wahrnehmen, was diese Energie von mir möchte. All die Energien, die sich nicht an ihre Liebe erinnern möchten, werden nicht weiter Teil dieser Situation sein.
Sollte es eine Energie sein, die nicht aus der Liebe entstanden ist und nur aus Gedankenmüll besteht, wird sie sich dadurch auch zeigen, und ich kann sie im Feuer transformieren.
Letzten Endes bleiben für mich nur noch Energien übrig, die die Liebe in sich tragen und Hilfe möchten. Mit ihnen kann ich dann kommunizieren, um einen Weg zu finden, ihnen zu helfen.

✧

Als ich heute mein Sitting beginne, kann ich das Große BewusstSein bei mir spüren. Ich sitze einfach und lasse seine Energie in mir ankommen. Ich öffne mich für all das, was jetzt kommen möchte. Ich höre nur einen Satz, der so eindringlich aus den Tiefen des Seins zu mir kommt, unumstößlich, in einer klaren Selbstverständlichkeit.

„Kommt zu mir zurück, kommt nach Hause!"

Das bedeutet nicht, dass wir jetzt alle plötzlich das Handtuch werfen sollen. Es geht vielmehr unter anderem darum, dass wir nach unserem Heimgang, den wir ja alle erleben werden, nicht unendlich lange im Jenseits verweilen, sondern alles jemals Erlebte, jemals Geglaubte hinter uns lassen, um weiterzugehen, zurück zu unserer aller Urquelle, zum Großen BewusstSein.
Dazu müssen wir nur verstehen, wer wir wirklich sind. Jenseits von allen Religionen und allem Gesagten.

Wir dürfen verstehen, dass wir nicht mehr an all die Konstrukte von Wiedergeburt, Himmel und Hölle gebunden sind.
Die Menschenform ist nur unsere Hülle.
Wenn wir sie einst während unseres Sterbens zurücklassen – all die Schwere, all die Themen, all die uralten gelebten Informationen und Glaubenssätze, all das, was wir gelernt und an was wir geglaubt haben, all das, was wir zu sein meinten –, dann können wir direkt hinübergehen, wohin auch immer wir wollen, ohne verharren zu müssen in der Welt des Jenseits.
Aber nicht nur das: Wir können auch jetzt schon, hier im Diesseits, die Erlösung erfahren, nach der viele von uns suchen. Durch die Erkenntnis unserer wahren Identität und die Begegnung mit ihr.
Ich hatte stets geglaubt, dies sei nur im Tod erfahrbar.
Darin hatte ich mich getäuscht.
Heute, nach diesem Jahr und all den wunderbaren Erfahrungen, habe ich Erlösung und Heilung in mir gefunden.
Ich fand das Große BewusstSein, und ich fand mich.
Damit erhielt das Leben für mich eine völlig neue Bedeutung.
„Kommt zurück zu mir!“

Ich habe erfahren, dass dies auch heute schon möglich ist.
Trotz der menschlichen Hülle können wir in Kontakt mit uns und mit dem Großen BewusstSein kommen.
Was früher nicht in meiner Vorstellungskraft gelegen hatte, wurde in einem gigantischen, wunderbaren Moment zur neuen Gewissheit. Aus einem Zustand wurde eine innere Substanz, von einer Idee und Stille zu einer neuen, erfüllenden, kreativen Kraft und Liebe.

Noch besser war, dass ich erkannte, dass das, was ich gefunden hatte, auch andere Menschen finden können.
Wir sind alle dazu in der Lage, davon bin ich überzeugt. Schließlich sind wir ja alle BewusstSein.

✧

In einem Gespräch mit meinem Freund Piet fragte er mich, warum ich trotz des Wechsels in die wahre Präsenz noch immer einen Verstand hatte und warum mich hier und da noch Dinge aus dem Unterbewusstsein tangierten.
„Warum bist du nicht von allem befreit wie manche alten Yogis, die so etwas erlebt haben?"
Für mich ist das ganz klar: Was nützte es den Menschen, wenn ich einer dieser unerreichbaren Wunder wäre, bei denen sich eine Spontanheilung vollzogen hatte und die plötzlich, in nur einem Moment, von ihrem Verstand befreit wurden?
Dies wäre für einen normalen Menschen doch unerreichbar.
Wie könnte dann mein Prozess irgendjemandem von Nutzen sein?
Außerdem hatte ich weiterhin einen normalen Alltag so wie die meisten von uns. Ich konnte mich nicht in ein Kloster oder auf einen Berg zurückziehen und meine Zeit ausschließlich im SEIN verbringen, ohne Triggerpunkte im Außen.
Ich musste alleine lernen all das Gesehene zu verarbeiten und es in mir zu entdecken und zu integrieren.
Ich hatte ja nicht jahrelang im Stillen auf eine Erleuchtungssituation hingearbeitet.
Im Gegenteil, sie hatte mich einfach erwischt.

In der Zeit nach dem Erlebnis, in der ich mich dazu entschlossen hatte, in dieser Welt zu bleiben, euch an meiner Erfahrung teilhaben zu lassen und euch all mein Wissen zur Verfügung zu stellen, war klar, dass es auch für all jene, die dafür offen sind, einen Weg geben sollte, sich selbst zu erfahren. Ich kann jederzeit in meine wahre innere Substanz wechseln und aus ihr heraus die Welt betrachten, vorbei an meinem „Ich". Dann ist mein Körper nur noch eine Art Fahrzeug, ein Instrument, um zu reden oder zu agieren.

Trotzdem habe ich einen Alltag, in dem ich ein Mensch mit einer Persönlichkeit bin und so für meine Familie da sein kann. Das lässt mir die Möglichkeit, für euch erreichbar zu sein und euch zu helfen, euren wahren Kern zu finden und diesen zu leben. Wir können also BewusstSein in einem menschlichen Körper sein. Es ist einfach eine andere Qualität. Meine Reise ist hier noch nicht zu Ende. Die Entwicklung und Geschehnisse gehen weiter. Doch dazu mehr im nächsten Buch.

Die Zeit war bewegend und neu für mich. Zwischendurch gab es Momente, in denen ich verzweifelte und dachte, ich schaffe es nicht. Da berührte mich jedes Mal das Große BewusstSein in meinem Herzen und es schenkte mir nicht nur Liebe, sondern auch ein Gefühl von Vertrauen. Das half mir unentwegt weiterzumachen und neuen Mut zu schöpfen. Aber nicht nur das, in dieser Zeit unterstützen mich meine Familie und meine Freunde sehr.

✧

✧

Ich danke meinem Mann Stephan und meiner Tochter für ihre große Liebe und ihr Verständnis.
Ich möchte meinen Freunden danken, die mich in dieser Zeit der großen Wandlung jeder Zeit bedingungslos unterstützt haben. Ihr seid so unterschiedlich und so wunderbar.
Jeder Einzelne von euch hat dazu beigetragen, dass es dieses Buch letztendlich gibt.
Ich danke der geistigen Welt für ihre unerschöpfliche Geduld mit mir und ihre Unterstützung.
Ohne sie alle wäre dieses Buch nicht möglich gewesen.

Zum Schluss möchte ich dir danken, lieber Leser.
Du trägst schon jetzt zu einer großartigen Veränderung bei.

Schön, dass du da bist!

Zur Autorin:

Steffi Meißen ist ein natürliches Medium und Schamanin.
Sie arbeitet seit über 20 Jahren mit Menschen und verbindet ihre Fähigkeiten mit biodynamischer Craniosacraler Körperarbeit (entspannende Arbeit mit dem ZNS).

Ihr umfassendes Wissen gibt sie an Interessierte weiter.
Inzwischen ist es eine neue Art von Arbeit und spiritueller Erfahrung, die sie für die Menschen erlebbar macht.
Durch ihre Reisen in die Anderswelt und zum großen BewusstSein, wurde ihr ein ganz neues Wissen zuteil, das den Blick auf ihre bisherigen spirituellen Überzeugungen komplett veränderte.

Mit ihren Büchern möchte sie das erlebte Wissen den Menschen zur Verfügung stellen, damit auch sie die Möglichkeit eines allumfassenden Wandels erhalten.

Möchtest du mehr erfahren?
www.hope-steffi-meissen.de

Hast du Fragen oder möchtest in Kontakt kommen?
hope.steffi.meissen@gmail.com
Insta: Steffi Meißen Evoluzzerin
FB: Steffi Meißen Autorin

IMPRESSUM

Herausgeber:
Frank Havera LLC | 30 N Gould St Ste R | Sheridan | WY 82801 | USA
www.frankhavera.com - mail@frankhavera.com

Autor: Steffi Meißen

Titelfoto: [z.B. ©iStockphoto.com/mediaphotos]

Mit der weiteren Lektüre sind Sie damit einverstanden, dass wir weder eine Erfolgsgarantie für die gegebenen Ratschläge noch eine Haftung für evtl. Folgen ihrer Anwendung übernehmen können.

Der Inhalt dieses Buches wurde mit größter Sorgfalt erarbeitet. Trotzdem können Fehler nicht vollständig ausgeschlossen werden. Verlag und Autorin übernehmen keine juristische Verantwortung oder irgendeine Haftung für eventuell verbliebene Fehler und deren Folgen.

Die in diesem Buch vorgestellten Ratschläge und Empfehlungen sind NICHT als medizinische Beratung zu verstehen.

Unser Buch ist ein informatives Nachschlagewerk, das Lesern dabei helfen soll, Spiritualität besser zu verstehen. Der herausgebende Verlag, Autoren und in Verbindung stehende Dritte sind jedoch für individuelle Entscheidungen nicht verantwortlich und somit auch nicht für dem Buch entnommene Informationen haftbar.

Printed in Poland
by Amazon Fulfillment
Poland Sp. z o.o., Wrocław

27463962R00212